河南牧业经济学院经管学科·中青年学者文库

河南牧业经济学院博士科研启动资金资助项目（2022HNUAHEDF001）

产业集聚对商品住房价格的影响研究

王豪杰 ◎ 著

中国财经出版传媒集团
中国财政经济出版社
·北京·

图书在版编目（CIP）数据

产业集聚对商品住房价格的影响研究 / 王豪杰著.
北京 : 中国财政经济出版社, 2025. 7. --（河南牧业经济学院经管学科·中青年学者文库）. -- ISBN 978-7-5223-3798-2

Ⅰ. F299.233.5

中国国家版本馆CIP数据核字第2025FL1366号

责任编辑：马　真　　　　责任校对：张　凡
封面设计：智点创意　　　责任印制：史大鹏

产业集聚对商品住房价格的影响研究
CHANYE JIJU DUI SHANGPIN ZHUFANG JIAGE DE YINGXIANG YANJIU

中国财政经济出版社 出版

URL：http：//www. cfeph. cn
E－mail：cfeph@ cfeph. cn

社址：北京市海淀区阜成路甲 28 号　邮政编码：100142
营销中心电话：010－88191522
天猫网店：中国财政经济出版社旗舰店
网址：https：//zgczjjcbs. tmall. com
涿州汇美亿浓印刷有限公司印刷　各地新华书店经销
成品尺寸：170mm×240mm　16 开　14. 5 印张　214 000 字
2025 年 7 月第 1 版　2025 年 7 月河北第 1 次印刷
定价：68. 00 元
ISBN 978－7－5223－3798－2
（图书出现印装问题，本社负责调换，电话：010－88190548）
本社质量投诉电话：010－88190744
打击盗版举报热线：010－88191661　QQ：2242791300

前言

改革开放40多年来，中国经济取得的巨大成就离不开产业的高速发展。2019年，第二产业和第三产业产值约占GDP总量的93%。工业和服务业发展齐头并进，是中国经济高质量增长的重要支撑。与此同时，区域经济非均衡发展问题依然突出，产业也更加倾向于在沿海及大中城市集聚和倾斜。那么，被称为“城市病”之一的住房价格高涨是否与城市产业的空间集聚程度加深密切相关就成为有意义的研究课题。住房连接投资与消费、实体与金融，是经济问题和民生问题的最佳契合点。在“住有所居”中国梦实现的关键阶段，本书将产业集聚与商品住房价格联系起来，既加深了对产业空间集中现象影响效应的认识，也试图为新时期商品住房价格的形成与演变提供了另一种解释依据。

地理因素不仅有助于我们更清晰地了解人类经济活动与环境的关联，而且能够为复杂经济现象的解释提供独特的洞察力和敏锐的视角。近年来，经济开放程度加大和城市化进程加速使地理的作用越来越重要，资源向发达城市和沿海地区集聚逐渐成为一种趋势。在以制造业和现代服务业为主要经济结构的背景下，对规模经济效应的追逐是促使生产要素流向集聚程度较高城市的主要动因，而与制造业相比，以知识、技术和信息为主要竞争力的科技服务业和金融业更偏好于在发达城市集聚。基于城市规模及个体自身存在的差异和不同，制造业集聚规模效应和拥挤效应如何影响住房承受能力？随着科学技术的进步，技能型劳动力流动日益频繁，在不同的经济发展时期和不同的地理空间，科技服务业集聚对商品住房价格的影响程度是否存在差异？随着金融交易成本的下降，金融业集聚能否通过缓解房地产市场供求两端的融资约束进而对商品住房价格产生影响？如果能，如何产生影响？对这些问题的回答，有助于我们认识商品住房价格变化中的产业集聚作用，对房地产市场稳健运行及避免商品住房价格大起大落具有重要意义。

有鉴于此，本书借助集聚外部性理论、拥挤效应理论、新经济地理学的劳动力流动理论和金融地理学理论分析了产业集聚在商品住房价格变化中发挥的作用。集聚外部性理论认为产业集聚规模效应的发挥使收入、劳动力及资本在集聚区域得以积累和沉淀，而收入、劳动力及资本均是影响住房市场均衡的基本因素；拥挤效应理论揭示了制造业过度集聚通过降低生产率及推高土地价格影响住房支付能力的可能性；新经济地理学的劳动力流动理论则从科技服务业集聚如何通过吸引技能型劳动力流入方面为商品住房价格上涨做出了解释；而金融地理学理论则为突破地理因素限制的金融业集聚如何影响住房价格提供了理论支撑。

随后，本书分析了产业集聚影响商品住房价格的作用路径。在产业层次细分的基础上，着重阐述了本书产业集聚研究范围的界定及界定依据，本书选择传统的制造业集聚、新兴的科技服务业集聚和带有虚拟色彩的金融业集聚作为代表性产业集聚现象，研究其对商品住房价格的影响，有助于本书研究兼顾产业集聚现象的全面性，呈现产业集聚形态的演绎规律。既然产业存在层次性，那么产业集聚影响商品住房价格的路径也必然是分层次的。基于此，本书在产业集聚影响商品住房价格的分层次路径中，选择了本书研究所需的影响路径结构——整体层面的影响路径和制造业、科技服务业及金融业产业集聚的具体影响路径。本书在一般影响规律认识基础上归纳出了差异化作用路径，具体表现为：首先，在制造业集聚规模效应主导下，受到产业集聚外部性的影响，劳动力收入出现大幅上涨，加之土地财政依赖程度下降和公共支出增加缓解了住房价格的上涨压力，所以对处于规模效应阶段的城市而言，制造业集聚有利于降低房价收入比，而在制造业集聚拥挤效应的作用下，生产率下降带来的劳动力收入下降及厂商之间对土地这一空间上不可流动资源的竞争加剧，会共同作用于商品住房市场，从而提升了房价收入比；其次，本书梳理了科技服务业集聚对商品住房价格影响的逻辑过程，尽管技能匹配效应和人力资本积累效应均对技能劳动力流动现象做出了一定解释，但我们不能否认的是，享有工资优势是科技服务业集聚吸引技能型劳动力流入的重要因素，而技能型劳动力流入数量的增加直接影响了商品住房市场的均衡；最后，金融业集聚则主要通过降低融资成本缓解房地产开发企业与住房消费者的融资约束，而在商品住房供给与需求相适应时产生了新的商品住房均衡价格。

研究产业集聚对商品住房价格的影响，对产业集聚指标进行有效测度并了解产业集聚发展动态是关键。在分析了现有产业集聚指标测度方法的基础上，本书选取就业密度法来测度本书所涉及的具体产业集聚现象，通过该方法计算了制造业集聚程度、科技服务业集聚程度和金融业集聚程度，并借助年均增长率指标、核密度等方法，分别列示了近年来中国城市产业发展的整体概况和产业集聚时空演绎特征，对其静态特征和动态趋势进行了深入分析。研究表明，我国产业集聚程度存在加深的态势和东高西低的地理分布特征。

同时，本书通过数理分析并结合实证模型具体考察了三个细分产业集聚现象对商品住房价格的影响。在前文制造业集聚规模效应和拥挤效应理论分析的基础上，首先阐释了制造业集聚通过作用于边际生产成本进而影响房价收入比的过程，规模效应和拥挤效应会通过改变集聚所在地的生产效率而改变生产的边际成本，生产效率的提高使边际成本成为制造业集聚的减函数，而生产效率的下降使边际成本成为制造业集聚的增函数，生产率的改变通过影响劳动力收入造成房价收入比的变化。接下来，将2016年流动人口动态监测数据与城市数据进行匹配，研究发现，我国268个地级城市制造业集聚对微观个体所在家庭房价收入比产生了先下降后上升的“U”形影响，在替换制造业集聚指标和使用Heckman两步法缓解样本选择自偏误问题后依然成立。进一步异质性分析表明，制造业集聚对房价收入比的影响因城市规模和个体差异而存在不同。

产业拥挤效应的凸显在分散产业空间分布的同时会带动原集聚地产业结构的升级并优化劳动力结构。在相关路径分析前提下，借助数理模型推导了科技服务业集聚以工资优势通过吸引技能型劳动力流入推高商品住房价格的影响过程。在科技服务业集聚区域，工资优势吸引了大量技能型劳动力流入，本地的低收入居民与技能型劳动力形成生产上的互补，在本地低收入居民因收入增加而不选择迁出的情况下，人口数量的增加将导致商品住房价格上涨。本书运用2005—2016年264个地级市的数据考察了科技服务业集聚对住房价格的影响，研究发现科技服务业集聚与商品住房价格之间呈正相关关系。进一步使用门限回归模型和地理加权回归模型的异质性分析表明，科技服务业集聚对商品住房价格的影响因城市收入水平和地理位置不同而存在差异。

房地产市场的资金密集性特征赋予并强化了房地产的金融属性，金融资源配置的总量和结构对房地产市场发展及商品住房价格起到了支持和调节的作用。前文路径分析已经表明，随着金融业集聚规模效应、资源配置效应及竞争效应的发挥，更多资金会流向房地产领域，而通过对比有无信贷支持下的住房价格均衡模型发现，房地产开发贷款和个人住房消费贷款的增加促进了商品住房价格上涨。结合实证模型考察金融业集聚对商品住房价格的基本影响，发现整体上以促进作用为主。异质性分析表明，金融业集聚的商品住房价格促进作用只存在于缺乏住房供给弹性城市。同时，将房地产信贷区分为房地产开发贷款和个人住房消费贷款，借助中介效应模型发现两类房地产信贷在金融业集聚影响商品住房价格中均发挥了中介作用。同时，金融业集聚对商品住房价格的正向影响还得到了微观层面的支持，而空间计量结果表明金融业集聚对商品住房价格的影响主要以本土效应为主。

对商品住房价格变化中产业集聚作用的研究发现，虽然不同产业集聚现象对商品住房价格的影响路径差异化明显，但是不同产业集聚现象对商品住房价格均存在促进作用。具体而言，在制造业集聚拥挤效应主导下，制造业集聚程度增加促进了相对商品住房价格房价收入比的上涨，科技服务业集聚和金融业集聚随着集聚程度的增加推高了商品住房价格。这说明科技服务业集聚下的真实住房需求上涨，降低了商品住房价格泡沫破灭的风险；而制造业集聚拥挤效应的凸显提高了房价收入比，金融业集聚则为住房价格上涨提供了过度的金融支持。可见，在推动商品住房价格上涨的产业集聚因素中，科技服务业集聚是合理因素，制造业集聚和金融业集聚是不合理因素。

根据理论和实证的分析结果，通过对产业集聚影响商品住房价格的研究进行系统总结发现，本书研究对认识未来产业发展应如何降低居民住房负担及居民真实购房需求推动商品住房价格上涨，并避免金融支持过度现象发生等问题具有经济逻辑启示。具体而言，本书提出如下政策建议：实施制造业产业转移政策、充分发挥科技服务业集聚的住房价格支撑作用、严防金融业集聚造成的金融支持过度和构建住房领域的政府跨区域合作机制。

目录

第一章

绪　论

纵观世界经济以及我国改革开放以来的发展历程，经济发展过程中往往伴随产业在特定区域的集聚发展。毫无疑问，产业集聚已成为现阶段城市经济发展的热点问题，并对商品住房市场产生了不可避免的影响，两者之间的内在关系是本书重点探讨和回答的问题。在阐述相关概念基础上，结合本书选题背景，明确了本书的研究目的和研究意义，并围绕研究所涉及的商品住房价格和产业集聚，从多个角度对已有相关研究进行回顾和评述，以厘清本书研究的理论脉络和研究现状。基于此，提出本书的研究思路、研究内容和结构安排，并对本书的研究方法、创新点和存在的不足给予说明。

一、概念界定

（一）商品住房价格

商品市场上最引人关注的莫过于价格，对于交易金额巨大的商品住房市场来讲更是如此。商品住房价格的涨跌与个人的住房支付能力息息相关，更关系到万千家庭的切身利益。在世界各地，商品住房价格的波动都是宏观经济关注的焦点之一。人们日常谈及的商品住房价格实际上包含着两层含义：一是新建商品住房（增量住房）价格，二是二手住房（存量住房）价格。鉴于本书研究需要及数据获得性，本书所指的商品住房价格是新建商品住房价格。

在具体了解商品住房价格这一概念之前，有必要对房地产市场涉及的一些基本相关概念进行简单介绍。首先是房地产这一概念，房地产是房产与地产的合称，是房屋与土地在经济关系方面的体现，属于资产范畴，可以说房屋与土地反映的是物质的属性和形态，而房产和地产则体现相应的生产关系。房产是指作为财产的房屋，即从财产角度考虑的房屋，因此房产不仅是指实物形态的房屋，还侧重于房屋的所有、占有、使用、收益、处分等权利义务关系。从不同角度出发，用不同的划分标准可以对房产作不同的分类。按照房产用途这一划分标准，可将房产划分为住宅、生产用房、营业用房、公用设施用房、办公用房、文教科卫体用房、综合性用房和其他专业用房。其中，住宅又称作住房，一般是指供人们日常生活、居住的房屋，在我国，住房又包括商品住房与政策性住房两种，本书的研究仅限于商品住房。商品住房建设的标准、数量、样式和定价等是完全由开发商依据市场供需状况和开发商自己的收益预期确定的，具有完全意义的商品属性，没有销售对象的限制，购房者具有完全产权，可自由转让。

与采用政府定价方式的保障性住房价格不同，本书中商品住房价格是指经过市场交易确定的商品住宅出售或转让价格，在我国的住房产权制度下，商品住房价格在实质上代表获得住房使用权所付出的经济成本。商品住房作为一种特殊的商品，与一般商品相比，既是消费品，又是投资品。商品住房是消费品，意味着它的价格形成机制与其他商品一样接受价值规律的支配，市场供求关系是影响商品住房价格的重要因素，因此，商品住房市场供求关系的改变使商品住房价格总是处于动态化过程。商品住房又是投资品，说明其价格的决定在一定程度上会受到投资者投机行为与上涨预期的影响，尤其在股市低迷，居民投资途径和投资工具相对缺乏的情况下，投资属性在商品住房这一物品上体现得淋漓尽致。在商品住房价格背离其内在价值时，说明市场机制已经无法自动调节商品住房价格，政府的宏观调控将通过优化商品住房供需结构来平抑商品住房价格的非理性上涨。

近年来，城市商品住房价格存在上涨趋势是不争的事实，而在此期间，居民收入水平也有了一定的上涨，因此，与商品住房绝对价格指标相比，已有研究认为房价收入比指标更能反映商品住房价格相对于收入的变动程度（赵西亮、梁文泉和李实，2014）。可以说，房价收入比是从住房市场需求方住房承受能力的角度出发，将商品住房价格与家庭收入进行对比，来评判商品住房价格是否处于合理区间的相对指标，其经济学的实质就是作为商品的住房需求应满足购房者的预算约束。本书对商品住房价格的研究，将绝对商品住房价格和以房价收入比表征的相对商品住房价格共同作为考察对象，可以说是对商品住房价格这一概念内涵的更新和补充。

商品住房价格波动问题关乎一国的经济发展状况和社会环境稳定，本书以商品住房价格为研究对象，在对商品住房价格进行定义和阐述的基础上，还将借助理论和实证分析构建严谨而完整的研究框架。

（二）产业及产业集聚

产业的概念具有广义和狭义之分。广义上的产业包含国民经济相关的各行各业，凡是具有投入产出活动的部门都可以列入产业的范畴。而狭义的产业是指生产同类物质资料的企业的集合。产业组织理论中所指的产业，通常是以同一商品市场为单位划分的狭义的产业或市场。本书研究的产业，在意义范畴上更为接近狭义上的产业，主要是指生产同类产品、具有相同工艺过程或提供同类劳动服务的经济活动形态集合。

学术界关于产业集聚概念的阐释最早源于对厂商区位选择和制造业空间分布等问题的考察和探究。随着新经济地理学的发展，产业集聚的相关研究已经形成相对成熟的研究体系并取得了丰硕的研究成果，而对于产业集聚概念的界定也日益清晰和完善。在德国学者阿尔弗雷德·韦伯的《工业区位论》中，产业集聚被用于描述19世纪后期德国工业厂商的生产活动向特定地区集中这一现象（Weber，1909）。我国学者对这一概念进行了进一步补充，认为产业集聚是指某些产业在特定地域范围内的聚集现象（魏后凯，2006）。

早期产业集聚研究多集中于工业集聚，而在产业结构转型的背景下，相对于工业大而不强的发展现状，服务业尤其是现代服务业逐渐成为经济增长的“新动力”，近年来学术界有关产业集聚的研究范围已经不仅局限于承担物质生产的工业。事实上，目前将工业和服务业共同作为研究对象已成为近年来产业集聚问题探索的新趋势。本书结合研究需要，具体选择了工业中的制造业、服务业中的科技服务业和金融业①，将产业集聚具体划分为制造业集聚、科技服务业集聚和金融业集聚三个方面，在极大程度上是对已有产业集聚相关研究的有益补充。

二、研究背景、目的和意义

（一）研究背景

1. 现实背景

自1998年以住房货币化分配为标志的住房制度改革以来，我国城市住房市场经过了快速发展的黄金时期。在此期间，我国商品住房价格节节攀升，从1998年的1854元/平方米上涨到2018年的8544元/平方米，累积增长了约361%。对于城镇居民家庭来讲，房地产商品价值已经成为家庭财产的重要组成部分，《中国家庭财富调查报告2019》显示，城镇居民家庭房产净值占家庭人均财富的71.35%。在商品住房价格上涨的背景下，为了追逐高额利润，源源不断的社会资金流入房地产市场，资源的错配将限制经济的健康发展。除此之外，上涨过快的商品住房价格意味着房地产行业泡沫风险加大，一旦破灭还将引发一系列社会问题。那么，商品住房价格快速上涨的原因到底何在？为什么不同城市间商品住房价格呈现出明显的分化趋势？回答这两个问题需要深入考察中国城市住房价格变化背后的推动因素。本书认为，研究中国商品住房价格需要关注两个核心问题。第一，随着我国城市经济的高速发展及产业集约化发展进程的加快，中国城市商品住房价格呈现整体上涨趋势，即商品住房价格上涨的“普遍性”。第二，中国商品住房价格变化在城市间存在差异，一线城市商品住房价格上涨幅度远远高于二、三线城市，即商品住房价格上涨的“异质性”。对中国房地产市场未来发展方向做出正确推断，必须对商品住房价格上涨的“普遍性”和“异质性”做出合理解释。

商品住房价格上涨的“普遍性”和“异质性”与经济活动高度集中带

① 后文还将进一步详细阐述选择制造业集聚、科技服务业集聚和金融业集聚这三种产业集聚现象的理论依据。

来的产业集聚是有关联的。经济开放和工业化使地理的作用越来越重要，产业向发达城市和沿海城市集聚逐渐成为一种潮流。在以工业和服务业为主要经济结构的背景下，对规模经济效应的追逐是促使工业企业流向集聚程度较高城市的主要动因，而与工业相比，以知识、技术和信息为主要竞争力的服务业更偏好于在发达城市集聚。随着产业在城市集聚程度的增加，作为产业空间集聚的伴随物，收入、劳动力和资本在城市尤其是大城市得以积累和沉淀，而收入的改变、劳动力流入数量的增加及资本的充裕均会通过作用于住房市场而影响商品住房价格，可以说产业分布空间结构失衡在扩大地区经济差距的同时也加大了商品住房价格分化程度。

2. 政策背景

制造业是我国经济增长的主导力量和国民经济发展的重要依托，而且制造能力是产业国际竞争力的核心和集中体现。通过改革开放以来几十年的快速发展，我国制造业已经形成了完备的产业技术体系和强大的配套设施建设能力，具有坚实的制造业基础和竞争优势。仅在2000—2010年十年间，制造业总产值从2000年的73910.67亿元增长到2010年的609558.5亿元[①]，突飞猛进的增长势头使我国在2010年超过美国成为全球第一制造业大国。制造业快速崛起源于一系列制造业政策的出台，从1998年发布的《当前国家重点鼓励发展的产业、产品和技术目录》[②] 到2000年之后的《当前国家重点鼓励的产业、产品和技术目录》（2000年修订）[③]、《促进产业结构调整的暂行规定》[④] 和《国务院关于投资体制改革的决定》[⑤] 等产业政策相关文件大力促进了我国制造业的整体发展，与此类综合性产业政

① 数据源于国家统计局网站。

② 经国务院批准，原国家计划委员会1997年底发布了《当前国家重点鼓励发展的产业、产品和技术目录》，并于1998年1月1日起开始实行。

③ 《当前国家重点鼓励的产业、产品和技术目录》（2000年修订）于2000年7月27日经国务院批准并予以发布，自2000年9月1日起执行。

④ 《促进产业结构调整的暂行规定》于2005年11月9日国务院第112次常务会议审议通过，并由国务院在2005年12月2日发布实施。

⑤ 《国务院关于投资体制改革的决定》由国务院于2004年7月16日以国发〔2004〕20号发布。

策文件相对应，国家层面一系列更加细化的如《汽车工业产业政策》[①]《汽车产业发展政策》[②]《钢铁产业发展政策》[③] 等旨在优化产业机构的单项性政策文件的出台则对制造业的支持更具针对性。与制造业快速发展同时出现的另外一个现象是我国制造业呈现出逐步向沿海地区集聚的趋势。大多数制造业在空间上越来越集聚，成为推动经济增长的重要力量，并且大部分研究均表明越是经济活动密度大的地方则劳动生产率越高（范剑勇，2006；陈良文等，2009；刘修岩，2009）。因此，在制造业集聚规模效应的发挥下，伴随着劳动力收入提高，居民住房价格承受能力将有所改善。

长期以来，以长三角、珠三角和环渤海区域为代表的东部沿海地区依托发达的区位优势、优良的自然禀赋条件在“东部率先”区域经济发展政策[④]倾斜下实现了制造业的高速增长，但生产要素在东部及发达地区的过度集聚势必会造成产业同构和产能过剩的局面，制造业粗放式的发展表现出了一定的不可持续性。随着经济活动密度增加，资源配置效率低下、生产要素拥挤产生的负面后果普遍存在，如地价上涨、交通瘫痪、环境质量下降等一系列不良现象集中涌现，作为商品住房价格的重要组成部分，地价上涨将直接推高商品住房价格。制造业拥挤效应的生产率下降会在一定程度上降低居民的工资和收入，在商品住房价格上涨和收入下降的共同作用下，居民住房负担将进一步加重。为了应对形势的改变，在 2015 年我国政府出台了《中国制造 2025》[⑤] 发展战略，该政策不仅对我国制造业进行创新驱动、智能转型做出了具体规划，更为未来制造业高质量集聚提供了

① 我国从 1994 年开始实施《汽车工业产业政策》，该政策于 2004 年废止。

② 《汽车产业发展政策》由国家发展和改革委员会主任办公会议讨论通过，经国务院批准，于 2004 年 5 月 21 日起施行。

③ 《钢铁产业发展政策》由国务院常务会议讨论通过，经国务院同意于 2005 年 7 月 8 日施行。

④ 时任国务院总理李克强在 2015 年政府工作报告中提出拓展区域发展新空间，统筹实施“四大板块”和“三个支撑带”的战略组合，首次将西部大开发、东北振兴、中部崛起和东部率先发展概括为“四大板块”，把“一带一路”、长江经济带和京津冀协同发展明确为“三个支撑带”。

⑤ 《中国制造 2025》是经时任国务院总理李克强签批，由国务院于 2015 年 5 月印发的部署全面推进实施制造强国的战略文件，是中国实施制造强国战略第一个十年的行动纲领。

有利的政策环境。制造业集约化发展及配套转移政策的实施将有效规避制造业过度集聚造成的负面影响，其中包括降低居民的住房压力。

改革开放以来，我国经济实现了质的飞跃，即使在GDP增速放缓背景下的2018年，经济增长率也接近7%，这个数字是发达国家经济增长率的两倍。经济的高速发展和长期繁荣使越来越多的目光关注中国经济发展问题。近年来，国家从不同角度制定出台了一系列战略性纲要文件，如《国务院关于加快培育和发展战略性新兴产业的决定》[①]《国家中长期科学和技术发展规划纲要（2006—2020年）》[②] 等，实施新兴产业发展战略已经成为新时期经济发展的基本国策。新常态下，中国经济发展稳中有进，但是仍然不可避免地出现了市场配置效率低、经济体制不完善及经济增长旧动力削弱等问题，可以说我国目前正处于经济增长的减速转型时期，重构新的经济增长动力机制是未来中国经济高质量增长的必然选择。在此背景下，能否以工业经济为主导的经济结构向以服务业为主导的经济结构积极转型，成为我国应对经济增长减速、推进产业优化转型的历史使命和重大考验。相比之下，发达国家自20世纪80年代以来科技服务业发展迅速，OECD主要从成员国服务业占GDP比重超过1/3，部分发达国家服务业占比更高达70%。在我国产业结构转型阶段，兼具经济与科技双重属性的科技服务业以其较快的发展速度博得了较高的关注度，并以对知识与技术服务的提供为基本出发点成为生产性服务业的支柱力量（张清正和李国平，2015）。科技服务业近年来已经成为优化创新资源配置、提升创新创业效率的重要引擎。科技服务业在发达城市的集聚作为引领区域经济增长的新型产业发展模式，其极具竞争优势的工资能否对劳动力尤其是技能型劳动力流动产生强大吸引力，并进而通过增加城市住房需求作用于商品住房价格这一问题值得深入探讨。

---

① 《国务院关于加快培育和发展战略性新兴产业的决定》由国务院于2010年10月10日以国发〔2010〕32号文下发公布，内容共分八方面，使节能环保、新一代信息技术、生物、高端装备制造、新能源、新材料、新能源汽车七大产业用20年时间达到世界先进水平。

② 国家中长期科学和技术发展规划纲要（2006—2020年）由国务院在2006年2月9日发布，其明确了未来15年中国科技发展的指导方针和总体目标。

进入21世纪，随着中国经济的不断深化和发展，我国现代社会经济尤其是市场经济正以良好发展的态势经历着翻天覆地的变化。从1992年中共十四大提出将上海国际金融中心建设上升为国家层面战略以来，2010年，《深圳市国民经济和社会发展第十二个五年规划纲要》首次提出深圳建设全国金融中心的战略目标。除了北上广深外，近年来，天津、武汉、济南、成都、重庆等大中型城市也纷纷提出绘就国际性或区域性金融中心的宏伟蓝图，仅在政府层面推动建设的金融中心就达30多个（李林、丁艺和刘志华，2011）。作为实体经济发展的重要支撑和资金来源，在一系列金融制度改革和金融创新政策的实施下，越来越多的社会财富和国际资本持续不断地向这些国际性或区域性金融中心聚集，金融业集聚效应的产生将使金融产业充分发挥其资金融通和服务资本市场的功能，在提高金融资源在全国甚至全球范围配置效率的同时，其巨大的资源集聚与辐射能力还将不可避免地波及所在区域经济社会和城市发展的各个方面。住房市场因其对金融市场存在高度依赖性，金融资源的集聚将通过放松资金借贷约束而提高住房市场的流动性。因此，在评价金融资源集聚对宏观经济产生的效应时不应该忽略高度依赖资金的住房市场的反应。

在市场化转型过程中，随着一系列产业政策和发展战略的实施，我国产业集聚水平呈动态调整的状态，而且不同地区、不同产业的集聚程度差异显著，在这样的一个背景下，非常有必要从一个全新的视角来看待我国的住房市场，本书就是基于产业集聚视角来分析我国商品住房价格波动问题的。

（二）本书的研究目的

本书的研究目的，是明确回答在商品住房价格的变化中，产业集聚是否发挥了作用以及发挥了怎样的作用，以便为城市未来如何因地制宜地制定精准产业发展政策提供理论依据，同时也为如何在产业集聚影响下避免商品住房价格过度波动提供政策建议。

具体而言，一是运用集聚外部性理论、拥挤效应理论、新经济地理学的劳动力流动理论及金融地理学理论为本书分析提供理论基础；二是将共性与个性相结合，在阐述产业集聚影响商品住房价格的一般路径基础上，提炼出不同产业集聚现象影响商品住房价格的具体路径；三是考虑到不同城市可能处于制造业发展的不同阶段，在制造业集聚规模效应和拥挤效应的发挥下，通过实证分析 268 个地级城市中制造业集聚对房价收入比这一相对商品住房价格衡量指标的影响，对于不同规模的城市和不同特征的个体，进一步探讨了城市制造业集聚对房价收入比影响的异质性；四是通过实证分析科技服务业集聚对商品住房价格的影响，考察在不同经济发展时期和不同地理空间科技服务业集聚对商品住房价格影响的异质性；五是考察金融业集聚对商品住房价格的整体影响、异质性影响及中介作用，并进一步从微观层面和空间层面两个方面考察金融业集聚与商品住房价格之间的关系。

（三）研究意义

随着经济学对地理和空间因素重视程度的提高，立足于城市之间非均衡发展这一现状，从细分产业的角度来考察产业集聚化发展对商品住房价格的影响，强调经济活动的空间集聚特征、空间异质性及空间关联性，具有重要的理论意义和实践价值。本书的研究意义在于：

1. 理论意义

不同类型产业集聚发挥作用的渠道可能不完全相同，本书在产业层面细分前提下，试图发现制造业、科技服务业及金融业这一层面产业集聚对商品住房价格影响的差异化作用路径，以拓展已有文献的深度与广度。首先，本书将从商品住房价格上涨的现实出发，基于流动人口动态监测数据考察制造业集聚对城市相对商品住房价格——房价收入比的影响，在充分考虑制造业集聚规模效应和拥挤效应的理论前提下，从城市规模、个体差异等多个方面分析了制造业集聚对流动人口住房承受能力影响存在的异质性，从数据层面和拓宽商品住房价格概念两个角度丰富了已有产业集聚对商品住房价格影响的相关文献，同时有助于加深对产业集聚与商品住房价格之间关系的理解和认识。其次，本书在对科技服务业的商品住房价格整体影响效应基础上，从不同经济发展时期和不同地理空间两个视角探讨了影响存在的异质性，丰富了科技服务业集聚影响效应和商品住房价格影响因素探讨等方面的相关文献研究。最后，本书进一步考察金融业集聚对商品住房价格的影响、影响存在的异质性及中介效应，并将影响效应的考察拓展到微观层面和空间层面，丰富了金融业集聚对商品住房价格影响的相关文献研究。

2. 实践意义

房地产作为国民支柱行业，其对经济的拉动作用毋庸置疑，但是纵观近年来住房市场的发展，商品住房价格上涨引发了一系列不良后果。首先，由于资本的逐利性，在商品住房价格上涨的同时，社会资本和民间资本倾向于流入利润率较高的房地产行业，对实体经济产生挤出作用，严重制约了国民经济的健康发展。其次，房地产行业是资金密集型行业，商品住房价格上涨过快导致的泡沫破灭风险加大将危及金融系统的稳定。此外，商品住房价格上涨过快会对居民的消费水平和消费结构产生不利影响，加剧社会阶层分化。

与此同时，不同城市之间产业集聚程度差距逐渐扩大。由于城市间发展不均衡，导致了不同城市在产业政策、收入、基础设施建设等方面存在差异，为了追逐规模经济和工资溢价，企业和流动人口纷纷选择流向大城市（Charlot and Paty，2010）。随着一系列生产要素的空间集聚，不同产业集聚现象表现出明显的地理分布差异，从而进一步扩大了区域经济发展差距。在城市产业集聚程度发生改变的同时，收入、劳动力及资本也随之发生了变化，而这些因素均能够对住房市场和住房价格产生影响。研究城市产业集聚与商品住房价格之间的关系，并对商品住房价格变化中的产业集聚作用进行合理评价，将有助于政府实施差异化的城市产业发展和房地产宏观调控政策，而产业发展政策与房地产调控政策的协调搭配不仅能够促进产业均衡发展，更能够在一定程度上抑制商品住房价格泡沫。

三、文献综述

此部分将围绕研究所涉及的商品住房价格和产业集聚这两个核心概念，从多个方面对已有相关研究进行回顾和评述，以厘清本书研究的理论脉络和研究现状。

（一）关于商品住房价格影响因素的研究

关于商品住房价格变化的影响因素一直是经济学研究的热点问题。回顾以往相关文献发现，已有文献分别从供给、需求等方面对商品住房价格波动进行了深入研究。

1. 供给因素

供给端方面，主要包括住房供给和土地供给两类因素。住房供给方面主要涉及房地产开发商市场垄断行为，开发商可以通过捂盘惜售和价格合谋等手段来抬高商品房价格以获得高额垄断利润。李宏瑾（2005）通过测算勒纳指数衡量了我国房地产市场的垄断程度，研究发现目前我国房地产市场处于不完全竞争市场，房价必然要高于完全竞争市场的均衡价格。况伟大（2006）通过空间竞争模型分析了开发商的古诺竞争和价格合谋行为对房价的影响，发现开发商合谋是房价刚性的重要原因。江小国和王先柱（2015）通过对房地产市场垄断程度进行静态、动态和比较分析，发现我国大部分经济发达城市的垄断程度低于欠发达城市。

土地供给方面，Ooi 和 Lee（2006）认为地价与房价之间存在内生性，两者之间存在互相影响的可能性，进一步采用格兰杰因果关系检验了新加坡城市层面的地价与房价之间互动关系。由于内生性问题的存在，目前已有文献关于土地供给对房价的影响结论不一致。比如，Peng 和 Wheaton（1994）研究了香港特区可开发土地供应的变化对房价及住房供给量的影响，研究发现土地供给的突然下降将导致房价上涨但并未减少住房供给量，此外还对预期租金产生了正向促进作用。Tse（1998）则对这一结论持怀疑态度，认为香港特区高房价并非与土地供应紧张有关，香港特区政府坚持收益最大化的土地供给行为与资源配置效率是一致的，土地供给对房价的影响并不重要。此外，Ihlanfeldt（2007）通过将限制性指数内生化，使用美国佛罗里达州内 100 多个城市的数据分析了土地利用管制约束对房价和地价的影响，实证分析表明土地利用管制将提高房价及房屋新建数量并降低地价。Grimes 和 Aitken（2010）认为土地价格上涨将会减少住房供给，从而推高住房价格。

近年来，针对内地房地产市场相关研究也存在一定分歧，宫汝凯

（2012）等研究表明，由于财政分权这一制度性原因，地价上涨引发的土地财政规模逐年增大直接带动了房价上涨和城镇化率的提高。Wang 等（2018）使用中国城市数据，结合住房价格模型构建探讨了土地价格对住房价格的影响，研究发现地价是房价上涨的主要驱动力，且土地价格对住房价格的影响因城市行政级别不同而存在差异。不过，梁云芳和高铁梅（2006）及况伟大和李涛（2012）的研究认为，虽然房价波动与地价有关，但是地价对房价的作用有限，影响房价变动的主要因素是住房市场的需求端。

2. 需求因素

需求端方面的理论主要围绕住房市场消费论和房地产过度金融支持论两方面展开。住房市场消费方面，主要包括居民收入、人口及投机需求等因素。收入因素方面，周华东和周亚虹（2015）认为收入差距主要从“消费效应”和“投机效应”两个方面对房价产生影响，影响的总效应取决于两种效应的大小比较。徐舒和陈珣（2016）在阐明收入差距推高房价的经济作用机制基础上，揭示了收入差距的扩大会直接引起房价的上涨。Steegmans 和 Hassink（2017）利用荷兰 2006—2010 年的数据，结合买卖双方的交易数据、房屋特征和家庭特征，研究发现收入较高的家庭在住房交易中谈判的成本更高、谈判效果更差，最终导致财务状况好的家庭购买住房的价格偏高，出售住房的价格偏低。人口因素主要从人口结构、人口流动等方面研究对商品房价格的影响。人口结构方面，Saita、Shimizu 和 Watanabe（2016）使用日本和美国的区域面板数据调查了人口因素对房地产价格的影响，研究发现老年抚养比与房地产价格呈负相关关系，人口数量与房地产价格呈正相关关系。邹瑾和娄著盛（2018）认为人口抚养比增加会降低房价，并且因城市层级的不同而产生差异。Day（2018）借助住房、内生劳动、储蓄和增长的重叠世代模型，认为在一般均衡条件下，人口老龄化的单人家庭数量增加及平均家庭规模的增长不足共同提高了家庭形成率，并进而促进了房价上涨。鞠方、李文君和李书娴（2019）认为人口老龄化对房价的影响存在显著地区差异，具体表现为中东部负相关，西部正相关。人口流动方面，陆铭、欧海军和陈斌开（2014）通过地级市数据的经验研究发现移民占比和移民占比的变化与房价之间存在正相关关系，对房价的影响主要是通过移民和收入较高的移民实现的。张超、李超和唐鑫（2015）认为随着高校扩招政策的实施，大学生集中向一些城市迁移对当地房价形成了显著影响。李嘉楠、游伟翔和孙浦阳（2017）借助2005年人口抽样调查数据考察了外来人口与房价之间的关系，研究发现外来人口占比较高的城市房价较高。投机因素方面，况伟大（2010）在住房存量调整模型基础上考察了预期和动机对房价的影响，研究发现房价波动与理性预期和投机成正比。

近年来，相关学者从金融支持角度分析了商品房价格非理性上涨的原因，认为商品房价格上涨与住房信贷宽松、货币供给量增加及利率优惠等因素有关。周京奎（2006）通过局部均衡模型探讨了金融支持与房价泡沫之间的关系，发现当房地产市场存在群体投机行为时，随着金融支持力度增加，房价偏离基础价格程度上升，并进一步测算了金融支持过度的临界值。张涛、龚六堂和卜永祥（2006）认为房价上涨与银行贷款有较强的正相关关系，而与住房按揭贷款利率负相关，利率的提高可以有效抑制房价的上涨。李绍荣、陈人可和周建波（2011）通过区分消费者和投资者，研究发现房地产市场消费者数量上升将增加投资者的超额收益，而消费者无法获得任何超额所得，进一步研究表明货币和信贷政策调控对房价的影响是短期的，未来只有控制进入房地产市场的消费者比例，才能抑制房价上涨。Choi 和 Park（2018）利用1988—2012年23个国家的面板数据检验了金融体系发展对住房价格的影响，研究发现随着金融体系从银行导向转向市场导向，房价增长率上升，因此，未来应该加强对资本市场的金融监管。Kelly、McCann 和 O'Toole（2018）利用2003—2010年爱尔兰抵押贷款的贷款水平数据，构建了一个信贷可用性的衡量指标，研究发现可获得的信贷增长10%，将导致购买的房地产价值增长1.5%。

（二）关于产业集聚效应的研究

目前，产业集聚已经成为学术界和政策关注的焦点，已有研究主要围绕产业集聚的成因、产业集聚的测度及产业集聚的影响效应等方面展开。

1. 产业集聚的成因

最早提出“集聚”概念的是经济学家马歇尔，他认为在劳动力蓄水池效应、共享中间投入品和技术外溢这三类生产要素的外部性作用下产生了集聚规模效应，侧重集聚对节约边际成本及促进生产效率的重要性（马歇尔，1981）。集聚的成因源于新古典贸易理论，该理论认为地区之间在技术、劳动力和自然资源等方面存在资源禀赋差异，集聚往往发生在具有比较优势的地区（Ohlin，1952）。在新古典贸易理论的假设下，城市初始的集聚源于传统的地理因素，区域纯地理区位是外生因素。而新贸易理论和新经济地理学则采用规模经济和垄断竞争假设突破了传统地理因素限制，企业倾向于集聚在市场潜力较大的地区（Krugman，1980）。以 Krugman 和 Fujita 为代表的新经济地理学派建立的“中心－外围”模型（C－P 模型）系统地研究了人口和产业集聚的循环因果效应，在该模型的规模报酬递增和制成品跨区域流动产生运输成本的假定下，新经济地理学认为区位因素是内生变量。即传统地理因素形成了初始的产业集聚，而新经济地理因素则强化了城市要素的地理集聚（贺灿飞和潘峰华，2011），产业区位是由自然禀赋和规模经济共同决定的（Krugman，1991）。

1890 年，马歇尔对产业集聚的类型进行了划分，根据产业内和产业间集聚的不同，将集聚分为专业化集聚和多样化集聚两种。该划分方法为后来学者展开产业集聚研究提供了重要理论依据，随着研究的深入，学术界将马歇尔产业集聚理论升华为产业集聚外部性理论，与产业集聚类型相对应，Mar 外部性对应产业集聚专业化，该理论指出生产相同产品的大量厂商集中在某一空间区域时，有助于技术、信息等在厂商间的交流和共享，提高外部溢出效应的影响。Mar 外部性强调产业集聚专业化的垄断特征，认为垄断比竞争更能形成规模经济，通过技术的进步和知识的外溢能够促进生产率的提高。后来学者在 Mar 外部性的基础上，对产业集聚专业化理论进行了扩充，认为产业集聚专业化理论不仅包括注重垄断特征的 Mar 外部性，还应该包括强调竞争作用的 Porter 外部性（Porter，1990），因此，Porter 外部性也称为竞争外部性。

2. 产业集聚的测度

产业集聚指标的选取一般借鉴产业集聚指标的测度方法，主要分为三类：第一类是采用经济活动度量的方法，第二类是基于空间距离的测度，第三类是空间自相关法（张琳彦，2015）。这三类方法在原理、测度手段、适用对象等方面存在显著差异。采用经济活动度量的方法是指以总体经济活动为参照系，研究产业的分布相对于整体的差异程度，因此不仅需要产业的数据还需要整体经济活动的数据，这种方法在目前的研究中使用最多，测量指数以空间基尼系数和 E－G 指数为代表。邱国栋和李作奎（2013）采用 E－G 指数法衡量了创新集聚，并基于创新集聚与经济增长的关系对创新集聚效率问题进行了研究。丁军、黄茹和吕拉昌（2016）基于包括区位基尼系数在内的多种定量研究方法，研究了长江经济带在城市群级、省级和市级多尺度上的区域创新差异及原因。基于空间距离的测度方法不同于经济活动度量法和空间自相关法，该方法将企业视为空间的一个点，根据企业分布的疏密程度来判断集聚的程度，因此需要使用微观企业数据，并且能够获得具体企业的空间分布数据。空间距离测度方法相当依赖外在技术，而且空间分布数据的获得所需时间也较长，常用的指数是 DO 指数，但是该方法仅给出了测量集聚程度的上下限，无法获得具体的集聚值。谢静和马爱霞（2017）采用 DO 指数以我国医药制造企业的精准地理位置为基准数据，进行了行业集聚、创新集聚及创新共聚程度的测度。空间自相关法主要是采用莫兰指数来进行集聚程度水平的测算，Billings 和 Johnson（2015）认为莫兰指数与基尼系数是互补的。

3. 产业集聚的影响效应

国内外学者对于产业集聚与经济增长之间的关系进行了大量的理论与实证研究，均发现要素的空间集聚程度与地区经济发展存在着显著的相关关系。当前，关于产业集聚影响效应的研究多集中于产业集聚对经济增长、劳动力收入、产业结构升级等方面的影响。

国外学者对集聚影响效应的研究更早也更为深入。新古典经济学奠基人马歇尔主要从内部经济和外部经济两方面研究集聚对经济增长的影响，但由于马歇尔的研究并不涉及建模，Thunen 在新古典经济学的基础上通过建立农业用地模型开创了古典区位理论，此后 Weber 建立了工业区位模型，并首次提出了“集聚经济”概念，至此古典区位理论对集聚与经济增长之间的关系有了严谨且系统的研究。此后，新经济地理学在规模报酬递增和制成品跨区域流动具有运输成本的假定下，基于价格指数效应和本地市场效应构建了中心－外围模型。在此基础上，Martin 和 Ottaviano（1999）及 Baldwin、Martin 和 Ottaviano（2001）在新经济地理框架内，采用全域溢出模型和局部溢出模型分析了集聚对经济增长的长期影响。Yu（2018）试图从区域和部门两个层面探讨创意产业集聚外部性对产业效率的影响，研究发现集聚外部性能够显著提高生产效率。此外，部分学者研究了集聚对劳动力收入的影响效应，发现在市场规模较大地区的劳动力工资增长更快，集聚的知识溢出效应产生了工资溢价（Glaeser and Mare，2001；Wheeler，2006）。与此同时，相关学者近年来认为集聚地区的技术进步和外部经济在提高企业生产率的同时对企业的研发能力和创新能力有了极大的促进作用，从而有助于地区产业升级和产品创新（Chung and Alcácer，2002；Murata et al.，2014；Jang、Kim and Von，2017）。

近年来，国内部分学者也关注到了产业集聚的影响效应，多集中于对生产率的研究。范剑勇（2006）、柯善咨和姚德龙（2008）、陈良文等（2009）、金春雨和程浩（2015）均注意到了集聚对劳动生产率的影响，范剑勇、冯猛和李方文（2014）及李晓萍等（2015）主要分析了集聚对企业生产率的影响。随着研究视角的拓宽，万道侠和胡彬（2018）、谢露露（2019）考察了集聚与创新之间的关系，郭然和原毅军（2019）还将生产性服务业集聚与制造业集聚进行结合，使用省级数据考察对环境污染的影响。

（三）关于集聚对商品住房价格影响的研究

现有文献根据集聚现象的不同从多个视角研究了不同集聚现象对商品住房价格的影响，下面将从国外和国内两个方面分别进行梳理。

1. 国外方面研究

国外方面，Helpman（1998）在 Krugman（1991）构建的新经济地理学模型基础上充分将住房价格因素考虑在内，分析了经济集聚与房价之间的关系，研究发现经济集聚导致的劳动力流入会促进房价上涨。Malpezzi S.（2010）的研究结果表明，高新技术产业的集聚是引起美国房价上涨的一个重要原因，通过测算发现产业集聚程度每增加 1%，房价上涨接近 28%。Holly、Pesaran 和 Yamagata（2011）研究发现纽约等城市房价水平较高与金融业集聚程度有关，并且对周边房价产生了溢出效应。Bruyne 和 Hove（2013）通过估计 2001 年比利时 589 个城市层面住房价格模型，研究发现除了社会经济变量和房地产特征的差异外，房价还与地理因素有关，到提供就业和广泛服务的重要经济中心的距离和时间构成了影响房价的地理壁垒，经济集聚程度与城市房价正相关。Diamond（2016）使用美国 1980—2000 年的数据对比了大学毕业生之间以及大学毕业生与高中毕业生之间存在的工资差距，在一个结构空间均衡模型中考察了城市人力资本扩张和空间集聚对城市住房市场和城市化水平的影响，研究发现工资差距的增加与大学毕业生集中在高工资、高租金城市的地理位置增加同时发生，虽然对劳动力需求的变化从根本上导致了技能分类的增加，但高技能城市内的便利设施的内生增长进一步推动了这一变化。Combes、Duranton 和 Gobillon（2019）使用法国数据考察了人口集聚对城市成本带来的影响，研究表明随着人口数量的增加，房屋和土地价格存在上涨趋势。

2. 国内方面研究

国内学者近年来对集聚与商品住房价格之间的关系也进行了一系列研究。骆永民和刘艳华（2011）采用面板向量自回归模型研究了以银行信贷为主的金融业集聚、人力资本对房价的影响，结果发现三者之间的动态联系存在地区差异。贾洪文、颜咏华和白媛媛（2012）采用省级面板数据综合分析了人口迁移和金融业集聚对房价的影响，与其他相关学者研究结论不同，他们认为金融业集聚对房价主要产生抑制作用。陈斌开和张川川（2016）使用微观家户数据从人力资本增长视角分析了中国房价的动态演变，研究发现人力资本规模扩张和空间集聚是影响房价的重要因素。刘颜和邓若冰（2016）分析了产业集聚与房地产价格之间的倒“U”形关系，采用空间计量方法发现房价的波动受到邻近区域房地产价格的正向冲击。范新英和张所地（2018）对城市创新集聚程度的测算从集聚过程和集聚效果两个层面展开，实证发现创新集聚对房价存在空间溢出影响。赵敏和马周剑（2018）采用省级面板数据发现产业集聚与住房支付能力之间呈倒“U”形关系。

（四）文献简评

已有研究对商品住房价格变动的影响因素、产业集聚的成因、产业集聚的测度及产业集聚的影响效应等方面，都已经做出了相对深入且系统的研究，但是现有文献仍然在内容和方法上存在一定缺陷。

1. 现有文献在内容上的不足之处

国内外文献中关于产业集聚的影响效应主要集中在经济增长、收入差异及产业升级和创新等方面，对房地产市场的涉猎较少。一是在对商品住房价格波动影响因素研究中，多数文献仅从供给或者需求单方面考察了对商品住房价格的影响，忽略了城镇化进程的加快使一系列生产要素在地理空间范围的不均衡分布对城市发展产生的影响，而这种影响有可能同时作用于住房市场的供给端和需求端。二是在产业集聚对商品住房价格影响的文献中，多数文献仅分析了单一集聚现象对商品住房价格的影响，将多种集聚现象同时考虑在内的全面而系统的商品住房价格影响效应分析有待进一步深化。三是多数研究集聚对商品住房价格的文献中只分析了集聚对商品住房价格作用的方向和程度，并没有深入挖掘影响背后的原理，只有将理论基础和影响路径纳入统一分析框架才能深入理解产业集聚对商品住房价格的影响作用。四是多数文献仅考察了对宏观商品住房价格的影响，而忽略了对更合理的商品住房价格水平衡量指标——房价收入比的影响，事实上，微观家庭层面的房价收入比指标与商品住房价格水平绝对指标相比，更能反映居民对商品住房价格的承受能力。

内容的不足之处还体现在样本的层面选择上，目前多数文献对产业集聚影响效应的研究都以省级层面为主，而集聚程度的差异主要体现在城市层面，产业集聚效应的发挥也往往以城市为载体，采用省级数据的结论准确性及适用性有待进一步完善。

2. 现有文献在方法上的不足之处

现有文献在方法上的不足之处包括数据的使用及实证方法的运用两个

方面。

在数据的使用方面，已有文献多从宏观数据入手，而宏观数据并不能全面反映微观层面信息。在研究产业集聚与商品住房价格之间关系时，除了需要考察微观个体层面商品住房价格承受能力外，还应该将家庭层面的商品住房价格考虑在内，仅采用宏观数据不能控制城市层面以外的个体层面特征，从而会产生遗漏变量。同时，微观层面数据的使用还可以在一定程度上降低模型的内生性，即城市层面的产业集聚可能会对个体层面的房价收入比和家庭商品住房价格产生较大的影响，而后者对城市层面的产业集聚的影响则很小，从而在一定程度上可以规避内生性问题给模型估计造成的偏误。

在实证方法运用方面，以往研究虽然考虑了实证模型的内生性，但仅采用IV－2SLS来缓解模型内生性问题是不够的，对于样本的自选择偏误问题也有待进一步解决。另外，多数面板数据研究使用的固定效应模型不能观察到影响的异质性，不同经济发展时期和不同地理空间影响并非总是表现出一致性。除此之外，新经济地理学认为区域经济增长的动力除了来自本地市场的循环累积因果效应外，其他区域要素的辐射作用即地理因素也应该考虑在内。因此，在研究产业集聚与商品住房价格关系时，还应该充分考虑住房价格之间的空间影响效应，而以往文献实证分析多没有涉及空间计量模型。

3. 本书研究的主要贡献

虽然产业集聚会从不同方面影响商品住房价格，但纵观已有文献，现阶段该方面的研究还相对比较缺乏。有鉴于此，本书将在借鉴前人研究成果的基础上，尝试探讨城市层面不同产业集聚现象对商品住房价格的影响。因而，本书研究的主要贡献在于：

一是搭建了分析商品住房价格变化中产业集聚作用的理论框架。理论基础部分主要由集聚外部性理论、拥挤效应理论、新经济地理学的劳动力流动理论和金融地理学理论构成，为本书阐述产业集聚对商品住房价格的影响提供了理论支撑。接着在产业集聚一般影响路径分析基础上提炼出了商品住房价格变化中不同产业集聚发挥作用的差异化路径，具体表现为：

首先，制造业集聚方面，在制造业集聚规模效应主导下，受到集聚外部性的影响，劳动力收入出现大幅上涨，加之土地财政依赖程度下降和公共支出增加缓解了住房价格的上涨压力，所以制造业集聚规模效应的发挥有利于房价收入比这一相对商品住房价格的下降，而在制造业集聚拥挤效应的作用下，生产率下降带来的劳动力收入下降及厂商之间对土地这一不可流动资源的竞争加剧会共同作用于商品住房市场，从而通过提升房价收入比加重了居民的住房负担；其次，科技服务业集聚方面，本书梳理出了科技服务业集聚对商品住房价格影响的逻辑过程，尽管技能匹配效应和人力资本积累效应均对技能劳动力流动现象做出了一定解释，但我们不能否认的是，工资优势是科技服务业集聚吸引技能型劳动力流入的重要因素，而在此影响下，技能型劳动力的流入增加了人口总量，直接刺激了对住房市场的刚性需求；最后，金融业集聚方面，不同于制造业和科技服务业的空间集聚，金融资源的虚拟集聚主要通过降低融资成本缓解房地产开发企业与住房消费者的融资约束，而在商品住房供给与需求相等时，则会产生新的商品住房均衡价格。

二是研究内容更为具体和细致。本书聚焦于产业集聚对商品住房价格的影响，对产业集聚和商品住房价格都进行了一定程度的细化和区分。产业集聚方面，本书对产业的选择层面较低，不仅从制造业集聚的影响入手，考虑到近年来部分城市制造业拥挤效应的凸显及新兴产业发展的广阔前景，本书进一步分析了科技服务业集聚的商品住房价格影响效应，并且鉴于房地产行业的发展离不开金融业的支持，本书还研究了金融业集聚的影响。从制造业、科技服务业及金融业的角度分析产业集聚对商品住房价格的影响效应使研究更具系统性和完整性。而在商品住房价格指标的选取上，本书既考虑了宏观层面的商品住房价格水平，又考虑到了微观层面的个体所在家庭的房价收入比和家庭住房价格，使对商品住房价格的研究更贴近现实。

三是研究方法多样化。本书在处理面板数据时不仅使用了固定效应模型，还使用了处理内生性问题的 IV－2SLS 方法，在研究制造业集聚对商品住房价格影响时，除了使用截面回归，还采用了缓解样本选择性偏误的

Heckman 两步法，在分析科技服务业集聚对商品住房价格影响的异质性时，分别使用了门限回归模型和地理加权回归方法，并且结合中介效应模型考察了金融业集聚对商品住房价格影响的中介作用，在此基础上，运用空间计量模型分析了商品住房价格的空间影响效应。

四是提出了如何运用不同产业发展策略来促进商品住房价格稳定的政策建议。本书得出的结论具有一定的系统性，既有制造业集聚的规模效应作用和拥挤效应作用，又有科技服务业集聚通过提升真实住房需求所发挥的商品住房价格提升作用，还包括金融业集聚对商品住房价格的过度支持作用。丰富的研究结论有助于住房消费者、房地产开发企业、金融机构和政府科学而理性地看待商品住房价格变化，并为如何运用产业发展政策平抑商品住房价格泡沫提出了针对性高、操作性强的政策措施。

四、本书研究思路、内容和方法

（一）研究思路

本书在前人研究经济集聚对商品住房价格影响的理论和实证基础上，沿着“理论梳理——特征考察——实证分析——政策引申”的逻辑主线，对城市产业集聚的商品住房价格影响效应进行了系统而深入的研究。首先，结合相关理论为产业集聚对商品住房价格影响研究提供了理论基础，并在产业层次细分基础上，详细阐述了本书选择位于产业细分第三层面的制造业集聚、科技服务业集聚和金融业集聚作为本书产业集聚研究对象的过程和依据，而在分层次影响路径结构分析的基础上选择出了满足本书研究需要的路径结构，即包括整体层面的一般影响路径和制造业集聚、科技服务业集聚及金融业集聚的具体影响路径，共性与个性相结合将更有助于深入认识产业集聚对商品住房价格的影响；其次，结合产业集聚测度方法的选取，从产业发展概况、产业集聚时间特征、产业集聚空间特征三个方面阐释我国产业发展格局及动态演变态势；再次，分别对制造业集聚、科技服务业集聚和金融业集聚与商品住房价格之间的关系进行经验验证；最后，总结得出主要结论和相关政策建议。本书的研究思路如图 1－1 所示。

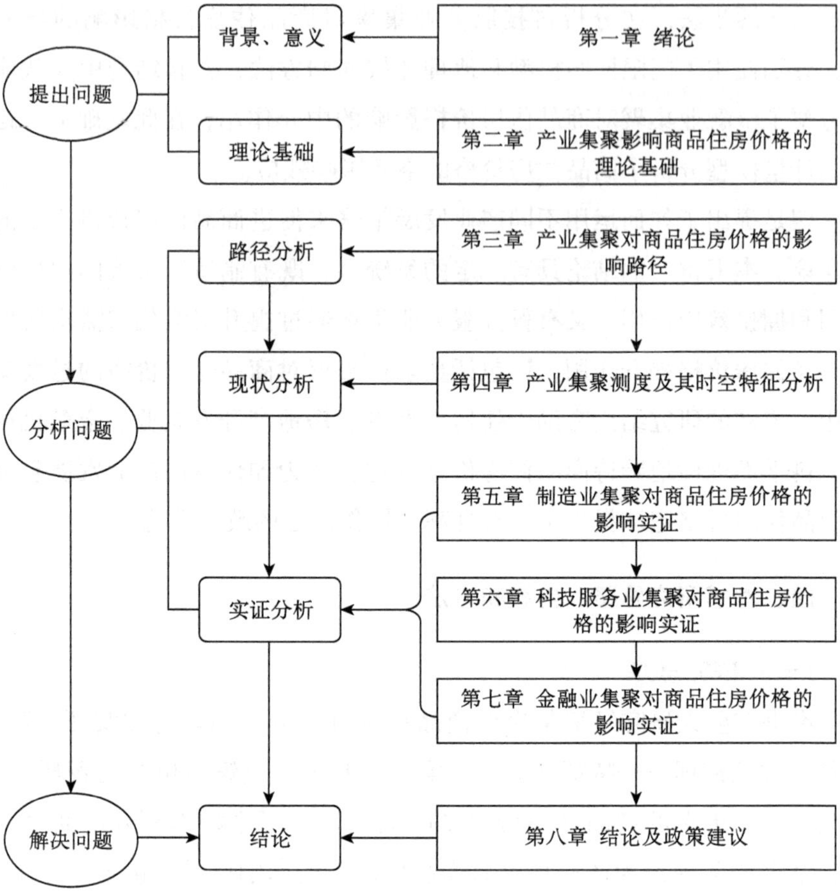

图 1-1 本书技术路线

（二）主要研究内容

基于以上研究思路，本书主要研究内容分为八个部分，具体安排如下：

第一章是绪论。本部分在阐述相关概念、选题的背景及理论和现实意义基础上，主要从商品住房价格影响因素、城市产业集聚及产业集聚对商品住房价格的影响三个方面对现有文献进行述评。其中，商品住房价格影响因素分别从供给端和需求端的思路展开，以期全面认识商品住房价格变动的原因；城市产业集聚的相关文献包括产业集聚的成因、产业集聚的测度和产业集聚的影响效应三个方面。对商品住房价格变动中的产业集聚作用相关研究最新进展的梳理为本书研究带来了一定启发，基于此，阐明了本书的研究思路、研究方法以及本书研究可能的创新和不足之处。

第二章是产业集聚影响商品住房价格的理论基础。借助集聚外部性理论、拥挤效应理论、新经济地理学的劳动力流动理论和金融地理学理论，分析了商品住房价格变化中产业集聚作用的理论基础，为本书提供理论支撑。

第三章是产业集聚对商品住房价格的影响路径。由理论基础部分可知，商品住房价格的变化是在产业集聚作用下住房市场均衡状态改变的结果。本章在产业层次细分和分层次影响路径分析基础上，提供了本书具体产业集聚现象的选择依据，并选择出了本书研究所需的包括一般影响路径和具体影响路径在内的路径结构，基于此进行了详细的一般路径分析和具体路径分析。一般规律和特有机理相结合，更有助于深入认识产业集聚对商品住房价格影响的原理。这一章是后文分章介绍具体产业集聚现象的商品住房价格影响效应的前提，也是本书研究的核心和关键。

第四章是产业集聚测度及其时空特征分析。首先，对产业集聚的常用测度方法包括就业密度、区位熵、空间基尼系数及赫芬达尔指数、EG 指数等进行了介绍，在此基础上，选取就业密度作为本书不同产业集聚现象集聚程度的测度方法，并采用核密度等方法刻画了产业集聚的时间变化与空间差异。

第五章是制造业集聚对商品住房价格的影响实证。本章在前文制造业集聚规模效应和拥挤效应理论分析的基础上，借助理论模型推导了制造业集聚通过改变生产率从而影响房价收入比的过程，将 2016 年流动人口动态监测数据与城市数据进行匹配，考察了我国 268 个地级城市制造业集聚对微观个体所在家庭房价收入比的非线性影响。同时，本章还将城市按照规模的不同划分为大中城市和普通地级城市、按个体流动时间长短划分为 10 年以上样本和 10 年以下样本、按户籍是否为农业户口划分为乡城流动人口和城城流动人口，以考察不同城市、不同流动时间、不同户籍特征下制造业集聚对商品住房价格的影响差异。

第六章是科技服务业集聚对商品住房价格的影响实证。经济发展的集聚效应意味着集聚区域能够创造更高的收入和更多的就业岗位，在前文对科技服务业集聚推高商品住房价格作用路径阐述的基础上，构建了科技服务业集聚区以工资优势吸引技能型劳动力流入进而刺激住房需求的理论模型，并运用2005—2016年264个地级市的数据考察了科技服务业集聚对商品住房价格的影响，在整体影响效应的基础上考虑到其影响可能因城市收入水平和空间不同而存在差异，进一步使用门限回归模型和地理加权回归模型对影响的异质性进行了深入分析。

第七章是金融业集聚对商品住房价格的影响实证。使用数理模型对比分析了有无信贷支持下的住房价格差异，进一步结合实证模型验证了金融业集聚对商品住房价格的促进作用。实证分析部分，采用面板模型分析金融业集聚对商品住房价格的基本影响，在对商品住房价格整体影响考察的基础上，结合异质性分析考察了在不同住房供给弹性城市中影响存在的差异，进一步探讨了金融业集聚对商品住房价格影响的中介作用。具体而言，将房地产信贷区分为房地产开发贷款和个人住房消费贷款两种，结合中介效应模型对该作用渠道进行检验。除此之外，本章对商品住房价格影响的考察还拓展到了微观层面和空间层面。

第八章是结论及政策建议。本章对产业集聚影响商品住房价格的研究进行了系统总结，并提出未来产业发展应如何降低住房负担，以及如何通过以真实住房需求为商品住房价格上涨提供支撑和避免金融支持过度现象发生等方面为商品住房市场价格泡沫挤出提供政策建议。

（三）主要研究方法

研究结论的准确性和可靠性在很大程度上依赖于研究方法使用的得当与否，本书的研究具有较强的理论性和实践性。首先梳理国内外产业集聚与商品住房价格研究的相关文献，并结合相关理论为本书研究提供理论支撑，其次阐释了本书具体产业集聚现象的选择依据，并对不同产业集聚现象的商品住房价格影响路径进行了深入探讨，最后在测度产业集聚指标并分析产业集聚现象时空演绎特征的基础上结合实证模型研究了城市产业集聚对商品住房价格的影响，从而得出结论和启示。在分析过程中，本书涉及的研究方法有：

第一，文献归纳和逻辑推导。通过对前人研究成果的归纳和总结，梳理了商品住房价格的影响因素、产业集聚的成因和测度及产业集聚的影响效应、产业集聚对商品住房价格的影响等方面的文献，通过逻辑分析推导了产业集聚对商品住房价格的影响过程，为本书经验研究提供依据。

第二，数据描述分析方法。在产业集聚测度和特征分析部分，介绍了一系列产业集聚测度指标，最终选用常用的就业密度法来测度本书的产业集聚水平。对制造业集聚、科技服务业集聚、金融业集聚的特征分析，均采用了横向与纵向相结合、动态与静态相结合的数据分析方法，厘清各指标的静态特征和动态趋势。

第三，实证检验分析法。制造业集聚、科技服务业集聚及金融业集聚的商品住房价格影响效应研究均按照理论分析与实证检验相结合的范式展开，本书理论分析涵盖了产业集聚影响商品住房价格的理论基础和作用路径，并采用合适的计量方法进行实证检验。具体而言，在研究制造业集聚对商品住房价格的影响中使用了截面回归和 Heckman 两步法，在研究科技服务业集聚对商品住房价格的影响中使用了门限效应模型和地理加权回归分析法，在研究金融业集聚对商品住房价格的影响中使用了面板固定效应模型、中介效应模型和空间计量方法。

第四，微观数据统计分析法。为了使产业集聚的测度及产业集聚的商品住房价格效应分析更贴近现实，考虑到以往文献研究中省级数据的笼统性和片面性，本书在研究产业集聚对商品住房价格影响时除了采用城市层面的宏观数据外，还结合微观数据库将研究层面降低至个人及家庭层面。通过对宏观数据和微观数据的收集和归纳，将大量地级城市纳入分析样本将使实证结论更可靠。

五、本书的创新点与不足之处

（一）可能的创新点

本书的创新之处主要体现在以下几个方面。

一是对产业集聚和商品住房价格概念的考察比较全面且系统。已有文献多从供给或者需求两端展开对商品住房价格影响因素的研究，很少注意到产业集聚化发展这一重要经济增长推动力量对商品住房价格产生的影响。即便是近年来出现了为数不多的分析产业集聚对商品住房价格影响的文献，但也仅考察了单一集聚现象对商品住房价格的影响，将多种集聚现象同时考虑在内的全面而系统的商品住房价格影响效应分析有待进一步深化。本书从制造业集聚对商品住房价格的影响入手，在此基础上还纳入了国民经济的重要组成部分——科技服务业集聚和金融业集聚，深入分析了其对商品住房价格的影响，使研究更具系统性和全面性。另外，本书还对商品住房价格概念的内涵进行了延伸。多数分析商品住房价格变动影响因素的文献在选取商品住房价格变量指标时只采用了宏观的商品住房价格，而结合中国实际，研究微观个体所在家庭的商品住房价格承受能力也有一定现实意义，因此，本书对商品住房价格指标的选取更丰富，既包括了宏观层面的绝对商品住房价格指标，又包括了微观层面的相对商品住房价格指标——房价收入比。

二是数理推导了不同产业集聚现象对商品住房价格的影响。本书不仅分析了产业集聚影响商品住房价格的理论基础，还揭示了不同产业集聚现象对商品住房价格影响的具体路径，并结合数理模型进行了推导。具体而言，借助“核心－外围”模型构建的两部门均衡模型推导了制造业集聚在规模效应和拥挤效应的作用下，如何通过改变收入进而影响住房市场的房价收入比的渠道和路径；依托技能型劳动力流动模型，分析了科技服务业集聚部门的工资优势能否促进技能型劳动力流入，以及技能型劳动力流入后是否对本地居民产生挤出效应，并以此来判断劳动力数量的变化对商品住房价格产生的影响；进一步，通过对比有无信贷支持下的商品住房价格均衡模型，探讨信贷资金的支持能否通过缓解住房市场供给需求两端的融资约束而推高商品住房价格。基于理论分析和模型构建，从收入变化、劳动力流动、资本充裕条件下的制造业和现代服务业空间非均衡分布的角度，研究产业集聚和商品住房价格之间的相互关系，丰富了产业集聚和商品住房价格的相关研究内容。

三是数据和实证方法的运用较为多样化。数据方面，本书采用了宏观数据与微观数据结合使用的方法。研究产业集聚效应的文献多以省级层面为主，本书将研究层面扩充至城市层面和个体层面。首先使用2016年流动人口动态监测数据与城市数据相匹配，分析制造业集聚在规模效应和拥挤效应两种作用下对房价收入比的影响，进一步使用2016年中国劳动力动态调查数据库对金融业集聚的商品住房价格提升效应进行进一步检验，微观层面的验证使研究结论更具说服力。实证方法运用方面，本书在处理面板数据时不仅使用了固定效应模型，还使用了处理内生性问题的IV－2SLS方法，在研究制造业集聚对商品住房价格影响时，除了使用截面回归外，还采用了缓解样本选择性偏误的Heckman两步法，在分析科技服务业集聚对商品住房价格影响的异质性时，分别使用了门限回归模型和地理加权回归方法，并且结合中介效应模型考察了房地产信贷在金融业集聚对商品住房价格影响中发挥的中介作用，在此基础上运用空间计量模型分析了商品住房价格的空间溢出效应。

（二）不足之处

本书的研究存在如下方面的不足。

首先，本书对商品住房价格变化原因的探究主要围绕产业集聚展开，忽略了其他因素的影响。本书主要以城市产业集聚与商品住房价格为研究对象，对产业集聚影响商品住房价格的路径、程度和异质性进行了详细分析，进而对产业集聚与住房市场发展的良好局面提出了部分政策建议，而对商品住房价格的其他隐性、间接的影响因素考虑较少。

其次，在研究层面上本书主要分析制造业、科技服务业、金融业等产业集聚现象对商品住房价格产生的影响，并未就更具体的产业层面集聚状况进行考察。制造业产业细分类型过多，科技服务业和金融业各细分产业统计数据较难获得等诸多因素使本书实证分析利用的是城市层面的制造业集聚、科技服务业集聚和金融业集聚统计数据，缺乏更微观的产业层面数据为研究提供支撑会在一定程度上影响本书研究结论和建议的适用性。

最后，样本的选择受到一定限制。本书在研究制造业集聚和科技服务业集聚的商品住房价格影响效应时采用了地级城市样本，大量的城市样本有助于我们更全面客观地认识产业集聚与商品住房价格之间的关系。而我国部分地级城市金融统计数据存在可获取性不强、更新速度慢、数据连贯性较差等不利因素，这在本书研究金融集聚的商品住房价格影响效应时使研究样本的选取受到了严重制约，仅使用35个大中城市的数据也造成了回归结果中系数估计量的部分偏差，在一定程度上影响了对我国城市金融业集聚与商品住房价格之间关系真实和全面的解释。

第二章

产业集聚影响商品住房价格的理论基础

作为现代产业发展的必然现象，产业集聚既是推动城市经济发展的核心因素，也是影响住房市场的中坚力量。制造业集聚发展到一定程度往往会引致制造业集聚过度，而伴随着产业结构的优化和调整，技术进步和金融交易费用的下降使现代服务业集聚和制造业集聚一样对住房市场产生了深远影响。研究不同类型产业集聚现象的商品住房价格影响效应将有助于全面认识并区分新时期住房价格上涨存在的理性因素和非理性因素。在探讨产业集聚对商品住房价格的影响路径之前，本章将运用集聚外部性理论、拥挤效应理论、新经济地理学的劳动力流动理论及金融地理学理论系统阐释产业集聚在商品住房价格变化中发挥的基本作用，为本书分析提供重要理论支撑。

第一节　集聚外部性理论

一、集聚外部性理论阐释

集聚理论的起源最早可追溯到 20 世纪 80 年代，Adam Smith（1776）在《国富论》一书中提到“由家庭坊和手工业工场为基本单位的小企业集群”，其虽未涉及集聚，但对产业集聚的形式进行了初步描述，被认为开创了系统产业集聚理论研究的先河。新古典经济学派的代表马歇尔（1890）在其著作《经济学原理》中，首次针对企业和产业在地理分布上的集中现象提出了“集聚”的概念①，并在规模经济与外部经济的基础上探究了产业聚集形成的原因。

内在规模经济是指企业生产的平均成本随着生产产品数量的增加而减少，从生产函数角度来看，企业增加单位投入将得到超过一个单位的产出，因此在规模经济的作用下，随着企业生产产品数量的增加，生产每一单位产品所需要的平均成本就会下降，即生产规模的扩大有利于企业获得规模报酬递增。而马歇尔认为内在规模经济主要在利润最大化目标下安排企业内部生产，劳动力、资本等生产要素则外生给定。相较而言，外部经济则是指同一行业产出水平的提高所带来的单个企业生产成本的下降，外部经济得益于“产业区”的形成，使企业对生产要素的获得变得十分便捷，从而使单个企业在生产上享有低成本优势。马歇尔在古典经济学框架下，基于收益不变、完全竞争的假设条件，通过研究产业集聚形式，指出存在外部经济与规模经济条件是形成产业集聚的原始动力，这也是集聚外部性理论的核心内容。

具体地，马歇尔集聚外部性理论认为以下三个方面是引起经济集聚的原因：第一，劳动力市场蓄水池（labor pooling）。劳动力市场蓄水池的形成主要是由于生产性企业的区域性集聚，创造出大量的生产技能相似的就业岗位，从而吸引劳动力区位集中，进而客观上形成了一个产业区共享的劳动力市场。一般来说，由于产业集聚区内劳动力的供给与需求都相对较大，为了雇用具有特殊技能的工人，厂商倾向于在专业化劳动力丰富的地方建厂，而拥有专门技能的劳动力在找工作时也倾向于到企业集中的区域，并且可以减小因经济不确定或需求震荡而导致失业的可能性。因此，这个专业化劳动力共享市场既保证了劳动力的供应，也减少了工人的失业概率，正是在这种双向机制作用下，产业集群才得以不断发展与完善。第二，中间投入品市场共享（input sharing）。在一个产业集聚区内部，集聚的企业越多，其生产所需中间投入物品的集聚也会随之越多，包括原材

① 马歇尔在对以谢菲尔德为代表的餐具专业区域和以伯明翰为代表的珠宝专业区域考察时注意到生产集聚这一现象。

料、劳动力和资本等生产要素，众多中间投入品生产企业的参与既降低了中间投入品的生产成本又降低了中间投入品的运输成本，从而使整个产业的平均生产成本下降，甚至共享使用昂贵的机器设备都成为可能。而且随着中间投入品专业化程度的加深，各部门间的协作生产效率将不断提高，也加强了该产业集群的市场竞争力。第三，技术溢出效应（knowledge spillover）。马歇尔认为，知识的流动是按距离递减的，因此，信息与技术在当地的传播速度要比传播到外地更快。在同一个产业区内，任何专利的发明和技术的改进都将引起同行们的关注、研究甚至借鉴，使行业内的秘密被公开化，在此基础上，人们会结合自身的认知从而碰撞出新的思想火花，溢出效应使集聚产业的生产函数优于单一企业生产函数，这种知识溢出效应同时也是推动产业区经济增长的源泉所在。

马歇尔开创的外部经济理论始终强调产业集聚是由外部规模经济产生的。在此基础上，随着研究的深入，学术界认为马歇尔集聚外部性理论所包含的产业集聚形成的三个源泉中有两个与技术外部性相关，即企业生产所需的大量技能型劳动力形成的厚劳动力市场和技术溢出效应；一个与货币外部性相关，即中间投入品所带来的生产成本的下降（陈继勇和梁柱，2011）。不同于货币外部性更强调通过产业前后向关联效应来降低企业生产成本从而提高生产率这一研究思路，技术外部性则更注重探讨产业间协作、经验交流及知识溢出效应作用下的生产技术改进所带来的生产效益提高的内在逻辑。

随着研究的深化和细化，作为产业集聚形成机制的集聚外部性问题逐渐成为学术界研究的新方向，雅格布斯（Jacobs，1969）在 Marshall 技术外部性的基础上认为不仅行业内部的专业化集聚有利于技术进步，行业间的集聚即多样化集聚也将发挥一定的知识溢出效应。部分研究学者也肯定了雅各布斯外部性的技术进步及知识扩散效应（Feldman and Audretsch，1999；Duranton and Puga，2001）。马歇尔外部性和雅各布斯外部性是动态外部性理论的重要组成部分，前者强调单一的垄断市场结构更有利于促进经济增长，而后者则认为多样化的市场竞争更容易产生经济增长效应，多年来学界对这一研究领域更是争论不休。与此同时，新竞争优势论的代表人物迈克尔波特则提出了第三类动态外部性——Porter 外部性。Porter 外部性认为处于同一产业链上的集聚企业在生产上处于竞争地位，竞争不仅体现在制成品的生产和销售上，还更多体现在新产品研发和新技术的应用上，互为竞争的企业不应该垄断生产技术及有效信息，而应该通过与其他企业进行信息的交流及资源的共享从而最大限度地共担创新风险，同时加强自身的市场竞争力。Porter 外部性主要借助"钻石模型"① 阐明竞争外部性对技术创新及生产率提高的影响机制。

在集聚经济文献中，外部性理论被普遍用于解释产业集聚如何对区域经济增长产生影响。集聚和生产力的基本逻辑起源于阿尔弗雷德·马歇尔（Marshal，1920）对于英格兰第一个机器时代以谢菲尔德（餐具）和伯明翰（珠宝）为代表的专业区域考察。随后的历史研究证实了马歇尔的见解，Hohenberg 和 Lees（1985）研究发现集聚显著促进了欧洲工业革命的生产率。Ciccone 和 Hall（1993）基于美国数据的研究发现，非农产业就业密度能够显著促进非农产业劳动生产率，非农产业就业密度每增加一个单位，非农产业劳动生产率水平增加 6%，表明企业在地理范围内的邻近能够产生技术外溢，进而促进劳动生产率水平的提高。Ottaviano 和 Pinelli（2006）在重点讨论两个 NEG 模型预测的基础上，采用芬兰 1977—2002 年的数据，研究发现芬兰正在经历由传统工业集聚转变为新兴产业集聚，并且集聚程度提高促进了劳动生产率水平，从而证实了经济集聚对劳动生产率的正向促进作用。

二、对集聚外部性理论的评价

基于对传统经济学空间因素缺失的质疑，集聚外部性理论在古典经济学和区位理论发展的基础上弥补了传统经济学在解释经济活动空间关联效应方面的缺陷，推动了空间经济学、区域经济学及经济地理学相关学科的发展。首先，集聚外部性理论突破了传统经济学理论；其次，集聚外部性

---

① 波特在《国家竞争优势》一书中，将国内竞争优势理论应用到国际竞争领域，竞争优势主要包括 6 个方面、4 个基本要素和 2 个附加要素，形成了著名的"钻石模型"。

理论推动了区位理论的发展，从杜能的圈层理论到韦伯的工业区位理论都认为集聚力和向心力是影响工业企业产业转移及空间布局的核心因素，而集聚外部性则为企业、劳动力及中间产品在地理空间的集中作出了相应解释；再次，集聚外部性理论尤其是动态外部性理论突出了知识的溢出作用，企业生产效率的提升得益于货币外部性和技术外部性两个方面，忽略技术外部性的存在将无法解释集聚外部性的经济增长效应和创新效应；最后，集聚外部性理论在一定意义上为新经济地理学的诞生奠定了基础。

但在将外部性理论应用于实践的过程中，一些学者发现针对市场出现的新经济现象，传统的外部性理论模型缺乏较强的解释力，学术界对传统的外部性理论的质疑也开始出现。开创性的工作是 Glaeser 等（1992）利用 1956—1987 年美国 170 个城市大型工业增长的数据研究发现，城市多样性及地方竞争不是马歇尔强调的产业专业化集聚促进了工业的就业增长，知识溢出效应更可能发生在行业之间，而不是行业内部，这与雅各布斯强调的多样化集聚理论相一致。不同与 Glaeser 等（1992）使用宏观城市层面的研究数据，Henderson、Kuncoro 和 Turner（1995）采用 8 个制造业细分行业 1970 年和 1987 年的数据对动态外部性的存在进行了检验，研究发现马歇尔外部性与行业集中度相关，而雅各布斯外部性则依赖当地产业的多样性，进一步区分成熟产业和新兴产业之后发现在成熟产业中存在更多的是马歇尔外部性，而新兴产业则既表现出雅各布斯外部性特征又具有马歇尔外部性特征，城市专业化生产与产品周期呈现高度一致性。国内大多数文献集中验证了动态外部性理论与地区产业增长之间的关系，薄文广（2007）采用省级 25 个产业的面板数据分析了外部性对经济增长的影响，研究发现产业专业化水平抑制了经济增长，产业竞争程度促进了经济增长，而产业多样化水平与经济增长则呈现非线性特征，即产业多样化水平较低时抑制经济增长而在较高时促进经济增长，并且产业多样化对经济的影响作用依产业性质和区位不同而存在一定差异。贺灿飞和潘峰华（2009）采用地级市两位数制造业数据研究发现动态外部性与经济增长存在非线性关系，研究发现产业专业化在一定程度上能够促进经济增长，但是超过一定界限之后将不利于经济增长。这些研究表明，学术界对外部性理论的研究从专注于产业专业化的马歇尔外部性理论发展为动态外部性理论顺应时代潮流。

综合来看，无论是马歇尔集聚外部性理论还是动态外部性理论都认为集聚效应的发挥得益于外部性的存在，可以说集聚外部性理论奠定了产业集聚研究的基石并创建了经济地理学的分析范式。整体来看，货币外部性更强调中间产品的获得成本和运输成本的降低共同带来的生产成本下降，从而有助于集聚内部企业生产效率的显著提升；技术外部性则注重知识溢出效应对经济增长及产业创新带来的影响，更具体地，马歇尔外部性更偏向于行业内部的产业专业化集聚优势，雅各布斯外部性侧重行业之间的多样化集聚优势，而波特外部性虽然认同马歇尔外部性对行业内部集聚优势的认识，都认为空间距离的邻近要比分散更有利于知识溢出，但强调竞争性的市场结构比市场垄断更能促进生产率提高。从现有文献来看，马歇尔的研究视角更局限于特定区域和特定产业内部，具有静态特征，考虑了时间维度的技术外部性则更具动态特征，而对于是马歇尔外部性还是雅各布斯外部性更有利于经济快速增长和技术创新等问题目前学界仍然未达成一致意见。

三、产业集聚对商品住房价格的影响：基于集聚外部性理论的解释

空间因素对城市发展的影响越来越大，生产和消费活动的进行都要依托城市空间这一载体。不同规模的城市在发展过程中并非表现出一致性，劳动力、资本及中间投入品的非均衡分布导致厂商在利润最大化和成本最小化的约束下进行区位选择。可以说，除了生产成本及技术水平外，区位因素同样决定着厂商的生产能力和生产效率。在产业集聚形成的初始期，某一产业集聚的形成往往是受到该地区比较优势的吸引，利用资源禀赋丰富的生产要素进行生产，大量制成品相同的企业及其上下游企业通过空间集聚带来的外部性和共享性来实现生产的规模报酬递增。

城市产业在集聚外部性作用下能够显著促进收入提高、技能型劳动力流入及资金供给。集聚外部性理论突破了传统经济学规模报酬不变及技术外生的假定，其为不同国家和地区经济发展差距提供了很好的解释依据。

经济增长在一定程度上是生产规模经济及劳动生产率提高的结果，厚技能型劳动力市场、中间投入品共享及知识积累等都具有外部性，正的外部效应使生产表现出规模报酬递增的特征，而且正是这种产业集聚的外部效应构成了经济长期稳定增长不可或缺的条件。集聚外部性还有助于关联产业的技术进步，先进的生产技术通过提高产业的竞争力，进而提升区域整体生产效率。可以说，集聚外部性与城市生产率两者之间在短期形成互相促进关系，而在长期则呈现互动演化趋势。已有研究认为集聚程度较高的大型城市具有更高的劳动生产率和更多的高技能人才（Glaeser and Mare，2001），并且低技能劳动力能够在与高技能劳动者互动过程中实现人力资本积累和技术水平的提升（Wheeler，2007）。因此，集聚程度较高的大城市往往具有更高的工资水平，而工资优势则是吸引技能型劳动力流入的重要因素。集聚外部性除了能够显著影响收入和劳动力外，还可以通过降低信息不对称程度和交易成本提高资金的使用效率。在产业集聚外部效应下，相关部门能够吸纳更多的金融资源。

鉴于集聚外部性的存在，产业集聚会对城市住房市场产生不可避免的影响。具体而言，主要表现在以下几个方面：一是集聚外部性通过增加劳动力收入影响住房承受能力。产业集聚作为一种促进城市经济增长的核心力量，在集聚外部性的作用下，劳动者更容易通过学习、分享和匹配提高收入水平（肖兴志和李沙沙，2018），收入的提高将有助于缓解居民住房负担。二是集聚外部性可以通过吸引技能型劳动力流入影响商品住房价格。技术外部性和知识溢出效应将通过提升产业竞争力和生产绩效提高生产率，经济效益的改善会直接带动劳动力收入上涨，而集聚区特别是新兴产业集聚区域能够以收入优势发挥对技能型劳动力流入的吸引作用，从而进一步增加了住房市场刚性需求。三是集聚外部性还将通过缓解住房市场融资约束影响住房价格。产业集聚发展到一定程度，必然产生金融业集聚（黄解宇、杨再斌，2006）。而金融业集聚的外部规模效应主要表现在为其他产业分散投资风险、提供融资便利、降低融资成本以及提高资本市场流动性等方面（于斌斌，2017）。具体到住房市场，在金融业集聚过程中，特定区域大量金融机构的集中不仅为房地产发展提供了更高的金融服务水平，还为住房市场的供给和需求两端降低了融资成本，融资约束的缓解将对住房价格产生一定影响。通过以上分析，集聚外部性理论能够从一定程度上为解释产业集聚对商品住房价格的影响提供理论依据。

第二节　拥挤效应理论

一、拥挤效应理论阐释

已有研究充分肯定了产业集聚规模效应对于城市经济发展和技术进步产生的有利影响。根据马歇尔集聚经济理论，产业集聚区生产企业通过整合上下游产业资源从而获得生产上的规模经济，集聚外部效应的发挥有助于中间投入品的生产成本和运输成本下降，并且使对昂贵的机器设备进行共享也变为可能。在集聚规模效应下，随着知识的扩散和信息的传播，生产厂商之间互相交流市场信息并共享原材料进货渠道及制成品销售渠道，因此，产业集聚在实现生产率提高及技术进步的同时也驱动了城市经济发展并加快了城市化进度。然而，随着学术界研究的深入，发现产业集聚规模效应的发挥有赖于产业集聚的规模，即在产业集聚适度存在时，产业集聚的规模效应才会促进生产率提高；而在产业过度集聚时，规模不经济即负的外部效应将使生产率下降。作为产业集聚的一种经济现象，拥挤效应应该和规模经济效应一样具备研究价值，但是学界对拥挤效应的关注远不及规模效应，即使近年来涌现了一部分相关研究成果，但有关拥挤效应的研究仍显薄弱。

拥挤效应早期是以产业集聚分散现象的形式引起相关学者注意的。区位理论经历了由农业区位理论向工业区位理论发展的过程，Weber（1929）认为核心集聚区运输成本低但土地成本较高，而边缘地区运输成本高但土地成本低，即地租以城市为中心向边缘区域递减，那么企业在进行区位选择时会充分权衡运输成本与土地成本的大小。产业向一个区域集中除了可以因更接近销售市场从而节省运输成本外，更为看重的则是产业集聚区所产生的集聚规模效应，当集聚的外部经济大于土地成本的节省时，厂商会源源不断地向该区域集聚，而当厂商在某个区域过度集聚时，会造成对资源及生产要素的恶性竞争，区域内过度饱和的集聚现象造成了生产成本的上涨，所以部分厂商将会重新进行区位的选择，以分散过度集中给生产带来的不利影响，进而使生产活动的区位分布更加合理。整体来看，韦伯区位理论认为除劳动力成本因素之外，对运输成本及集聚规模经济两种因素的考量决定了厂商是否向产业集聚区之外的区域进行分散。Hoover（1936）在韦伯区位理论的基础上引入了运输费用的概念，因此胡佛的区位理论又称为“运费区位论”。在生产成本最低和规模报酬递增的假设条件下，运输成本不仅包括直接的运输费用还包括站场费和线路运行费用，其中运输费用则和其与市场的距离之间存在一种先下降后上升的非线性关系。具体而言：厂商的运输费用取决于生产的规模经济与否，当生产达到规模经济时，由于厂商的产品可以供更大的市场消费，因此随着距离的增加运输费用下降，而当厂商的生产出现规模不经济时，其产品的需求市场有限，运输成本将随着距离的增加而增加。

在区位理论对产业集聚分散效应的研究基础上，Williamson（1965）指出产业集聚初期会促进生产效率提高，而随着集聚程度的增强，其对经济发展将产生负面影响，这一研究又被称为著名的“威廉姆森假说”。该假说突破了原有研究所设定的产业集聚与经济增长及生产率呈线性相关的假设前提，认为产业集聚规模效应的发挥只存在某一特定时期，在产业集聚出现过度拥挤时，集聚的规模经济小于规模不经济，集聚程度的增加则会抑制生产率的提高，因此产业集聚与经济发展之间应该呈现非线性关系。具体地，在产业发展的初始时期，集聚区内生产企业通过共享中间投入品、大量技能型劳动力集聚形成的厚劳动力市场及技术扩散效应降低生产成本，获得集聚的外溢效应，此时集聚的外部效应为正；然而，当集聚超过最佳规模时，随着集聚区内生产企业数量的增多，企业之间会在生产要素购买及销售渠道等方面存在过度竞争行为，这将不利于生产效率的提升，加之集聚区内部产品存在同质化现象，过多的企业存在将意味着部分企业会以互相模仿来代替产品研发从而缩减生产投入，这将进一步阻碍技术进步，因此，在产业存在过度集聚现象时，集聚程度的加剧将会产生负的不经济即拥挤效应。

随着学界研究的深入，以克鲁格曼为代表的新经济地理学的“核心-边缘”模型也发现了一支分散集聚效应的力量，即与“向心力”相对的“离心力”。旺盛的本地市场需求有助于市场的专业化分工，以此能够摊薄中间投入品及生产要素的成本，为技能型劳动力所提供的大量就业岗位进一步降低了职位搜寻匹配成本，知识的扩散有利于技术进步，这些都可以视作产业集聚效应的“向心力”。而在产业集聚过度时，生产要素购买及制成品销售渠道都有可能出现拥挤现象，即产生“要素市场拥挤效应”和“产品市场拥挤效应”，在这两方面因素的循环累积因果效应下，基于利润最大化假设的厂商将重新选择有利于生产的区位，厂商离开过度集聚的市场向边缘区域转移的现象源于“市场拥挤效应”的发挥。因此，新经济地理学认为一系列拥挤效应的产生构成了产业集聚的“离心力”。

上述理论通过分析产业集聚规模效应与地区生产要素成本、运输费用等力量之间的对比变化来阐释产业集聚规模与生产率之间的动态演化，拥挤效应理论的这些思想精髓被城市经济学借鉴并消化，将研究视野从产业集聚规模转移到城市最佳规模上，构建了城市最优规模理论体系研究框架。Henderson（1974）基于一个一般均衡模型，深入分析了城市有关生产与消费行为在市场力量的作用下是如何影响城市规模和城市类型的。他主要阐述了有关城市规模的三个方面：第一，基于对城市规模形成因素的思考引发了城市尤其是大城市为什么能够存在这一议题。一方面由于生产存在规模经济，另一方面随着中心集聚区集中从事生产活动，人们居住地越来越向边缘区域倾斜，通勤成本随着城市规模扩大而增加。当人均通勤成本能够抵消生产的规模经济效应时产生最佳城市规模。第二，不同城市之间城市规模存在差异的原因。在自然禀赋存在差异下，城市倾向于集中生产具有比较优势的产品，由此产生了不同的专业化分工，不同类型的产品所需规模经济程度不同，而城市所承受的通勤成本和拥挤成本亦不同，进而使城市规模存在差别。第三，不同城市的主导产业不同。由于生产的规模经济存在于产业内部，城市在专业化分工下专注具有比较优势的产业进行生产活动，以此可以降低通勤成本，如果所有产业都集聚在一个城市，则势必会引起拥挤效应的产生。

相关学者结合规模不经济及拥挤效应的存在进一步审视了城市规模问题。Fisch（1977）对城市地租的标准模型进行了扩展，并将 Tiebout 提出的地方公共物品市场引入分析框架①。结果表明，城市的最优人口规模与地方公共产品和地方税的最优供给同时存在。研究进一步分析了公共物品的供给对土地价值的影响，并认为地租是反映 Tiebout 均衡条件的一个不够理想的产出指标，资本化假设也并不满足 Tiebout 均衡条件。Arnott（2004）认为最优城市规模在城市规模经济效应等于人均社会福利最大化时达到，随着城市规模扩张，土地租金上涨被看作城市规模不经济的一种表现，而租金上涨又可以以向社会提供基础设施建设等形式补偿土地租金上涨带来的负面影响。Arnott（2004）在验证亨利乔治定理（Henry George Theorem）② 适用性的同时还为城市的人口过剩或人口不足提供了一个参考依据。Capello 和 Camagni（2000）对以往有关城市规模的相关理论进行了批判，认为城市发展面临的真正问题不是“最优城市规模”而是“有效规模”，城市内部的结构调整可能会产生新的经济优势，通过对城市区位效益和成本函数的经济计量评估，结合不同层次的网络整合、规模和城市功能论述了城市规模问题。整体来讲，城市最优规模理论认为城市规模扩张存在集聚外部性，并且这些外部效应既存在于生产层面也存在于消费层面，而各种外部规模经济效应叠加在一起共同促进了城市生产率的提高，可以说外部规模效应是产业集聚促进城市增长的中间渠道；但随着城市规模的增加，城市内部将出现各种“城市病”，其中包括了通勤成本提高，说明在城市规模超过最佳限度之后，外部经济效应将会转变为外部不经济，即产生了拥挤效应，因此城市生产存在最优规模。

---

① Tiebout（1956）的“用脚投票”理论最早关注到地方公共服务对人口迁移效用的影响，认为居民会在不同地区间比较，选择公共品和税收组合最满足其偏好的地区来居住。

② Henry George Theorem 即亨利乔治定理，主要用于探讨极差地租与城市规模之间的问题。含义是地租作为集聚收益的结果，是一种外部性收益，政府完全可以通过对土地进行征收极差地租来决策是否将收益完全用于公共物品的供给，当个人的边际效用与社会的边际效用相等时，城市达到最优规模。

二、对拥挤效应理论的评价

拥挤效应理论考虑了产业过度集聚带来的负面效应对经济增长及城市生产率的影响。更具代表性的威廉姆森假说认为，一定数量的生产厂商的空间集聚即在产业集聚初期规模效应的发挥将有利于生产效率提高，但当厂商数量超过某种限度时，这种促进作用将被拥挤效应带来的负面影响所遮掩，从而抑制生产效率。因此，研究产业集聚对经济增长的影响不应无视拥挤效应的存在。在规模效应和拥挤效应的双重影响下，产业集聚与经济增长之间往往呈现出更复杂的非线性关系。

近年来，规模效应—拥挤效应的分析思路成为集聚经济现象和经济空间形态研究的主流分析范式，为新经济地理学建立和城市经济问题分析提供了思路。在区位理论和集聚经济研究的基础上，结合拥挤效应理论与分析方法，能够为城市与区域经济现象提供更加合理的解释，并为劳动生产率及地区收入差异分析奠定了基础。Galinari 等（2007）考察发现发达国家空间集聚对城市工资有很强的影响，进一步基于巴西人口普查数据探究了工资的集聚效应是如何在新兴国家发生的，研究发现自 20 世纪中叶起，制造业集聚对企业劳动生产率的贡献开始明显下降。柯善咨和姚德龙（2008）利用我国 2005 年地级城市数据考察了工业集聚对劳动生产率的影响，认为过高的就业密度导致了拥挤效应的产生并进一步抑制了劳动生产率。Wei 等（2019）利用工业企业数据库，通过计算 EG 指数和全要素生产率来估计集聚与 TFP 增长的关系，研究发现只有适度集聚才能有利于促进经济增长，而高度集聚并不总是促进全要素生产率的增长。

作为劳动力价格的工资与城市产业集聚多个方面存在紧密联系。首先，工资变化是经济集聚与否的结果。无论是产业集聚规模效应还是拥挤效应，都能够对企业生产率、劳动生产率及城市生产率产生影响，进而使劳动力收入发生相应变化。其次，工资变化是集聚经济的核心作用机制。厂商区位选择、城市规模扩张引发的工资变化带动了生产要素的空间流动，一方面通过吸引劳动力转移形成厚的劳动力市场从而为产业集聚规模效应的发挥提供了可能；另一方面劳动力空间集聚在循环累积因果作用下进一步加深产业集聚程度。最后，工资变化是集聚力与扩散力产生的动因。内生于产业集聚区劳动者特征的工资水平变化可以视作产业集聚规模效应和拥挤效应力量孰高孰低的信号，进而引起劳动力市场与城市经济变化。因此，对工资的理解有必要从规模效应与拥挤效应两个角度展开，而工资除了能够反映城市经济发展水平外，还是衡量劳动者经济实力和城市生活承受能力的重要标志。

三、产业集聚对商品住房价格的影响：基于拥挤效应理论的解释

本书认为拥挤效应生产率下降带来的劳动力收入下降及厂商之间对土地这一空间上不可流动资源的竞争加剧这两种因素会共同作用于住房市场，并且对房价收入比这一相对商品住房价格产生极大的负面影响。因此，研究产业集聚拥挤效应对住房市场的影响应该从收入和商品住房价格两个方面同时展开。

收入方面，拥挤效应主要通过降低劳动生产率来影响住房市场。根据拥挤效应理论，产业集聚规模扩大之后，空间距离的邻近使各个厂商之间处于相对激烈的竞争状态，甚至能够在一定程度上损失厂商的经济效益，相应的资源环境压力以及基础设施供应情况也会随之受到负面的干扰，最终在一定程度上对城市经济增长率产生了制约作用（Glaeser，1995）。而收入降低是生产效率下降的直接后果，其将对住房市场产生不可忽略的影响。在理论上，收入下降会抑制劳动力住房需求，而实际上，在住房市场刚性需求下，收入下降对住房市场更直接的影响是降低了居民住房支付能力，与商品住房价格相比，房价收入比这一指标注重考查居民对商品住房价格的承受能力，也更接近民生。结合我国实际情况，随着工业化进程的加速，我国产业发展迅速，而产业过度集聚尤其是传统制造业集聚程度增加所产生的拥挤效应会降低劳动生产率，进而影响收入提高。进一步结合我国城镇化加速这一背景，住房市场刚性需求使商品住房价格稳中有进。因此，产业集聚拥挤效应会通过降低劳动力收入而推高房价收入比这一逻辑是合理的。

商品住房价格方面，拥挤效应主要通过促进土地价格上涨来影响住房

市场。已有文献早已对产业集聚拥挤效应与土地价格之间的关系进行了探究。Roback（1982）的模型发现本地劳动力供给或需求的变化最终都会被资本化为土地价格，环境及基础设施的改善将更吸引劳动力，而恶劣的环境将驱逐劳动力，劳动力的自由流动最终实现区位选择均衡，而作为不可贸易品的土地价格则在一定程度上受到劳动力流动的影响。Helpman（1998）将土地要素考虑在内拓展了新经济地理学的研究框架，在运输成本一定的情况下，具有差异性偏好的消费者将根据自己对大城市差异化产品的偏好程度选择向不同地区流动，如果更偏好大城市产品的多样化则就应该忍受高房价，如果住房成本过高则会影响劳动力向中心地区集聚。Pines 等（1998）在"核心－外围"模型中引入土地要素，分析了在运输费用下城市拥挤效应和多样化产品的特征，认为城市产品差异化程度会吸引劳动力集聚，而土地租金和住房成本上升则会分散劳动力。Ganong 和 Shoag（2017）使用美国数据证实了人口流向高收入地区比例出现下降趋势这一现象的发生是由高收入地区不断上涨的房价引起的。遗憾的是，这些研究倾向于把土地价格上涨视作拥挤效应的一个来源，同交通拥挤、公共品拥挤一起组成产业集聚分散力，在此影响下厂商重新在集聚区域之外进行区位选择，产业转移也由此产生，因此涉及更多的还是厂商及产业的空间布局问题，而对以土地作为重要供给因素的住房市场并未过多触及。国内方面，多数研究证实了在晋升激励下，工业用地低价出让的招商引资造成了产业虚假集聚并进一步推高了商品住房价格。毛丰付和裘文龙（2013）在财政分权和晋升锦标赛的背景下分析了不同类型土地出让价格扭曲的形成机制，财政分权的实施使在财权和事权不匹配的情况下政府一方面低价出让工业用地，另一方面又过度依赖土地财政，从而导致政府通过抬高商住用地的价格维持其财政收入的需求。雷潇雨和龚六堂（2014）研究发现在政府的"竞次式补贴"下，工业用地出让价格被压低，居住用地则承担了巨大的财政收入压力，从而推高了居民商品房价格水平。由此看来，我国产业集聚拥挤效应的产生除了受市场机制作用外，政府招商引资偏好也起到了推波助澜的作用，因此，产业集聚拥挤效应还可以通过提升土地价格作用于住房市场供给端，从而推高商品住房价格及房价收入比。

第三节 新经济地理学的劳动力流动理论

一、新经济地理学的劳动力流动理论阐释

起源于20世纪90年代的新经济地理学以规模报酬递增和不完全竞争市场作为基本分析框架，突破了传统经济理论中忽略空间因素的思维定式，以克鲁格曼为代表的新经济地理学派（Krugman，1991；Fujita、Krugman and Venables，1999）建立的“中心－外围”（C－P）模型从产业集聚的角度探讨了地区之间在“自然禀赋”因素之外造成经济差距明显及不均衡发展的原因。新经济地理学在吸收了集聚外部性理论与城市经济学研究成果精髓的基础上，将劳动力流动内生于集聚的形成机制中，为劳动力在特定地域的集中与分散等一系列劳动力流动的相关问题提供了富有说服力的解释。以劳动力流动贯穿始终的新经济地理理论其标准分析范式为C－P模型，此模型深入探讨了劳动力要素流动的循环累积因果效应，但是其对劳动力流动问题的分析并未涉及技能差异。在此基础上，相关学者对C－P模型进行了一定拓展，将人力资本因素考虑在内构建了一系列异质性劳动力流动模型，考虑了劳动力异质性后的拓展模型对一些经济问题的分析及相关现象的解释更具针对性。

新经济地理学核心－边缘模型的构建依赖于DCI框架的建立，具体来看DCI框架包括以下几方面内容及假设：垄断竞争一般均衡分析；消费者的效用函数符合常替代弹性（CES）效用函数；运输成本可量化并随着距离发生改变的“冰山成本”假设；生产要素自由流动（Krugman，1991）。DCI框架又被视作第一代新经济地理模型，其为新经济地理学的后续研究及劳动力流动现象的解释提供了理论依据。

在已有研究的基础上，Krugman（1991）的C－P模型构建了一个包含两个生产部门（垄断的制造业部门和完全竞争的农业部门）和两种劳动力

生产要素（制造业部门生产需要的工人和农业部门生产所需的农民）组成的经济系统，该模型假设农民不可流动而工人能够自由流动，初始条件相同的两个地区在“运输成本”和“规模经济”的作用下，通过循环累积因果效应实现产业持续集聚效应。C－P 模型为产业集聚与劳动力集聚之间的互动关系提供了基本的理论分析框架，其具体作用路径为以生产规模经济及交通成本节约为目标的制造业厂商倾向于向市场需求较高的地区集聚，实现规模生产并获得规模经济的产业集聚地区将以较高的工资进一步吸引劳动力向核心区域集聚。根据核心－外围理论，促使劳动力从边缘地区向中心地区流动的主要原因是产业集聚规模效应的提高使集聚区域工资具有相对吸引力，而在分工作用下的制造业劳动力流动既是核心区域产业集聚程度进一步加深的根源（钱学锋和梁琦，2007）又是地区之间经济发展差距扩大的原因（李中和周勤，2012）。

新经济地理学前后向关联的循环累积因果机制认为产业集聚的“价格指数效应”和“生活成本效应”是驱动人力资本跨区域流动的主要因素。在 C－P 模型中，“本地市场效应”是指由于制成品存在运输成本，因此厂商倾向于在市场需求较大的地区进行生产，运输成本的下降和产出份额的增加将不断吸引厂商进入，而厂商数量的增加又加深了产业集聚程度，这一吸引厂商进入的过程又可以理解为产业集聚的后向关联效应。而与“本地市场效应”相对应的“价格指数效应”或“生活成本效应”则更强调产业集聚对劳动力流入的前向影响，在产业集聚程度较高的区域，多样化的产品供给在名义工资相同的情况下增加了劳动者的福利，偏好产品差异性的劳动力会倾向于向产品供给丰富的地区流动，更重要的是在产业集聚区销售的产品由于所包含的运输成本费用较少，因此相对便宜的产品价格在一定程度上也提高了劳动者的实际收入水平，在产业集聚前向关联效应的作用下劳动力向产业集聚程度高的区域流动。这一劳动力流动机制也得到了相关学者的认可，Crozet（2004）采用 20 世纪 80 年代和 20 世纪 90 年代五个欧洲国家的双边移民数据对这种通过实际工资差异将劳动力迁移与生产地理位置联系起来的正向联系进行了实证评估，研究发现移民确实倾向于流向具有较大市场潜力的地区。在此基础上，Kondo 和 Okubo

（2012）的研究基于描述双边移民流动的多区域经济地理模型，实证检验了区域间劳动力迁移、工资和实际市场潜力之间的关系，通过使用日本 47 个县的制造业工人流动的非线性引力模型，研究发现市场潜力越高的地区越能够提供更高的名义工资，并且一个地区相对实际工资的增长往往会带来该地区工人数量的增长。

上述研究仅限于认识到产业集聚与同质性劳动力流动之间的循环累积因果关系及工资上涨对劳动力流入的吸引作用，没有深入研究异质性劳动力的流动机制。在新经济地理学研究基础上，针对劳动力同质性假设的局限，Forslid 和 Ottaviano（2003）结合产业的空间分布变化情形，建立了自由企业家（FE）模型。自由企业家模型的建立拓展了新经济地理学理论，其最明显的特征在于在模型中引入了人力资本。自由企业家模型注重人力资本流动在产业集聚空间布局改变中的重要作用，类似于"中心－外围"模型所强调的劳动力能够自由流动，人力资本被认为具有更强的空间流动性，产业空间集聚同样是人力资本流动的结果，即人力资本集聚与产业集聚两者之间存在循环累积因果关系。因此，无论是 C－P 模型还是自由企业家模型均认为经济活动及产业的空间集中是由劳动力这一生产要素空间流动形成的，并且劳动力流动的驱动因素与工资差异有关。但是，相对于 C－P 模型，自由资本家模型考虑了劳动要素的差异性，强调特殊技能劳动力企业家或制造业所需的技术人员的作用（张文武，2011）。

自由企业家模型虽然相对于 C－P 模型更强调人力资本在产业集聚形成中发挥的作用，但遗憾的是仍然未摆脱劳动力同质性的假设，在此基础上，Amiti 和 Pissarides（2005）的就业区位匹配模型（HL）则充分考虑了劳动力异质性因素。在保留了 C－P 模型基本假定的前提下，HL 模型修正了劳动力无差异及要素流动限制的假设，即制造业部门使用技术型劳动力，非制造业部门（农业部门）则使用非技术型劳动力，无论是厂商还是劳动力都是自由流动的要素，厂商与劳动力之间存在自由选择和匹配。制造业部门内的劳动力流动是无成本的，但是农业部门劳动力向制造业部门转移则需要支付额外的培训费用。HL 模型在新经济地理学核心－外围模型的基础上，表明当劳动力存在异质性的时候，贸易自由化可能会导致产业集聚和区域间贸易。劳动力的异质性提升了工作匹配质量，当市场上有很多的厂商和工人时，厂商与异质性技能劳动力的匹配是产业集聚的重要来源之一。

无论是无差异劳动力流动模型还是异质性劳动力流动模型，经过多年的演变，新经济地理学已经初步搭建了相对完整的理论框架体系，也受到了越来越多的理论与经验研究认可。其研究范围不仅从国际贸易领域拓展到国民经济发展的核心问题，甚至为劳动力流动、地区经济发展不均衡等与现实密切相关的问题也提供了更合理的解释。

二、对新经济地理学劳动力流动理论的评价

劳动力流动相关理论研究早期注重从个人特征、家庭特征和政策环境的角度来分析劳动力流动的驱动因素，随着研究的深入，近年来相关学者从规模经济和人力资本外部性的角度为劳动力流动的方向及劳动力流动的动因提供了新的见解（陆铭，2011）。Palivos 和 Wang（1996）研究结果显示，内部和外部规模经济、人力资本外部性、工资水平、交通基础设施的供给和公共政策是劳动力集聚的主要动因。Kancs（2011）基于克鲁格曼的新经济地理学研究框架分析了欧盟扩大后的劳动力迁移问题。研究发现市场潜力、工资、生活成本均是引起劳动力迁移的重要因素。Duranton（2013）认为知识溢出效应和厚劳动力市场的高质量职业匹配能够提高城市工作效率，从而促进了劳动力向集聚区域转移。

随着生产技术的创新和信息传播的加速，世界经济发展的脚步已经从工业经济时代走向以科学技术为主要支撑的信息经济时代，科技服务业逐渐发展成为社会经济活动发展的结构性动力，新兴产业的集聚更注重知识溢出效应的发挥，其对技能型劳动力的吸引力不容小觑。理论界从知识溢出产生的外部性效应角度分析其与劳动力集聚的关系研究起步较早，新经济地理学认为，知识溢出效应是造成高技能劳动力空间集聚的重要力量之一。Helsley 和 Strange（2002）认为地理上的集中可以提高知识的传播速率，在知识溢出效应下创新实现的成本下降从而更有利于提高创新效率，并进一步提高集聚区的吸引力和劳动生产率。Glaeser 和 Mare（2001）大

量研究证实高质量劳动力越多的城市能支付更高的工资，进而吸引更多的技能型劳动力流入，城市作为产业集聚地有利于知识的传播并加快了人力资本的积累，使城市劳动力比农村劳动力更具有生产力。Shapiro（2006）认为劳动力尤其是高素质劳动力的集聚有利于提升城市的就业环境，就业增长效应的实现主要来自人力资本积累带来的效率改进和生活水平提升，从而促进本地就业并带动技能劳动力的进一步集聚。

近年来，随着国内学界对劳动力异质性研究的深入，研究视角逐渐转向解释现实经济中普遍存在的地区经济增长及产业结构调整等问题。赵伟和李芬（2007）从异质性劳动力的视角出发，通过引入高技能劳动力集聚所产生的知识溢出效应，对新经济地理学经典模型进行了扩展，研究发现高技能劳动力流动会产生更大的集聚力量并且倾向于扩大地区收入差距。张文武和梁琦（2011）从新经济地理学和劳动力集聚的角度分析了人力资本集聚的循环累积效应使要素集聚地区的实际工资高于外围地区，人力资本向中心地区流入的同时扩大了地区收入差距。何菊莲、李军和赵丹（2013）认为高等教育人力资本对产业结构优化升级具有明显的促进作用。

总之，基于新经济地理学的劳动力流动理论将劳动力流动内生于产业集聚的形成机制中，突破了古典经济理论中关于规模报酬不变、劳动力市场完全竞争等假设，为劳动力跨区域流动提供了新的理论视角。整体来看，新经济地理学从某种意义上丰富了经济学研究中有关技能型劳动力流动、收入差距及区域经济发展不均衡问题的研究，为传统经济学解释现实经济问题找到了突破口。

三、产业集聚对商品住房价格的影响：基于新经济地理学劳动力流动理论的解释

前文已经借助产业集聚外部性理论对集聚通过工资优势吸引技能型劳动力流入进而影响住房价格进行了阐释，本节还将从新经济地理学的劳动力流动视角对这一问题进行进一步分析。新经济地理学有别于传统经济学的重要特征之一是将经济活动的空间维度纳入了主流经济学的分析框架。而劳动力流动与产业集聚之间又存在着紧密相连的关系，劳动力在新经济

地理学模型中充当着重要作用：一方面，劳动力作为重要的生产要素，生产各种各样的产品，是市场供给的重要来源；另一方面，劳动力又作为消费者，是集聚区域内部商品的需求方，这其中也包括了对大型消费品住房的消费。住房是最典型的“生活性资源”，在家庭消费中既是生活必需品，又是最庞大的一项消费品，城市在集聚过程中对居民住房消费将产生不可避免的影响，然而住房消费在传统新经济学框架中长期被忽略（张超等，2018）。后继学者多从集聚过度造成的规模不经济角度将土地价格上涨或者商品住房价格上涨作为分散集聚效应的重要因素进行研究（Rabe and Taylor，2012；高波、王文莉和李祥，2013；张莉、何晶和马润泓，2017；Irandoust，2019），事实上，产业集聚对住房市场的影响是多方面的，前文已经结合集聚外部性理论及拥挤效应理论分析了产业集聚通过作用于劳动力收入进而对住房市场产生的影响，接下来本书将从劳动力流动视角分析商品住房价格变化中的产业集聚作用。

早在20世纪90年代末，Helpman（1998）将住房消费引入新经济地理学研究框架，提出经济集聚导致的劳动力涌入会推高房价。新经济地理的劳动力流动理论为产业集聚尤其是新兴产业集聚影响技能型劳动力流动提供了新的解释。技能型劳动力流入和产业集聚之间存在着一种正向反馈的循环累积机制，与传统产业相比，新兴产业更具有规模报酬递增的特征，新兴产业集聚可以通过提高工资吸引技能型劳动力流入进而作用于住房市场。一方面，就技术进步对劳动力素质结构的影响而言，国内外学者普遍达成了一个共识，他们认为随着技术进步，社会会增加对高技能劳动者的需求并减少对低技能劳动者的需求（Mouelhi，2007）。另一方面，产业集聚、生产率、工资和异质性劳动力流动等之间的关系，被认为是城市经济学和新经济地理学研究的核心内容（Glaeser，2008）。新经济地理学劳动力流动理论强调技术进步和生产率差异导致劳动力从传统部门或边缘区域流向现代部门或核心区域（Krugman，1991；Fujita、Krugman and Venables，1999）。知识密集型产业分布越集中，该区域的全要素生产率增加越明显，具有竞争优势的工资会进一步促进高技能劳动力向该区域流动，这意味着高技能劳动力更加倾向于向新兴产业聚集区域流动。显然，在较高的劳动生产率和工资驱动下，高技能劳动力更愿意在大城市生活和工作（Glaeser，2010）。因此，在技术进步的偏向效应下新兴产业集聚程度大的城市对技能型劳动力需求旺盛，而劳动生产率和工资的上涨则直接带动了高技能劳动力的流入，可以说技能型劳动力流向新兴产业集聚程度高的区域会进一步提升该区域的住房需求。

基于新经济地理学的劳动力流动理论，我们对产业集聚尤其是新兴产业集聚影响商品住房价格的过程进行了深入分析。由此说明，技能型劳动力的空间集聚通过增加住房市场需求从而促进商品住房价格上涨可以在一定程度上为近年来我国部分发达城市商品住房价格非平稳上涨提供解释依据。

第四节　金融地理学理论

一、金融地理学理论阐释

金融地理学理论最早在 20 世纪 50 年代出现，随着地理学与经济学、金融学等学科的交叉融合，在 80 年代金融地理学被应用到解决经济发展与区域金融相关问题中并逐渐被广泛关注。金融地理学在金融发展理论的基础上充分吸收了经济地理学的精华并借鉴其研究思路，从空间视角来看待区域金融发展问题，注重在金融发展理论框架内纳入空间地理因素。作为一门新兴的交叉学科，金融地理学已经成为经济地理学的重要组成部分。近年来，一大批专家学者在应用传统计量方法进行实证研究分析金融问题的同时，也开始尝试借助金融地理学视角、依托金融地理学框架开展研究工作。

目前，虽然致力于金融地理学研究的学者人数众多，但是金融地理学目前仍然尚无统一的定义（Laulajainen，2003），国内外已有金融地理学相关文献多借鉴地理学思想来研究金融业区域差异、金融业集聚成因分析、金融中心形成与其在宏观经济结构中所发挥的作用。Leyshon（1995）认为经济地理学为金融地理学的诞生和发展奠定了理论基础，一方面可以将经济地理学的理论框架和研究范式充分应用于金融学领域，另一方面地理学所关注的“空间差异、空间过程以及空间相互作用”也能够为分析具体金融问题提供新的观点。与之相对应的，瑞典经济学家劳拉詹南（2001）作为最早将空间地理学与金融学相结合进行研究的学者之一，从金融资源流动的视角出发，认为金融产品作为一种特殊的商品，更偏好于在流动性强的大金融中心进行集聚，金融资源的流动会促进金融业集聚中心的形成，针对现实经济社会中出现的异质性和不规则性金融现象，有必要从地理意义上阐释金融中心的形成动因。目前学术界关于金融地理学的研究主要围绕地理因素是否应该纳入金融学研究所引起的争议和有关金融中心形成问题的研究这两个方面展开。

作为经济地理学的一个分支，虽然将地理因素考虑在内的金融地理学的诞生对金融业稳定运行及区域经济发展意义重大，但是在理论研究中，学术界对于是否应该将地理学因素纳入金融学研究范畴却存在一定分歧。Brine（1992）认为随着经济和金融全球化进程的加快，网络及通信技术的进步已将地理空间的影响降至最低水平，物理距离已经不能影响经济决策，提出了“地理的终结，距离的死亡”这一反对金融地理学理论的观点。Martin（1994）认为新的“流动空间”（space of flows）将取代旧的“位置空间”（space of place），区位和位置仍然具有重要意义，“地理已死”论断并不成立，信息流的作用使国际金融中心得以成立。Zhao、Zhang 和 Wang（2004）从理论和实证两个方面探究了金融中心形成的背后力量，并首次将信息腹地理论应用到我国现实金融问题的研究之中，研究发现尽管信息的电子传输大大减少了距离摩擦，但依然有力地证明了在信息外部性和信息不对称情况下地理因素仍然是导致金融服务在特定地点高度空间集聚的主要原因。

20 世纪 90 年代以后，金融地理学研究逐渐将目光转向金融中心发展的背后动因。在对金融中心的研究过程中，很多学者将地理环境因素和金融资源流动之间的关系作为切入点进行研究，已有学者主要从产业区位理论和信息经济学理论两个方面探讨了金融中心的成因。Davis（1990）从企业选址的角度对国际金融中心成立的原因进行了分析，专业的技术人才、良好的配套服务在大产业集聚可以降低金融交易成本并提高金融服务效率，如果一国或区域金融市场越大，则金融资源的流动性就越强，为了获得最大净收益的金融机构及各个层次的金融服务机构（包括会计、法律等金融辅助性行业）在该地区的大量集聚会促进金融中心的产生和形成。Porteous（1995）则从信息不对称的角度针对“地理已死”的观点提出了相反的意见，认为金融信息包括标准化信息和非标准化信息两种，对于标准化信息，可以使用信息技术转化成数据或者文字进行准确无误的远距离传递；而对于非标准化信息，即使在通信和网络技术高度发达的时代，资金借贷双方的物理距离仍然是影响金融交易的重要因素，距离越远，则由信息不对称而造成的空间效应就越强，风险就越高，越接近信息源的区域金融活动风险越低。Porteous（1999）在对蒙特利尔、多伦多、悉尼、墨尔本等地区金融业集聚的产生机理进行深入研究和分析的基础上，认为金融中心的成因与“信息外部效应”“信息不对称”“信息腹地”等信息经济学相关理论有关。因为物理距离增加带来的信息传播质量下降会导致金融交易产生较高的交易成本和交易风险，进而使边缘地区与金融中心在资金获得性方面存在较大差异。Porteous（1999）还进一步分析了金融中心在路径依赖的累计效应下集聚程度会逐渐加深，而导致金融业集聚弱化的直接原因是非对称信息的空间变化，一个开始具有“路径依赖”优势地位特征的金融中心在“信息不对称”的作用下会被其他金融中心赶超并替代。毫无疑问，信息是决定一个金融中心形成和发展的关键因素，可以说金融中心的本质就是信息枢纽，而在信息的传递过程中，地理因素具有不可替代的重要作用，金融的发展不可忽视对于地理因素的考虑。

由此可见，只有将金融活动与其所处的地理环境因素综合考虑在内才能深入触及金融交易本质，金融地理学融合了包括金融学、经济学、地理学及社会学在内的多种学科的研究思想与方法，从而对金融主体及其行为的考察更具有现实意义。总而言之，金融地理学理论研究内容主要集中在两方面：一是在研究金融发展问题中注重引入地理因素；二是融入信息经济学的有关理论致力于金融中心成因方面的探究。

二、对金融地理学理论的评价

起源于经济地理学的金融地理学理论在一定程度上否定了传统经济学在分析金融问题时只注重使用数学模型的做法，数学模型无法涵盖所有影响经济活动的现实因素，其中地理因素更会对经济活动产生不可忽略的空间影响。关注金融地理学研究不仅能够促进宏观经济和金融行业可持续发展，同时也是对传统经济学研究很好的补充。金融地理学理论采用地理学研究范式来探讨金融发展问题，使对现实金融问题的分析更具社会根植性。随着金融地理学理论的发展，金融地理学理念和思路为我们考察金融问题提供了全新的视角和方法论，为了更加明晰金融资源如何通过地理因素对宏观经济产生影响，近年来国内外学者逐渐展开了从空间和地理的角度研究金融业集聚的热潮，可以说金融地理学的发展为金融业集聚研究带来了新的动向。

国外学者对金融业集聚和金融发展的研究开展较早，主要的研究对象和关注点都落在了国际金融中心的形成或效用上，不过也同样对金融地理学的地理因素进行了探讨。Taylor 等（2003）在对伦敦金融产业集群进行讨论和实证分析时发现，在伦敦金融产业集群发展的过程中，相邻地区金融从业人员之间的面对面接触和直接交流起到了关键的促进作用，金融产业集群持续发展的原因之一就在于地理距离的邻近产生的密切人际关系。Clark（2005）认为即使网络通信技术拉近了金融交易活动的距离，但是金融系统的地理性因素仍然重要，特别是市场信息传输质量存在明显的地理差异，在信息不对称问题充斥着整个金融服务业的背景下单靠电子银行并不能有效避免这类问题，直接的交流必不可少，金融系统地理邻近性意义重大。

早期金融地理学理论的相关研究主要集中于解释金融业集聚的形成机制，而近年来涌现出了一批从金融地理学理论视角分析金融业集聚主要影响效应的研究成果。国外方面，Klagge 和 Martin（2005）从理论和实证两方面研究了金融系统的空间分布形式与企业融资问题之间的关系，根据金融系统分布形式的集中程度将金融市场划分为高度集中型的英国模式和空间分散型的德国模式，通过对两者的对比分析发现，高度集中的金融中心体系会对资本的流动产生一定的空间偏好影响，分散的金融体系中规模可观，金融机构、市场、代理商集中和融合程度更高的金融中心具有更大的发展优势，这些方面都会对区域内的企业融资产生影响。Agarwal 和 Hauswald（2010）研究了物理距离对资金市场借贷的影响，结果表明银行与公司之间的距离邻近提高了银行对公司非公开信息获取的能力，而借贷双方较远的地理距离则降低了“软信息”的质量，因此借贷双方距离的邻近有利于增加中小企业的信贷可得性；由于“软信息”的存在，规模较大的金融机构可以通过提供差异化的金融产品和服务并以较高的风险控制能力对“软信息”进行硬化，因此在获取信息方面比规模较小的金融机构更具有优势。

国内方面，部分学者结合金融地理学理论开展了多元化的研究。许长新和李政（2007）通过对都市圈空间成长的动力和特征的研究，探讨了金融地理圈的演化动力和路径，为都市圈与金融地理圈的和谐发展提供了指引。余泳泽、宣烨和沈扬扬（2013）从金融业集聚的机制出发，分析了金融业集聚对工业生产效率提升产生空间外溢效应的原理和机制，并提出了随地理距离递减的空间外溢效应假说，研究发现金融业集聚对于生产率提高的空间外溢效应存在一定的区域边界。陶锋等（2017）基于中国制造业企业微观数据和城市金融发展数据，在区分金融中心和地方金融的基础上检验了金融地理结构对企业生产率增长的影响，研究发现地方金融发展只对当地企业的生产率增长具有促进作用，而区域金融中心建设则对所在城市及其周边邻近城市企业的生产率增长具有提升作用，降低融资成本和促进技术创新是金融地理结构影响企业生产率的传导渠道。李博、李启航和孙威（2019）基于京津冀地区商业银行分支机构和工业企业的大数据定量分析了企业融资成本与商业银行分支机构的距离及商业银行分支机构的数量之间的相关性，挖掘了地理因素对企业融资成本的作用机制，研究发现商业银行分支机构的距离缩短及商业银行分支机构的数量的增加有利于降低工业企业的融资成本。

总体来说，金融地理学作为一门交叉学科拥有极高的包容性，随着学术界对其研究内容、研究方法的进一步拓展，经过多年积累的金融地理学理论已经形成了相对完善的研究体系，多元化的研究视角也进一步提高了该理论的实用性。国内金融地理学理论相关研究近年来虽然经过不断吸收和完善，其研究领域日益丰富，但是仍然存在研究成果缺乏、研究深度不足的问题，下一步针对该理论的研究需要特别关注中国有别于西方的制度背景，而近年来一系列宏观经济政策的实施所涉及的国家战略变化、区域经济发展差异、服务实体经济使命等议题也对金融地理学理论的研究及应用提出了更高的要求。

三、产业集聚对商品住房价格的影响：基于金融地理学理论的解释

前文已经借助产业集聚外部性理论对产业集聚缓解融资约束进而影响住房价格进行了阐释，本节还将从金融地理学视角进行进一步分析。金融集聚作为产业集聚的伴随物，是一种特殊的产业集聚现象。从地理上看，区域金融活动在一个空间的集聚必然伴随着其他空间的分散，金融业集聚实际上是金融活动在地理空间上的集中现象（Gehrig，2000），作为金融地理学研究的主要内容，金融业集聚程度差异造成的区域经济发展不均衡现象是学界长期关注的话题之一，而本书认为金融业与房地产业发展存在天然的关联性，商品住房价格避免不了会受到区域内金融业集聚程度变化的影响。

金融地理学视角的金融资源集中分布会通过规模效应对住房市场产生影响。金融中心的出现使金融机构与不同的企业或者金融机构与居民可以更近距离的交流与沟通，信息质量的提升不仅降低了金融业务风险还降低了交易费用。金融中心内部的金融机构具有交易媒介功能，当在较小的区域里集中了大量的金融机构时，在金融机构之间的合作和竞争效应下更多的优质业务和差异化产品会被不断衍生出来，导致大规模的外部经济效应产生，而金融业集聚效应的直接表现是提升了金融产业的市场深度，即降低交易费用。金融交易费用的下降有利于提高金融资产的流动性，借款人可以以较低的利率获得更多的贷款（Berger and Charles，1974），从而使房地产企业和居民的投资与储蓄水平得到跨期平衡。房地产企业与居民融资

约束的缓解会通过影响住房市场的供给和需求进而作用于商品住房价格。

金融产业地理分布的集中和金融资源的空间邻近还会通过资源配置效应和竞争效应影响住房市场，金融资本支持是商品住房价格上涨的动力性条件和重要力量。在房地产业发展过程中，区域资本的形成、积累发挥着至关重要的作用，而资本的积累在很大程度上依赖本地区储蓄的增加以及储蓄转化为生产资本且增值的成本。金融业集聚区内金融机构数量的增加、金融产品种类的丰富以及金融结构的改变会影响地区内部储蓄的偏好和储蓄的规模，增加实际储蓄占比，而金融产业的集聚还会进一步提高储蓄向投资转化的能力和速度。在资源配置效应下，金融机构能够凭借反映资金稀缺度和收益报酬率的利率杠杆和多样化的金融资产有效地分配由储蓄转化而来的信贷资金，引导信贷资金流向高收益投资项目（Greenwood，1990），而房地产领域以其高收益率和高回报率的特征成为金融资本竞相角逐的对象。另外，大量功能相似的金融机构在一定空间范围内集聚还会产生竞争效应。一方面，金融机构竞争的多元化趋势使行业竞争逐步延伸到房地产信贷市场，而对于满足理性人假设的金融机构而言，为了竞争更大的市场份额和获取超额利润会增加涉房信贷投放规模；另一方面，金融使用成本和金融资源的使用效率在金融机构竞争下将逐步得以优化（余泳泽、宣烨和沈扬扬，2013），这在一定程度上也提升了房地产市场对住房信贷的需求。而近年来多数研究结果也表明金融资本支持是推动商品住房价格上涨的重要原因（平新乔和陈敏彦，2004；周京奎，2005；魏巍贤和原鹏飞，2009）。

基于金融地理学理论视角，金融业集聚这一特殊的产业集聚形态对住房价格的影响作用是存在的。毋庸置疑，完善、健全及发展态势良好的金融产业，在优化产业经济结构、提高资源配置效率以及实现经济高质量发展等方面，都发挥着无可替代的推动和促进作用。而金融业集聚又是金融发展的重要方向，其集聚效应对城市整体经济建设和城市产业结构变化发挥着日益突出的作用。实际上，随着经济全球化进程的不断加快，金融产业已经逐步发展成为保障房地产行业稳健运行的重要因素和中坚力量。然而，现有文献大都注重分析金融业集聚对生产率增长的影响或对产业创新升级的影响，几乎很少有学者能够立足房地产行业或者住房市场分析金融资源地理集中产生的商品住房价格影响效应，这很难对金融业集聚的宏观经济影响效应进行全面合理的评价。

第三章

产业集聚对商品住房价格的影响路径

上述理论基础的分析表明，商品住房价格的变化是在产业集聚作用下住房市场均衡状态改变的结果。随着中国经济市场化进程的加快，工业和服务业成为引领中国经济增长的双引擎，制造业和现代服务业产业发展集聚化态势日益凸显。在住房市场领域中，产业集聚的影响也越来越被住房消费者、房地产开发企业、金融机构和政府重视，研究产业集聚对住房市场的影响具有重大实践价值。那么，本书研究所涉及的具体产业集聚现象选择依据是什么？不同产业集聚现象对住房价格产生影响的路径是否相同？本章的目的是在分析产业层次细分及产业集聚影响商品住房价格的分层次路径结构基础上，选择适合本书研究的产业集聚现象和影响路径并对其进行重点阐述。将影响的共性与个性相结合，以便既能把握产业集聚对商品住房价格影响的一般规律，又能兼顾各产业集聚现象影响路径的特色多元化。

第一节　产业集聚影响商品住房价格的路径结构

一、产业层次细分

三次产业分类法为分析产业结构提供了工具。20 世纪 40 年代，英国经济学家科林·克拉克（Clark，1940）运用三次产业分类法将产业划分为农业、工业和服务业三大类，并在此基础上提出了著名的产业结构演变规律——配第-克拉克定理。20世纪60年代，美国学者库兹涅茨（Kuznets and Murphy，1966）在配第-克拉克定理的基础上，将产业分为农业、工业和服务业，对三大产业所创造的国民收入变化趋势做了进一步的研究，提出了库兹涅茨产业结构论。

以上无论是配第-克拉克定理还是库兹涅茨产业结构论都是在三次产业分类基础上发现产业更替规律和产业结构升级现象的。实际上，三次产业分类法使用甚广，不仅被世界银行数据库标准和《国际标准行业分类》采用，甚至连国内经过多次反复修订的《三次产业划分规定》也将经济活动划分为农业、工业和服务业三大产业类别。一般而言，按照经济活动与自然界的关系，农业被划分为第一产业，工业为第二产业，服务业为第三产业，这也是最为基础的产业分类方法。

近年来，随着分工越来越成熟，产业分类也在不断细化。具体地，农业主要包括农林牧渔业等；工业主要包括采矿业，制造业，电力、热力、燃气及水生产和供应业等；服务业主要包括除农业、工业和建筑业之外的其他产业。可以说，农业、工业和服务业均包含大量差异化的门类，以服务业为例，出于不同的研究目的，涌现出了多种不同的服务业分类标准，服务业既可以划分为生产性服务业和生活性服务业，也可以划分为现代服务业和传统服务业。现代服务业包括现代物流业，信息传输、计算机服务和软件业，金融业，房地产业，租赁与商务服务业，科学研究与技术服务业，教育、文化、体育与娱乐业，水利、环境和公共设施管理业，卫生、社会保障和社会福利业十大类，其中现代物流业、金融业、商务服务业、科技服务业等面向生产的服务业是现代服务业的核心产业（张苗，2014）。除此之外，近年来学术界研究的目光还投向了更为具体的产业领域，如制造业所包含的食品制造业、光学设备制造业和交通运输设备制造业等，科技服务业包括的咨询业、信息业及技术服务业等①，金融业细分出来的的银行业、保险业和证券业等。

① 国家科学技术委员会在1992年首次提出科技服务业概念，指出科技服务业主要由咨询业、信息业、技术服务业组成。

综上所述，本书认为产业大致可以分为以下四个层次：在产业细分的第一层面上产业是包含一切生产物质产品和提供劳务服务的集合，可以将这一层面看作整体层面；第二层面主要包括农业、工业和服务业三大类；第三层面指农业、工业和服务业内部包括的多个类别；第四层面主要涵盖众多产业类别的细分领域。简明起见，产业层次细分如图 3－1 所示。

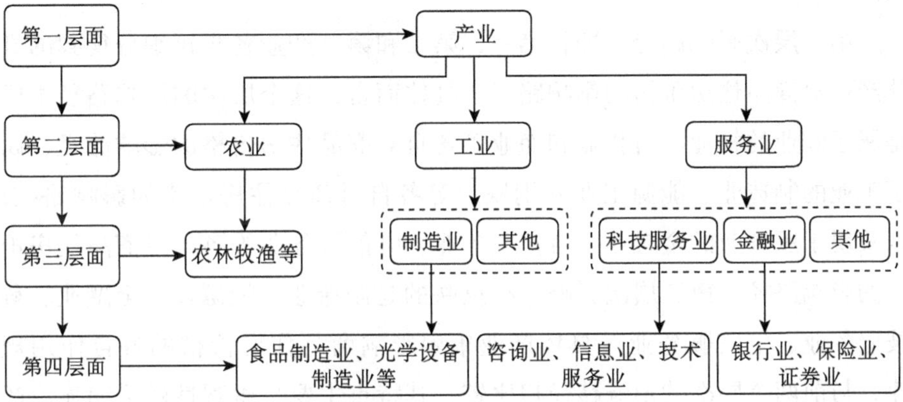

图 3－1 产业层次细分

二、产业集聚影响商品住房价格的分层次路径结构

与产业的多层次特征相适应，产业集聚影响商品住房价格的路径也分为四个层次。

第一层次影响路径。即整体层面的产业集聚影响商品住房价格的路径，它是产业集聚影响商品住房价格的一般路径，主要反映产业集聚对商品住房价格产生影响的一般作用规律。它具有三个特征：一是宏观性，它覆盖了全部产业集聚对商品住房价格的影响路径，能够解释一切产业集聚影响商品住房价格的作用路线；二是综合性，即一般路径是对各种具体产业集聚影响商品住房价格路径的综合与提炼；三是普适性，也就是说，只要是产业集聚，无论是什么具体产业的集聚，通常都会通过该一般路径对商品住房价格产生影响。

第二层次影响路径。即按第一、第二和第三产业划分的农业、工业和服务业集聚影响商品住房价格的路径，主要反映农业、工业和服务业三个产业的集聚各自对商品住房价格产生影响的作用规律。其特点主要是中观性，这三个方面的影响路径在其所反映的规律的层次上低于第一层次路径，但仍然具有对农业、工业和服务业三大产业集聚影响商品住房价格的各自路径的综合性和一般性，而且第一、第二和第三产业仍然是比较综合的产业。

第三层次影响路径。即将第一、第二和第三产业各自再细分得到的具体产业对商品住房价格的影响路径。具体而言，这个层次的影响路径主要是属于农业的林业、畜牧业和渔业等各自对商品住房价格的影响路径，属于工业的制造业、能源工业和钢铁业等各自对商品住房价格的影响路径，以及属于服务业的金融业、科技服务业、电信服务业等各自对商品住房价格的影响路径。第三层次影响路径反映的是制造业、能源业、金融业、科技服务业、电信服务业等具体产业集聚影响商品住房价格的各自作用规律，与前两个层次的影响路径相比较，其特点主要是微观性较为明显，产业集聚的内容比较细化，从而其影响路径也比较具体。

第四层次影响路径。即对应产业细分（见图 3 – 1）第四层次产业的产业集聚对商品住房价格的影响路径，是更为微观的影响路径。

显然，在上述产业集聚对商品住房价格的四层次影响路径结构中，层次越高的影响路径，其综合性和一般性越强；层次越低的影响路径，其具体性和差异性越强。

概括地讲，与第一层次即整体层面的影响路径相比，第二层次的影响路径之间开始出现各自特点，如工业集聚与服务业集聚对住房价格的影响就存在一定差异性，前者主要通过收入、土地等要素影响住房市场从而影响商品住房价格，而后者对住房市场进而对商品住房价格的影响则在劳动力及资本等因素上显得比较突出。影响路径之间的差异性在产业细分的第三层次影响路径上则表现得更为显著，如服务业的两个细分产业科技服务业集聚和金融业集聚对住房价格的影响路径就存在更明显不同，科技服务业高度依赖技能型劳动力，在其工资优势吸引下，技能型劳动力的流入刺激了住房需求从而影响商品住房价格，而金融业集聚则主要通过缓解住房市场两端的融资约束进而作用于商品住房价格。

第二节　本书研究对产业集聚及其影响商品住房价格路径的选择

以上对产业的层次性进行了分析，并在此基础上探讨了产业集聚影响商品住房价格的分层次路径，基于此，本节将重点分析对本书产业集聚现象及其影响商品住房价格的路径选择，并阐述其选择理由。

一、本书具体产业集聚现象的选择及依据

（一）本书产业集聚研究范围界定

结合不同的研究目的，学术界对产业集聚的研究在产业选择方面存在较大差异。早期大量的产业集聚研究主要集中在工业生产相关领域，专门对服务业产业集聚进行的研究则在近年来才逐渐兴起。鉴于服务业在世界经济和国民经济中贡献程度的提升，越来越多的产业集聚研究目光开始关注服务业。Donoghue 和 Gleave（2004），Grimes、Prime 和 Walker（2007）主要在运用区位熵指数对服务业整体以及单个服务业的空间分布情况进行测度的基础上展开了服务业集聚的相关研究。而 Fingleton、Camargo 和 Moore（2004）则对区位熵指数进行了修正，提出了研究服务业集聚的 HC 指标。国内方面，程大中和陈福炯（2005）认为经济活动的相对密集度及其对经济自身效率的影响也反映在服务业方面，在构造产业相对密集度指标及其与产业劳动生产率之间关系的基础上，讨论了中国服务业及其分部门相对密集度的地区与部门差异性，研究发现服务业及其分部门的相对密集度对其自身的劳动生产率均产生显著的正面影响。胡霞（2008）认为中国城市服务业呈现出比工业更明显的产业集聚现象，并且集聚大小与行业的社会性质相关。童馨乐、杨向阳和陈媛（2009）认为产业集聚现象并不仅出现在工业领域，虽然工业集聚现象往往表现得更典型一些，但是有规律的产业集聚同样出现在商业、金融业等服务业领域。由此充分表明服务

业集聚研究已经成为产业集聚研究的新形式，而陈建军、陈国亮和黄洁（2009），邓涛涛、王丹丹和程少勇（2017），王猛和梁昌一（2019）则从不同视角系统地阐释了中国服务业集聚现象的形成机制。

尽管鉴于服务业在经济结构中的地位有所上升，但无论是工业集聚研究还是与时俱进的服务业集聚研究，可以说在研究产业集聚时采用的都是单一产业集，而近年来相当一部分文献开始逐渐尝试将工业集聚与服务业集聚同时纳入产业集聚分析框架，多元化的产业集聚现象综合考察将使研究结论更具全面性和系统性。国外方面，Guimaraes、Figueiredo 和 Woodward（2000）认为，产业集聚可以有效地降低信息成本，降低不确定性风险，并且提供较完善的共享劳动力市场，所以，东道国的产业集聚可以吸引 FDI 流入，他们以葡萄牙为例，研究了一国最基本行政区的制造业、服务业、工业及外资企业集聚水平对 FDI 流入的影响。Hilber（2010）以罗马尼亚为例研究了地区工业集聚和服务业集聚对国外直接投资流入的影响，研究结论认为工业集聚和服务业集聚可以吸引国外直接投资者。国内方面，袁冬梅、魏后凯和于斌（2012）在对地区差距进行产业分解的基础上，运用空间统计方法分析了我国 31 省区市制造业和服务业空间集聚的结构特征与变化趋势，考虑到制造业和服务业融合发展的事实与趋势，研究发现服务业对地区差距的贡献日益强化并可能成长为主导因素。孙浦阳、韩帅和张诚（2012）认为随着我国城镇化进程的加速，产业集聚给城市经济带来了多层面的影响，在对产业集聚进行结构和行业层面细分的基础上，研究发现服务业专业化集聚和多样化集聚在拥挤效应的作用下均对城市经济增长产生了显著的“U”形影响，而工业集聚中并未表现出明显的非线性关系。孙浦阳、韩帅和靳舒晶（2012）从新经济地理学视角出发，尝试在探索制造业、服务业以及外资企业产业集聚对 FDI 流入影响的基础上，又进一步分析了生产性、消费性及公共服务业这三种不同服务业集聚对 FDI 流入的影响。杨仁发（2013）从新经济地理学和空间集聚理论角度，利用我国 269 个地级及以上城市为样本，运用系统广义矩估计方法，分析了产业集聚与地区工资差距之间的内在联系，研究表明制造业集聚对地区工资水平的影响为负，而服务业聚集显著提高了地区工资水平。郭然和原毅军（2019）以产业集聚的环境外部性为切入点，基于2008—2015年省级面板数据从生产性服务业集聚和制造业集聚两个方面检验产业集聚对环境污染的影响，实证研究表明生产性服务业集聚对环境污染有显著的抑制作用，而制造业集聚对环境污染产生倒“U”形影响效应。谢露露（2019）结合长三角城市群这一区域创新系统的特征，认为城市之间的要素流动和产业链分工导致融资、生产、研发等环节分离并在空间上集中，生产性服务业和制造业在地理上呈现显著的集聚特征，这种集聚不仅影响了本地的创新效率，而且通过产业链和创新链辐射到了邻近地区。

综上所述，本书将借鉴已有文献的做法，将产业集聚的研究范围界定为工业和服务业两类产业的集聚，可以说本书对产业的界定实际上更贴近于“行业”的概念，在工业的基础上，将服务业也纳入产业范畴中来。

（二）本书具体产业集聚现象选择的依据

上文已经阐释了本书产业集聚研究的范围包括工业和服务业两类产业，而相对于工业以制造业为主体，服务业内部包含的具体门类众多且差异巨大，既有住宿、餐饮之类的传统服务业，也有以高技术为支持的科技、信息服务业及金融服务业（孙浦阳、韩帅和靳舒晶，2012）。近年来，我国服务业发展呈现出以科技服务业和金融业为代表的现代服务业竞争力大幅上升而传统服务业竞争力大幅下降的局面（张会清和翟孝强，2018）。因此，立足于我国服务业发展的这一现状，并结合本书研究需要，本书具体选择了科技服务业和金融业这两种类型的服务业集聚。可见，本书对产业集聚的考察主要基于产业细分的第三层面，具体包括制造业集聚、科技服务业集聚和金融业集聚这三类产业集聚现象。探讨不同类型产业集聚现象与商品住房价格之间的关系，将不仅有助于政府部门从合理制定产业政策方面稳定商品住房价格，还有利于全面和透彻地认识产业集聚对商品住房价格的影响效应，下面将进一步详细阐释选择此三类产业集聚现象的依据。

1. 制造业集聚

制造业是国民经济发展的主体，对仍处于发展中国家行列的我国和城市化进程加速期的多数城市而言，制造能力是国家和城市产业竞争力的核心和重要体现。改革开放以来，制造业的持续健康快速发展直接推动了我国经济高速增长，以制造业为支撑的经济规模持续发展壮大，对我国工业化和现代化的进程带来了有利影响。在经济市场化和全球化推动下，中国制造业地理格局发生了急剧的变化，从地理空间维度上看，制造业逐步向东部沿海地区和发达城市集聚，与之伴随的是中部地区和西部地区及中小城市制造业比重逐步下降，中心外围分布趋势明显。纵观制造业发展历程，制造业虽然在规模上取得了令人瞩目的成就，但同时也存在着规模扩张过度和效率低下等问题，而已有文献认为制造业“大而不强”发展的根源在于制造业集聚过度。鉴于制造业集聚规模效应和拥挤效应可能对住房价格及劳动力收入同时产生影响，本书对于制造业集聚的商品住房价格影响效应考察将更加侧重于房价收入比这一更具现实意义的相对商品住房价格衡量指标。

本书研究产业集聚对商品住房价格的影响从制造业集聚入手，原因是多方面的。首先，制造业是工业的主体。近年来，我国制造业总产值占工业总产值比重不断攀升，而规模以上制造业占工业总产值比重更是基本保持在95%以上，因此，制造业基本上可以代表工业，从制造业集聚入手分析产业集聚对商品住房价格的影响与现实情况相符。其次，制造业集聚能够增加劳动力的名义工资收入。无论是制造业集聚规模效应还是拥挤效应，都能够通过改变生产率进而使劳动力收入发生相应变化，居民收入水平除了能够刺激需求外，还是城市生活承受能力特别是住房承受能力高低的重要标志。再次，制造业集聚区还可以增加劳动力的实际收入。制造业集聚使制造业厂商因共享生产要素及中间投入品而使生产成本下降，通过提高生产效率进而收获生产上的规模效益。集聚区制成品相对于外围地区不仅产品差异性强而且由于包含较少的运输成本使价格较低，对于劳动力来讲，“价格指数效应”和“生活成本效应”在一定程度上增加了劳动力实际收入水平。最后，制造业集聚还能够通过影响财政收入作用于住房市场。在制造业集聚规模效应作用的发挥下，企业集聚能够为当地财政贡献更多的GDP，这将在一定程度上缓解政府对土地财政的依赖，从而在客观上有利于住房价格的稳定；相反，当制造业过度集聚时，则会对住房市场产生一定不利影响，一方面，制造业集聚拥挤效应会使不可流动的土地价格上涨，作为住房价格重要组成部分的土地价格上涨将进一步抬高住房价格；另一方面，在政府税收优惠及“政策租”的吸引下，制造业虚假的表面集聚不仅不能增加当地政府财政收入，反而还将加剧政府对土地财政的依赖度。

综上所述，制造业集聚的规模效应和拥挤效应在改变生产效率和劳动生产率的同时还将通过影响政府的财政收入对住房市场产生不可忽略的影响。研究产业集聚与商品住房价格之间的关系不能不考虑在实体经济中处于核心地位以及在产业结构中发挥主导作用的制造业，如何从制造业入手发现和挖掘产业集聚对商品住房价格尤其是住房承受压力的推动作用，是促进继续加快工业化进程与区域产业协调发展的关键，也是实现人们住有所居这一基本愿望的重要保障。因此，本书首先从制造业集聚入手考察对商品住房价格的影响是符合理论逻辑的。

2. 科技服务业集聚

科技服务业是运用现代科技知识和手段向社会提供智力服务的新兴产业（张清正和李国平，2015），具体包括咨询业、信息业和技术服务业等。与制造业相比，科技服务业生产和出售的产品主要以知识和信息等形式存在，具有服务广泛性、专业性及智力密集性等特征。而作为服务业的一种，科技服务业有别于其他类型服务业的一个重要特征在于它在提供服务时需要依托较高的科学技术，可以说是以科技和知识为服务手段对社会各行业进行服务。科技服务业是现代服务业和生产性服务业的重要组成部分，科技服务业不仅能够为企业创造经济价值，而且能够为整个社会带来巨大社会效益，其每创造一个单位的收益，可为服务对象带来 5 个单位以上的收益增加（程梅青、杨冬梅和李春成，2003），科技服务业的集聚化发展所带来的外部规模经济效应对繁荣我国经济具有重要推动作用。

虽然现阶段我国科技服务业产值在国民经济中占比相对较低，但目前中国正处于经济由高速发展向高质量发展转型的关键阶段，经济增长方式实现“投资驱动”向“创新驱动”转变，科技创新至关重要。那么如何通过科技服务业集聚推动经济社会可持续发展及住房市场的稳健运行，日益成为当前学术界需要探讨和研究的重大课题。基于较强的知识性和技术性，集聚化发展的科技服务业将技术创新和自主研发贯穿服务活动的整个过程，而科技服务业的知识密集性和人才依赖性则要求从业人员比其他服务业从业者拥有更强的素质、更高的知识层次及更合理的知识结构。

相对其他产业，科技服务业集聚发展模式的竞争核心优势在于其有利于形成人才集聚效应，技能型劳动力的流入将直接刺激集聚地住房市场的需求。人口数量是影响住房价格均衡的重要因素，研究产业集聚对商品住房价格的影响不能忽视高度依赖技能型劳动力的科技服务业集聚。

首先，科技服务业集聚为高端人才开展创新活动提供了设施和环境。集聚区内包括道路、港口、通信、水电等基础设施是开展创新活动的重要基础，而科技服务业发展所必需的信息网络、公共服务平台、公共实验室等相对更完善的基础设施的配套则为科技服务业部门提供相应服务奠定了前提条件。科技服务业的特性决定了科技服务业的集聚发展能够加强创新链的专业化服务与集成化服务，较长的科技服务业产业链与创新链的有机融合将加强要素集聚效果，促进创新环境形成，实现创新效益。富有活力的创新创业环境对创新人才的交流、知识的传播等具有积极的推动作用。科技服务业集聚地往往还具有良好的政策环境，政府的政策环境对于科技型人才同样会产生强大的吸引力，因为政府作为公共服务的最终提供者在政策引导、税收优惠及科研经费投入等方面不仅为科技服务业集聚化发展营造了良好的制度环境还为科技人才提供了有利的物质保障。可以说，科技服务业集聚区良好的基础设施和环境为高端人才持续流入提供了内在动力。

其次，科技服务业集聚的区域更具知识性和技术性。国际移民现象最早引发了有关劳动力迁移问题的思考，而具体到国内方面，近年来，人口已不仅向北京、上海、广州和深圳等一线超大城市流动，也逐渐向其周边城市迁移，使以超大城市为核心的城市群经济迅速发展，以城市群为导向的劳动力区位选择趋势变得非常明显（梁琦、李建成和陈建隆，2018）。

作为城市经济增长的新引擎，科技服务业存在劳动力技能偏向特征，对技能型劳动力的需求量较大，相应地，高素质人才也会选择流向与自己技能相匹配的区域和部门，除此之外，高素质劳动力还倾向于通过人力资本积累效应和学习效应来提升自己。科技服务业集聚的区域以其知识性和技术性在技能匹配效应和学习效应的作用下为技能型劳动力流入提供了条件。

最后，科技服务业集聚的区域能够提供更有竞争优势的工资。科技服务业作为重要的现代经济部门，其拥有较高的企业生产率和劳动生产率，与高生产率匹配的是其能够提供相对于传统部门更具优势的薪酬待遇，因此，在科技服务业集聚程度高的区域往往能够以工资优势吸引劳动力流入，特别是技能型劳动力流入。

在我国产业结构优化升级阶段，随着科学技术的进步和科技资源投入的增加，兼具经济与科技双重属性的科技服务业以知识和技术为社会各行业提供服务。科技服务业集聚客观上为劳动力流动决策提供了参考依据，科技服务业集聚程度高的区域以更好的设施环境、更高质量的就业岗位、更具竞争优势的工资吸引着高素质人才，“人往高处走”带来的必然结果是使“高处”的住房市场需求量增加。结合当下，一线城市乃至省会中心城市均已呈现出科技服务产业及人才资源空间配置集聚化的新局面，从科技服务业集聚的视角出发已经成为理解现阶段商品住房价格上涨的重要切入点，如何运用经典的理论和更为严谨的方法，阐释新兴产业集聚对商品住房价格变化的机理和路径，为产业集聚和住房市场稳健运行提供更为科学的指导，具有重要的理论价值与实践意义。

3. 金融业集聚

21 世纪以来，我国金融业发展成绩瞩目。在 2017 年，我国金融业增加值达到 65748. 9 万亿元，占当年 GDP 的比重为 7. 95%，这一比例远高于同期多数其他行业增加值的 GDP 占比。与金融发展规模扩大相伴随的是，近年来金融资源空间分布存在明显失衡现象。2019 年第十一期“中国金融中心指数”（CDI · CFCI11）显示全国金融机构的资源仍然主要集中在京沪深三大全国性金融中心，三者金融机构实力得分之和超过其他 28 个区域金融中心的总和，并且我国金融中心竞争格局相对稳定，金融市场资源高度集中。毋庸置疑，现阶段我国金融发展主要是由集聚着大量金融资源的金融中心引领的。国内早期关于金融业集聚的研究是从金融机构地理分布集中入手的，但随着近年来互联网和信息技术在金融业的运用，作为特殊的产业形式，金融业的物理网点数量及空间地理分布已不是那么重要了（王如玉等，2019），而在现代网点及虚拟网点建设步伐加快的背景下，金融资源的空间集聚逐渐成为金融业发展的必然趋势。

金融资源越来越倾向于流向金融集聚程度高的区域。从整个世界范围来看，已经形成了以纽约、伦敦和东京为代表的国际金融集聚中心，其成熟、发达的金融市场也吸引了大量国际投资者的目光，而部分金融交易目前已经实现了24小时不中断的连续交易网络。与此同时，近年来靠依托较大的金融规模与优秀的金融人才等优势，亚洲的新加坡和香港等也呈现出金融产业集聚的态势，作为新兴国际金融中心，其对金融机构和金融资源产生了强大的吸引力。而国内方面，资本的逐利性使金融资源更加偏好于东部沿海城市和发达城市，大城市更容易形成金融集聚。金融集聚的同时也对城市经济产生了不可避免的影响，尤其是住房市场方面。金融集聚可以通过降低资金使用成本从而为资金需求方提供融资便利，而房地产又是资金密集型行业，相对其他产品，商品住房的供给和需求均离不开资金支持，另外，金融集聚的融资约束缓解效应将通过改变商品住房的供求状态从而影响商品住房均衡价格。

资金贯穿了商品住房市场建设和销售的多个环节，研究产业集聚的商品住房价格影响效应不能忽视金融业集聚，具体原因如下：第一，以金融业为代表的虚拟产业集聚是传统产业集聚形式的重要补充。以上无论是制造业集聚还是科技服务业集聚，其形成和存在都依赖于产业的空间地理分布，而近年来，随着科技进步和互联网技术的兴起，金融的虚拟经济属性使地理的作用不再重要，金融资源流向何处更为重要，而金融资源的集中则形成了金融集聚。已有文献认为金融业集聚是实体经济产业集聚的伴随物（黄解宇、杨再斌，2006；冉光和等，2007），并且金融业集聚有别于实体产业集聚的特征主要在于金融资源较强的流动性使其能够突破集聚形成所依赖的空间因素，对地理敏感度较低，可以说金融业集聚在传统产业集聚的基础上形成但又存在区别于传统产业集聚的新特点。鉴于金融业的特殊性，研究产业集聚对住房价格的影响将金融业集聚也纳入分析框架，使对产业集聚研究范围的考察更全面也更顺应时代潮流。第二，金融业集聚能够为商品住房市场供给端提供资金支持。金融业集聚不仅是经济增长的核心力量，其还能够对其他产业的发展提供资金支持作用。金融业集聚所发挥的规模效应、资源配置效应及竞争效应均使金融业集聚能够对集聚区域内的相关产业提供资金支持，其中也包括了资金需求旺盛的住房市场。在住房建设方面，金融业集聚不仅能够降低房地产开发企业的融资成本，还能够拓宽融资渠道，资金的保障将使住房建设规模扩大及住房供给数量增加。第三，金融业集聚能够缓解商品住房市场需求端的融资约束。住房制度改革以来，按揭购房成为商品住房消费的主要形式，对于绝大多数住房消费者而言，按揭贷款提高了消费者的购房能力。而金融集聚能够为资金供给者和资金需求者架起联系的桥梁，在方便快捷地满足融资主体对资金的需求并降低融资成本的同时增强了整个社会包括公共部门和私人部门获得资本的能力，提高了资金的流动速率（余泳泽、宣烨和沈扬扬，2013），金融业集聚通过提高个人住房按揭贷款规模进而缓解住房消费者的购房压力，刺激了对住房市场的有效需求。

产业集聚是引领中国经济走向高质量发展的重要力量，而信息和技术的发展则使空间集聚形式发生了颠覆性变化。作为特殊的产业集聚，金融业集聚不仅是金融产业在特定地区内的汇聚，更是金融资源流动的结果。金融业集聚促进了金融业的功能强化和效用升级，是金融发展的必然趋势。金融作为经济的血脉，金融业集聚除了能够为经济可持续发展提供动力，还更有利于发挥金融业为其他产业提供融资便利的基本功能。作为资金密集型行业，住房市场的建设和消费均离不开金融业支持。可见在将金融业集聚纳入产业集聚研究范围的基础上，探究产业集聚的商品住房价格影响效应可以说既体现了产业集聚形式的演变又兼顾了住房市场资金密集的属性。

二、本书研究对产业集聚影响商品住房价格的路径选择及依据

结合以上产业集聚对商品住房价格影响的分层次路径及本书产业集聚现象的选择，本书重点选择从整体层面和制造业、科技服务业及金融业这一产业细分第三层面这两个层次分析产业集聚对商品住房价格的影响路径。

基于制造业、科技服务业及金融业这一产业层面进行路径分析是不可或缺的。依据如下：一是结合上述本书具体产业集聚现象的选择，制造业、科技服务业和金融业这一层面的影响路径分析与本书具体产业集聚现象的选择相对应；二是在以上分层次影响路径中，虽然产业细分第二层面——农业、工业和服务业层面的影响路径也存在较大差异，但相比之下，制造业、科技服务业和金融业层面的影响路径分析更具代表性；三是制造业、科技服务业和金融业这一层面虽然不是最细致入微的产业层面，但其已经属于比较具体的产业层次了，该层面的不同产业集聚现象对住房价格的影响路径差异已经非常清晰。基于此，理论上从产业细分第三层面分析制造业、科技服务业和金融业集聚三种具体产业集聚现象的影响路径是符合逻辑的。

整体层面路径分析是从制造业、科技服务业和金融业这一层面展开路径分析的基础。本书除了选择从制造业、科技服务业和金融业层面进行路径分析外，还选择了产业整体层面的路径分析，理由如下：虽然考察制造业、科技服务业和金融业这三类产业集聚现象的影响路径是本书研究的核心和重点，但是这三个具体产业集聚现象的影响路径毕竟是基于一般规律的抽象和归纳，在分析不同产业集聚现象影响的差异化路径之前，我们有必要对整体层面的产业影响路径有一个大致的了解，可以说整体层面路径分析不仅有助于我们全面、整体把握产业集聚作用于商品住房价格的一般规律，而且还为不同产业集聚现象的差异化影响路径分析进行了铺垫。

综上所述，本书从整体层面和制造业、科技服务业及金融业这一层面共同分析产业集聚对商品住房价格的影响路径，可以说既体现了从一般到具体的逻辑规律也满足了本书研究的需要。

第三节　产业集聚对商品住房价格影响的一般路径分析

本节将从第一层次即整体层面分析产业集聚影响商品住房价格的一般路径。近年来，作为经济发展重要载体的城市在加快城市化进程中不约而同地实施了一系列产业发展集约化战略。一批国家级、省级、城市级乃至县级开发区的设立从客观上促进了产业的地理集聚，产业集聚在中国成了普遍现象（贺灿飞和潘峰华，2011）。已有研究认为产业集聚是在一定地理空间范围内，由于经济发展优势、资源优势或企业内部规模经济等原因吸引大量生产要素流入并在一定区域内实现高度集中的现象，它主要通过劳动力市场、资本市场和土地市场对房地产价格产生影响（胡颖磊，2011）。下面本书将从住房市场供给端和住房市场需求端两个方面剖析产业集聚对商品住房价格影响的一般路径。

一、产业集聚影响商品住房价格的一般路径——基于住房供给端的分析

产业集聚可以通过土地市场和资本市场影响住房供给，进而作用于住房价格。土地要素方面，土地价格是住房价格最重要的组成部分，土地价格提高往往会引起住房价格上涨（Grimes and Aitken，2010；宫汝凯，2012；Wang et al.，2018）。产业集聚在规模效应作用下，得益于集聚外部性的发挥，产业集聚对城市经济产生了正面影响，其中，最重要的体现是为当地贡献了 GDP 并增加了政府的财政收入水平。因此，可以通过缓解政府的土地财政依赖程度进而降低对土地价格的刺激。相反，如果在产业集聚拥挤效应作用下，产业集聚程度的增加不仅无法提高生产率，反而还会降低生产率，对政府财政收入增加产生了不利影响，从而使政府更加依赖土地财政进而推高了土地价格。事实上，产业过度集聚不仅是市场因素导致的，还与政府行为存在一定关系。在标尺竞争考核下，政府一系列招商引资政策的出台和实施加重了产业的过度集聚，为了寻求“政策租”的企业低效率集聚在一起造成了土地资源的严重浪费，工业用地增加势必会挤

出商住用地供给（余莎和游宇，2017），而相对较低的工业用地价格也需要通过推高商住用地价格来进行补偿。由此可见，产业集聚会通过土地供给和土地价格对住房市场产生影响。

资本市场方面，主要是通过缓解住房市场供给方融资约束对住房供给产生影响的。不同于土地这一稀缺资源的不可流动特点，资本这一生产要素是具有较强流动性的。伴随着产业集聚程度增加，集聚地区通过吸引资本流入增加了该地区的资金总量，在规模效应和竞争效应下，资金交易费用将有所下降，即产业集聚是有利于降低企业融资成本的（盛丹和王永进，2013），其中当然也包括房地产开发企业。因此，对于资金密集型的住房市场来讲，融资成本的降低缓解了住房市场供给方的融资约束，房地产开发企业将通过提高住房供给数量影响住房市场均衡。

二、产业集聚影响商品住房价格的一般路径——基于住房需求端的分析

产业集聚对住房市场需求端的影响主要通过收入、劳动力及资本等要素实现。收入方面，产业集聚可以通过改变生产率影响住房市场需求。产业集聚规模效应的发挥会使集聚区域内生产率提高（范剑勇，2006；Ottaviano and Pinelli，2006；刘修岩，2009），产业集聚拥挤效应的凸显则会降低集聚区域生产率（柯善咨和姚德龙，2008；Wei et al.，2019），生产率的变化改变了劳动力收入。而劳动力一方面是产品市场的生产者，另一方面又是住房市场的消费者，劳动力收入的改变会影响劳动力住房消费决策，由此可见产业集聚是能够通过改变劳动力收入影响住房市场需求端的。而已有研究也已充分证实了收入与住房价格之间的线性关系（Gan and Hill，2009；Li and Liu，2014）。

劳动力方面，产业集聚主要通过增加住房需求刺激住房价格。产业集聚形成原因包括劳动力蓄水池效应、中间投入品共享及技术外溢等因素，基于此，产业集聚的形成产生了货币外部性和技术外部性。产业集聚外部性主要通过以下几个方面吸引劳动力流入：首先，产业集聚区存在厚的劳动力市场。在产业集聚区内，存在大量生产近似产品的企业，从而对劳动力技能形成了一致偏好。具有相同技能的劳动力大量集聚在产业集聚区

内，不仅有利于降低劳动力搜寻工作的成本还能够提高职位的匹配度。在循环累积因果效应下，为进一步吸引劳动力流入提供了有利条件。其次，产业集聚“价格指数效应”和“生活成本效应”的驱使。在产业集聚区内，产品多样化能够满足消费者的产品差异性偏好，并且由于集聚区域实现了生产市场和消费市场的统一，在运输成本较低的情况下，集聚区域产品销售价格更接近成本价，从而直接降低了劳动力在产业集聚区的生活成本，产业集聚“价格指数效应”和“生活成本效应”能够对劳动力流动产生一定吸引力。最后，产业集聚存在知识溢出效应。空间距离越远则意味着信息壁垒越大（Chaney，2018），在产业集聚区域内部，更有利于信息的交流和技术的进步，劳动力也更容易提升自身的技能水平。由此，产业集聚知识溢出效应的发挥可以通过提升人力资本质量吸引劳动力流入。以上从不同方面阐述了产业集聚对劳动力的吸引作用，而人口数量的增加则直接刺激了当地住房市场的刚性需求。

资本方面，主要是通过缓解住房市场需求端融资约束刺激住房市场消费的。前文已经分析了产业集聚对住房市场供给端的融资约束缓解效应，而类似地，这种融资约束缓解效应也同样存在于住房市场需求端。住房制度改革以来，以家庭为单位构成了住房消费的主体（Chamon and Prasad，2010），而对于绝大多数购房者而言，房屋总价远远高于收入，这就使按揭贷款购房成为住房消费的主流渠道。个人住房消费贷款的可贷资金数量及贷款成本高低直接影响了住房消费者的购房决策。流动性强的资本更倾向于流入产业集聚区域，资金的充裕和融资成本的节约给予了购房者撬动杠杆的极大动力。而融资约束的缓解更像是一把双刃剑，既有利于提高真实住房需求也助长了住房的投机需求。但无论是住房真实需求，还是住房投机需求，共同说明了产业集聚对住房市场需求端购房者融资约束的缓解是有利于提高住房需求的。

第四节　制造业、科技服务业及金融业产业集聚影响商品住房价格的具体路径分析

不同于一般影响路径的包容性和普适性，制造业、科技服务业及金融业产业集聚对商品住房价格影响的具体路径更具差异化和个性化。纵观我国近年来产业发展概况，制造业、科技服务业和金融业集聚态势日益明显，并对包括住房在内的宏观经济产生了不可忽略的影响。本书研究商品住房价格变化中的产业集聚作用实际上是突破了已有文献只考虑单一产业集聚影响效应的限制，将制造业集聚、科技服务业集聚和金融业集聚纳入统一分析框架，在此基础上分析产业集聚对商品住房价格的系统影响将使研究更具现实意义和理论意义，而洞悉不同产业集聚现象对商品住房价格的具体影响路径则是本书研究的关键和前提。

一、制造业集聚影响商品住房价格的路径分析

制造业发达和集聚的城市在就业机会、公共产品、工资收入等方面有巨大优势和吸引力，人口往往是从非集聚中心定向流出，他们从中西部流向东部沿海，从农村移至城市，在制造业集聚规模效应作用下，收入的改善可以在一定程度上提高居民的住房支付能力。结合中国的实际情况，在中国的区域经济及城市发展过程中，产业集聚并非完全靠市场经济自发集聚，在政府主导下的产业集聚往往以较快的速度完成集聚过程，从而也带来了更显著的拥挤效应（李晓萍等，2015）。随着 1994 年分税制改革的实施和晋升锦标赛体制的激励，地方政府干预经济的行为普遍存在。为了提升政绩，地方政府向投资本地的企业提供包括土地、融资及税收在内的一系列优惠政策，这种“竞次式补贴”虽然提高了表面的产业集聚——“企业扎堆”，但这种扭曲同时也带来了产业的过度集聚（朱英明等，2012）。因此，分析制造业集聚对商品住房价格的影响应该从规模效应和拥挤效应两方面入手。

规模效应方面，产业集聚主要是通过提高劳动力收入和缓解住房价格上涨压力两方面来降低居民住房负担。影响商品住房价格的重要因素是住房的供给和需求，其中，住房的有效需求则依赖有购房意愿并具备购房能力的人口数量。目前，新古典经济增长理论、新经济地理学及城市经济学的空间集聚理论均已证明产业集聚可以通过提高生产率来促进劳动力收入的上涨（Raiser，1998；Fingleton，2005；范剑勇，2006）。实际上，在产业集聚初期，各种产业优惠政策的实施不仅提高了企业的生产效率，还通过改善劳动者的福利进而增加了其可支配收入，收入的上涨将有利于缓解居民的住房压力。同时，产业集聚规模效应的发挥不仅带来了生产效率和劳动生产率的提高，还能够为集聚地区贡献GDP。一方面，财政状况有所改善的当地政府将缓解对土地财政的过度依赖，从而避免了土地出让收入上涨过快，而土地出让收入又是住房价格的主要组成部分，从这个角度来看，产业集聚规模效应作用的发挥是有利于缓解住房价格上涨的。另一方面，产业集聚规模效应带来的财政收入能够为财政支出提供资金支持，地方财政支出增加不仅通过提升人力资本质量提高了居民收入水平，而且地方财政支出的增加可以缓解因稀缺公共品竞争导致的住房溢价，从而提高居民的住房支付能力（孙伟增、王定云和郑思齐，2015）。根据上述分析，制造业集聚规模效应不仅能够提高居民可支配收入还能缓解住房价格上涨压力，在两方力量综合作用下，房价收入比最终将呈现下降趋势。

拥挤效应方面，制造业集聚主要通过降低生产率并抬高土地价格加重居民住房负担。伴随着生产要素向较大地区的规模化集聚，溢出效应和生产率有了一定的提高，但是需要进一步指出的是，随着产业集聚过程的发展，过高的制造业集聚程度也可能带来负面效应，从而带来生产效率损失。已有大量研究均已证实产业集聚过度对生产率带来的负面影响，产业集聚的拥挤效应具体表现为交通拥挤及通勤成本上升、居住与生活成本上升、土地及劳动等要素成本上升、生态环境恶化等问题（Brakman、Garretsen and Marrewijk，2001；Brülhart and Mathys，2008）。可见制造业集聚拥挤效应会通过降低生产率使劳动力收入下降，从而加重住房负担。除此之外，拥挤效应还可以通过提高居住用地价格来间接作用于居民房价收入比。在政府的“竞次式补贴”下，工业用地出让价格被压低，居住用地则承担了巨大的财政收入压力，从而推高了居民商品住房价格水平（雷潇雨和龚六堂，2014）。可以说，在制造业集聚拥挤效应作用下，由生产效率的下降所引起的居民收入水平降低和土地价格的上涨将共同抬高房价收入比。

根据上述分析，并结合新经济地理学等理论，我们发现制造业集聚可以从规模效应和拥挤效应两方面影响房价收入比。具体地，在制造业集聚规模效应作用下，产业集聚能够促进收入增长并抑制住房价格上涨，进而降低房价收入比；但是在制造业集聚拥挤效应主导下，负的外部性将使地区生产要素边际成本上升和土地价格上涨，收入的下降和住房价格的上涨将同时加重居民的住房负担。

二、科技服务业集聚影响商品住房价格的路径分析

目前，学术界对制造业集聚通过提高生产率和技术进步促进城市经济快速增长已经形成了普遍共识（杨仁发，2013；孙晓华和郭玉娇，2013；杜旻和刘长全，2014；范剑勇、冯猛和李方文，2014）。但是，仅仅由少数大型企业带来的集聚外部经济并不总是有利于技术创新和创新产出的提高（张丽华和林善浪，2010），并且企业对产业集聚政策租的依赖在一定程度上也加大了企业创新的惰性（万道侠和胡彬，2018）。而科技和创新作为推动经济发展和社会进步的重要因素，相对于制造业集聚，科技服务业集聚逐渐成为新时期城市高质量发展追求的核心竞争力。

认识科技服务业集聚是如何对技能型劳动力流入产生吸引力的是分析科技服务业集聚对商品住房价格影响路径的前提。技能型劳动力会选择向科技服务业集聚程度高的地区流动以实现技能匹配。大城市因其集聚了大量的人才、大学、科研机构和高技术企业，已经成为新思想和新技术的主要产出地（Feldman and Audretsch，1999；Ciccone，2002；Packalen and Bhattacharya，2007）。工作岗位与劳动力技能之间的匹配是提高劳动生产率的重要因素（韩峰和柯善咨，2013），而当劳动力的技能水平与工作岗位所要求的水平相匹配时，生产效率及工资水平达到最高（彭国华，

2015），并且集聚程度高的地区会持续不断地创造生产率较高的工作（Duranton and Puga，2004），因此城市科技服务业集聚会吸引高质量的劳动力向城市内部流动，如高校毕业生。另外，劳动力匹配理论还认为由于低质量劳动力与高质量劳动力合作会使低质量劳动力享受“搭便车”行为，因此高技能劳动力倾向于集聚到同一劳动力市场而降低这种技能不匹配成本，进而促进了技能型劳动力在集聚区域的集中。同时，技能型劳动力的区位选择也更偏好于科技服务业集聚程度高的区域，Venables（2011）通过构建异质性劳动力合作配对模型，综合匹配机制、集聚外部性以及不同城市间的生活成本差异，来分析具有不同技能的劳动力对就业区位的自选择行为和城市自选择机制的作用过程，研究发现高素质劳动力会考虑城市劳动力市场质量，从而更加倾向于选择与自身技能相匹配的城市。由此可见，生产率在劳动力的技能水平满足工作岗位所需要时达到最高，劳动力会向着与自己技能水平相匹配的区域流动。

科技服务业集聚程度高的区域更容易实现人力资本积累效应。城市科技服务业集聚也为劳动力人力资本提升提供了学习与交流的平台，大城市的集聚可以提供更多个体间学习机会，并提高个体的学习速度（Duranton，2006；Wheeler，2006）。近年来的研究还发现，由于人力资本外部性有利于个人获得更多的学习机会提升技能水平，人口密集度高的地方使技能匹配更容易，劳动力更倾向于流向平均教育水平高和人口密集度强的城市（Moretti，2004）。因此，科技服务业集聚程度高的区域还可以通过人力资本提升效应来吸引技能型劳动力流入。

科技服务业集聚区域的相对高工资是吸引技能型劳动力流入的重要力量。以上虽然结合技能匹配理论和人力资本提升效应对技能型劳动力流入这一现象进行了合理解释，但不能否认的是科技服务业集聚区域具有竞争优势的高工资是驱使技能型劳动力不断流入的重要因素。已有文献充分关注了劳动力跨部门流动和跨区域迁移问题，传统发展经济学理论认为，由于现代经济部门工资高于传统部门，劳动力会持续流向收入较高的现代部门（Lewis，1954），而新经济地理模型（Krugman，1991；Fujita et al.，1999）则更关注劳动力的跨地区空间流动，认为劳动力从“边缘”地区向商品更多样化、工资水平更高和就业机会更多的“中心”地区集聚。源于劳动力蓄水池效应、共享中间投入品及知识外溢等的集聚外部性能够提高产业集聚区企业的生产效率，对于科技服务产业，具体表现为在科技服务业集聚程度较高的区域，企业可以充分利用专业化分工、研发设施及信息网络来降低企业的生产成本并提高劳动生产率，由此将带动集聚区域工资的上涨。而较高的收入水平是吸引劳动力流入的主要动力（Lee，1966；胡尊国、王耀中和尹国君，2016；魏东霞和谌新民，2018），另外，Lindley 和 Machin（2014）也发现受教育程度较高的工人越来越多地集中在特定空间，而地区之间工资不平等的加剧是导致劳动力市场两极分化的重要原因。可见科技服务业集聚程度高的区域将通过提供具有竞争优势的工资从而吸引劳动力特别是技能型劳动力流入这一思路是符合理论预期的。

以上分析可见科技服务业集聚对技能型劳动力流入是存在吸引力的，而相对于普通劳动力，技能型劳动力的流入更能促进住房价格上涨。相对于低收入群体在大城市主要靠租房解决居住问题（董昕和张翼，2012），高收入群体具有更强的购房意愿和购房能力，可以说城市商品住房价格上涨主要是通过高收入的技能型劳动力实现的。已有文献充分证实了这一点，陆铭、欧海军和陈斌开（2014）认为城市化带来的住房需求是推高城市住房价格的重要原因，进一步研究发现移民占比和移民占比变化对房价的影响主要是通过城市移民和收入水平较高的移民来实现的。徐舒和陈珣（2016）考察了收入差距推高房价的经济作用机制，房地产商的利润最大化行为将导致更多的低收入家庭被排除出住房市场，而目标市场上高收入家庭的比重随之上升，从而使住房价格上涨。蒲火元、曹宗平和李超（2018）以广州市最近两次人口调查为例，建立截面回归模型考察了流动人口对中心城市房价的影响，进一步研究发现人口流动对房价的影响具有时滞效应，并且主要是通过城市中高收入流动人口实现的。作为技能型劳动力的代表，已有文献还从高校毕业生的角度对人口迁移促进住房价格上涨提供了新的解释，张超、李超和唐鑫（2015）认为随着高校扩招政策实施，在所有迁移人口当中，高校毕业大学生成为了其中购买能力较高、人口最多、自由迁移能力和动力最强的一个群体，他们来自全国各地，从高校毕业后却集中向一些大中城市迁移，对当地房价形成了显著的正向影响。陈斌开和张川川（2016）证实了人力资本的空间集聚是中国城市化加速和商品住房价格快速上涨背后的基础性原因，高等教育人口占比每增加1个百分点，城市住房价格将上涨4.6%～7.9%。因此，我们有足够的理由相信技能型劳动力数量增加更能刺激住房市场需求。

由此可见，科技服务业集聚可以为技能型劳动力提供匹配的工作岗位、人力资本提升的机会，更重要的是科技服务业集聚程度高的区域意味着具有更高的生产率和工资水平，可以说科技服务业集聚达到一定程度必然产生人才集聚，而技能型劳动力则对住房市场产生了有效需求。至此，我们已经详细探究了科技服务业集聚对商品住房价格潜在作用路径的逻辑过程，而在中国城镇化加速和产业结构优化转型的背景下，作为科技强国建设的主导产业，科技服务业集聚的商品住房价格影响效应还有待进一步的经验检验。

三、金融业集聚影响商品住房价格的路径分析

金融业有利于促进资本形成并提高资金要素的有效配置，对城市经济发展具有强有力的推动作用。但由于我国地大物博的地理属性和改革开放以来的经济发展政策导向，金融资源呈现着空间分布不均的特点，我国不仅形成了以北京、上海及深圳为代表的国际金融中心，还涌现出一批以省会城市为代表的区域金融中心，金融业集聚成为金融发展至一定程度的必然结果（斯丽娟和张利敏，2019）。

金融集聚为产业发展提供了更便利的资金支持。金融集聚的规模效应通过节约周转资金余额、减轻融资成本、降低投资风险、提供投融资便利、提高市场流动性等方式得以产生。当金融机构集中在较小空间时，银行业与银行业之间、银行业与保险业及证券业之间会开拓更多的业务融合及产品研发合作机会。随着金融机构的集中，一大批金融机构的相关辅助性产业和社会中介服务业也得到了快速的发展，进而提高金融机构的整体服务水平，为产业发展提供资金保障（刘军等，2007）。金融集聚一旦形成，会通过“涓流效应”向周围地区设立金融分支和网络等途径为周围地

区产业发展提供资金支持。

金融集聚使资金倾向于流入房地产行业，进而对住房价格产生影响。住房制度改革以来，房地产业发展的资金密集型特征使房地产开发高度依赖金融机构信贷资金支持，对于房地产开发企业来讲，金融机构房地产信贷是其重要的资金来源渠道，作为第三产业增长的主体，房地产行业发展离不开金融行业资金支持。而对于金融机构来讲，随着金融集聚化程度提高，资金流向房地产领域是必然现象。一方面，金融集聚程度的提高使金融中介机构获取信息的成本下降，金融机构对各类投资机会信息收集更加便利，从而有利于金融资源的合理配置。Buera 等（2010）的研究认为，金融集聚可以发挥信息收集和处理的规模经济效应从而使资金流向社会回报更高的项目。结合中国目前的发展，在房价高速上涨的背景下，房地产行业投资回报率要远高于一般制造业，出于利润和风险的考量，在金融集聚的资源配置效应下，金融机构的信贷资金将偏向于流入房地产行业。另一方面，金融集聚后的竞争效应也可以促进金融服务的专业化分工，提升金融资源的使用效率，进而降低金融使用成本，提升产业发展的运行效率（余泳泽等，2013）。在金融集聚竞争效应下，金融机构会竞相争夺房地产开发贷款和个人住房消费贷款等优质资产，基于此，金融集聚的竞争效应也会促进金融机构加大对房地产行业的资金支持力度。可见，在金融集聚作用下，资金偏好于流入房地产行业是符合实际情况的。而充足的资金能够缓解住房市场供求两端的融资约束，进而通过改变住房市场均衡状态影响住房价格。

从理论上看，金融集聚对住房价格的影响是通过提高房地产开发贷款和个人住房消费贷款这两类房地产信贷来实现的。随着金融集聚程度的增加，金融业空间分布的集中将使房地产开发企业和居民能够更加便利地利用金融资源，其融资渠道也将得以进一步拓宽。对于住房市场需求端的消费者而言，金融集聚程度提高可以通过缓解其融资约束而增加其对住房市场的需求，并进而推高住房价格。具体地，金融业集聚使消费者的流动性约束进一步弱化，金融业集聚程度越高的地区其居民的消费需求可能越高（谭燕芝和彭千芮，2019），因此金融业集聚会通过刺激居民的住房需求而拉动商品住房价格上涨。对于住房市场供给端的房地产开发企业来讲，金融集聚程度提高带来的房地产开发贷款规模的增加理论上应该使其向市场提供更多的房屋数量，从而抑制房价的上涨。而事实上，已有文献已经从不同角度证实了房地产开发贷款的增加对房价上涨存在的正向影响，一方面，金融过度支持假说认为，在房价上涨的预期下，房地产开发贷款的增加将提高房地产企业开发投资住房的动机，从而使房地产市场存在群体投机行为并助长了房价泡沫化程度（周京奎，2006）。另一方面，房地产开发具有较长的周期，房地产开发贷款的增加对住房市场的供给存在一定滞后性（Davis and Zhu，2011；马勇和吴雪妍，2018），而在金融集聚提升的背景下，居民融资约束缓解对住房市场需求端的刺激则会快速促进房价上涨，在新的住房市场均衡下，房价最终呈现上涨趋势。另外，信贷增加对住房价格的促进作用同样得到了国外研究的支持，Favara 和 Imbs（2015）使用美国数据也证实了放松管制所导致的抵押贷款扩张会使住房需求增加，从而造成房价上涨。因此，我们有理由相信金融集聚提升带来的房地产开发贷款的增加和个人住房消费贷款的增加均会促进住房价格的上涨。

综上所述，虽然金融业集聚在一定程度上能够对经济增长和生产率提高发挥积极推动作用，但也不能否认其加剧了商品住房价格的上涨。以上理论分析阐释了金融业集聚通过增加房地产开发贷款和个人住房消费贷款两类房地产信贷进而推高商品住房价格的作用路径，而下文还将借助理论模型对比有无信贷支持下的住房价格差异，并通过实证模型进一步检验金融业集聚对商品住房价格的影响效应及中介作用。

第四章

产业集聚测度及其时空特征分析

改革开放以来，我国已经形成了以发达城市为中心，欠发达城市为外围的空间分布格局。随着大中城市聚集制造业企业数量的增加，以生产效率下降、交通拥堵和土地价格上涨为特征的拥挤效应在成为分散制造业集聚离心力的同时，也形成了倒逼产业结构转型升级的现实压力。近年来，服务业尤其是现代服务业已经成为国民经济的物质基础，是后工业化时期的产业主体，也是我国产业体系中发展相对比较成熟的部分。那么在我国产业发展过程中，制造业、科技服务业和金融业是否均存在空间分布不均衡的集聚态势，为直观清晰地回答这个问题，本章将在对产业集聚指标测度方法介绍和我国产业发展情况简要分析的基础上，综合利用年均增长率指标、核密度等方法，多角度全方位客观分析近年来我国产业集聚的时间和空间特征，以期全面勾勒和刻画近年来我国产业集聚的发展现状及演变趋势。

第一节　产业集聚指标测度

随着学术界对新经济地理学研究的不断深入，产业集聚指标的度量方法日益丰富，不断创新的产业集聚指标测度已经成为研究产业集聚理论的一个重要分支，为产业集聚后续相关研究奠定了基础。本节将在对一系列产业集聚指标测度方法介绍的基础上，选择适合本书的测度方法，借助该方法对制造业集聚、科技服务业集聚和金融业集聚进行有效测度，基于此从时间和空间两个维度深入分析制造业集聚、科技服务业集聚及金融业集聚的特征。

一、产业集聚指标的测度方法

在产业集聚的相关实证研究中，产业集聚程度的测度尤其关键，测度指标的选取关乎研究结论的客观与否。Combes 和 Overman（2004）认为良好的产业集聚测度指标应该至少满足以下五个条件：行业间可比；能够控制经济活动的总体集聚程度；能够控制行业集中程度；空间尺度的改变不会影响指数估计值的无偏性；能够对估计结果进行显著性检验。随着近年来研究数据可获得性及质量的提高，产业集聚指标测度也得到了不断的改进和完善，目前常用的主要有就业密度、区位熵、空间基尼系数及赫芬达尔指数、EG 指数等，本节将依次对这些指标进行详细介绍。

（一）就业密度

以 Ciccone 和 Hall（1996）的经典研究文献为开端，多数学者（范剑勇，2006；孙浦阳、韩帅和张诚，2012）均采用就业密度指标来衡量产业集聚程度。该指标是目前使用较为广泛，且结果较为稳定的测算产业集聚指标之一（Ciccone，2002）。就业密度的计算方法为某个城市特定行业的就业人口除以该城市的面积，本书借鉴邵宜航和李泽扬（2017）的做法，使用制造业的就业密度衡量制造业集聚程度。类似地，使用科技服务业的就业密度衡量科技服务业集聚程度，具体计算方法为科技服务业从业人数除以该城市的面积，该指标越大代表科技服务业集聚水平越高。同样地，金融业集聚程度代表的是当年该城市每平方公里土地上金融从业人员数。

（二）区位熵

除了就业密度指标外，已有文献还采用区位熵来测度产业集聚程度（杨仁发，2013），由于该指标不受区域规模的影响，能够对要素的空间分布进行较好的反映（苏丹妮、盛斌和邵朝对，2018），本书将使用区位熵来替换就业密度指标对制造业集聚的房价收入比影响效应进行稳健性检验。区位熵充分考虑了要素的空间分布，其计算公式如下：

$$LQ = \frac{\frac{q_{is}}{q_i}}{\frac{q_s}{q}} \tag{4-1}$$

其中，q_{is}为地区 i 产业 s 的从业人员数，q_i 为地区 i 所有产业的从业人员数，q_s 为产业 s 在全国范围的从业人员数，q 为所有产业在全国的从业人员数。因此，衡量产业集聚程度的区位熵指数可以用一个地区某种行业的从业人员数占该地区所有从业人员份额与全国该行业所有从业人员数占全国所有行业从业人员数份额的比值表示，即如果区位熵指数值越高，则说明该地区产业集聚程度越高。

（三）空间基尼系数

已有文献还采用空间基尼系数指标来衡量产业集聚程度（赵伟和张萃，2007；杨卡，2015）。基尼系数的测度方法最初来自经济分析中对不平等现象的测度，最常用于衡量收入不平等程度。而空间基尼系数则最早由克鲁格曼（Krugman，1991）运用洛伦兹曲线和基尼系数计算某个行业在空间分配均衡程度时提出，其采用空间基尼系数测度了美国制造业的产业集聚程度，同时，该指数也是工业地理集聚指数的简化形式（Ellison and Glaeser，1997）。空间基尼系数可以从宏观层面反映某一具体行业在空间分布上的均衡程度，诠释区域产业分布的空间特征，具体计算方法为：

$$G = \sum (S_i - X_i)^2 \tag{4-2}$$

其中，S_i 为 i 地区某一行业从业人数占全国该行业总就业人数的比重，X_i 为 i 地区就业人数占全国总就业人数的比重，即空间基尼系数为 i 地区某一行业从业人数占全国该行业总就业人数的比重与 i 地区就业人数占全国总就业人数的比重之差的平方项，G 处于 0 和 1 之间，越趋近于 0 则表示该行业集聚程度越低，越趋近于 1 则表示该行业集聚程度越高。本书将借鉴已有文献的做法，使用空间基尼系数替换金融业集聚程度指标对实证结论进行稳健性检验（Azman - Saini、Law and Ahmad，2010；关春玉、许启发和蒋翠侠，2017）。

（四）赫芬达尔指数

美国经济学家 Herfirida 提出的赫芬达尔指数（H 指数）是早期用于衡

量市场结构的一个主要指标，赫芬达尔指数表示某行业内所有企业的市场份额的平方和，能准确反映企业的市场集中程度，及时反映市场垄断与竞争程度的变化。赫芬达尔指数后来也被广泛应用于衡量产业的集聚程度，由于无法获得具体行业内的企业数据，本书参照已有文献的做法（Holmes and Stevens，2004；雷潇雨和龚六堂，2014），对赫芬达尔指数进行修正，修正后的计算方法为：

$$H = \sum \left(\frac{x_i}{X} \right)^2 = S_i^2 \tag{4-3}$$

其中，x_i 为 i 地区某一行业从业人数，X 为全国该行业从业人数，赫芬达尔指数即行业内就业人数占该行业总就业人数之比的平方和。与空间基尼系数类似，赫芬达尔指数也处于 0 和 1 之间，越趋近于 0 则表示该行业集聚程度越低，越趋近于 1 则表示该行业集聚程度越高。

（五）EG 指数

Ellison 和 Glaeser（1997）认为空间基尼系数和赫芬达尔指数在衡量产业集聚程度时未能考虑企业个体的规模差异，因此在此基础上提出了测度不同行业内企业集中程度的 EG 指数。刘春霞（2006）深入比较分析了各种集聚测度方法，研究指出 Ellison 和 Glaeser 提出的 EG 指数法弥补了早期测度方法不是源于区位选择理论模型、没有考虑企业规模影响、没有区分随机集中和源于共享外部性或自然优势集中等不足。EG 指数不受厂商数量和分布的影响，可以用于不同产业间集聚程度的比较，是一种反映产业间集聚程度的更准确和更科学的测度指标，其计算方法为：

$$EG = \frac{G - (1 - \sum X_i^2) H}{(1 - \sum X_i^2)(1 - H)} \tag{4-4}$$

其中，G 为某个行业的空间基尼系数，H 为某个行业的赫芬达尔指数，X_i 为地区 i 所有行业就业人数占全国所有行业就业人数的比重。

二、本书产业集聚测度方法的选取

以上测度方法各有侧重，考虑到使用单一指标难以全面反映出产业集聚对商品住房价格产生的影响，本书将借鉴已有文献的做法（吴学花和杨蕙馨，2004），采用多个指标对中国城市不同产业集聚现象进行测度，实际上，Gruenz（2004）指出不同的衡量指标得出的结论并无太大差异。具体地，本书将借鉴 Ciccone（2002）、Graham（2009）、谢露露（2015）的做法，采用就业密度指标来衡量制造业集聚、科技服务业集聚和金融业集聚。在对三类产业集聚现象使用同一测度方法进行测度的基础上，为了进一步考察不同产业集聚现象对商品住房价格的影响实证研究结论是否稳健，本书还采用了其他测度方法进行稳健性检验，具体而言，使用区位熵指数对制造业集聚指标进行替换，使用空间基尼系数和赫芬达尔指数对金融业集聚指标进行替换。

第二节　制造业集聚特征分析

一、数据来源与样本选择

由于单纯的商品住房价格本身很难反映居民对房地产价格的承受能力，考虑到住房需求与居民收入密切相关，本书对制造业集聚的商品住房价格影响效应考察将房价收入比这一相对指标考虑在内，采用微观家庭层面能够反映商品住房价格与收入关系的房价收入比来衡量相对商品住房价格。本书研究城市层面的制造业集聚状况对个体层面房价收入比的影响，将城市数据与微观数据进行匹配，微观数据来源于 2016 年流动人口动态监测数据库，包括制造业集聚在内的城市层面数据主要来自《中国城市统计年鉴》、各省市统计年鉴及各城市 2016 年国民经济和社会发展统计公报。

在研究制造业集聚对商品住房价格影响作用之前，应该对近年来我国制造业整体发展情况和 2016 年的城市层面制造业集聚特征进行详细分析，从而有利于把握制造业空间分布的不均衡性并加深对制造业集聚情况的认识。

二、制造业集聚特征

（一）制造业发展概况

本书研究集中于2005—2017年，为对考察期内我国制造业的发展概况有一个整体认识，本节将从资产总计、企业单位数、利润总额及工业增加值等方面来描述近年来中国制造业的整体发展情况，需要说明的是，鉴于数据的可获得性，本书参照已有多数文献的做法，采用规模以上工业企业的统计数据代替规模以上制造业统计数据，其在很大程度上能够代表我国制造业的发展情况及动态趋势。图4－1给出了2005—2017年这四项指标增长率的相关数据，其中，资产总计和企业单位数可以视作投入指标，利润总额和工业增加值则代表产出指标。投入指标的资产规模方面，2005—2017年，我国规模以上工业企业总资产从244784.25亿元增加到1121909.57亿元，增长近4.6倍，年均增长13.68%；投入指标的企业单位数方面，2005年至2017年，我国规模以上工业企业个数先从2005年的271835个逐步增加至2010年的452872个，但从2011年开始则出现下滑趋势，在2017年则下降至372729个，总体上增长了0.37倍，年均增长3.4%。就产出指标的利润方面而言，2005—2017年，我国规模以上工业企业利润总额从2005年的14802.54亿元逐步增加至2017年的74916.25亿元，增长了4.06倍，年均增长15.6%；产出指标的产值方面，工业增加值增长率从2005年的16.40%增长到2007年的18.5%，在达到样本期内的最高值后，受到金融危机的影响，在2008年工业增加值增长率迅速下降到12.9%，然后除了在2010年有小幅回升之外，规模以上工业企业增加值增长率近年来基本上处于逐年下降趋势。值得注意的是，规模以上工业企业增加值增长率近年来逐步下降这一现象是否从一个侧面反映出我国制造业整体上已经过度集聚？需要通过进一步的研究进行验证。

进一步以2011年为分界线将样本期分为两个阶段，可以看出：2005—2011年，我国规模以上工业企业资产总计、企业单位数、利润总额及工业增加值四个指标的增长率分别为18.49%、4.54%、27.65%和15%，而在

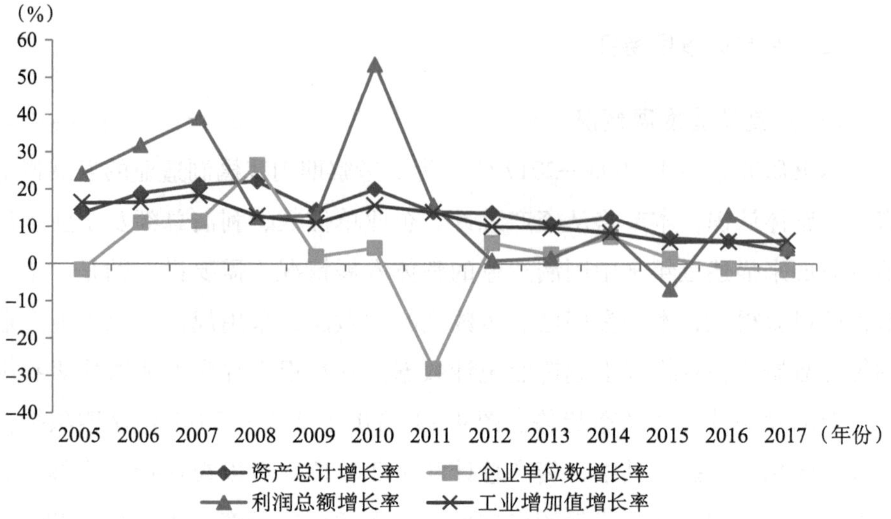

图 4-1　我国制造业近年来整体发展概况

2011—2017 年，四项指标年均增速分别为 8.88%、2.33%、3.56% 和 7.68%。比较发现，2011 年之后四项指标年均增速均低于 2011 年之前，意味着“十二五”时期以来我国制造业发展已经迈入后工业化阶段，这一方面反映出我国制造业的集聚发展所带来的规模经济效应正在降低，另一方面也凸显了我国经济结构亟待升级转型的迫切。综上所述，我国制造业整体上仍处于快速发展阶段，但增速在 2011 年之后趋于放缓。

（二）不同程度制造业集聚水平的数量特征

根据 2016 年制造业集聚水平的 268 个城市样本数据，选取四分位数分位点，将中国地级城市制造业集聚水平离散化为 4 种类型，以此描述 2016 年制造业集聚水平的空间演变。具体划分标准如下：低水平区（制造业集聚程度小于 2.833）、中低水平区（制造业集聚程度位于 2.833 与 7.850 之间）、中高水平区（制造业集聚程度位于 7.850 与 22.107 之间）与高水平区（制造业集聚程度大于 22.107）。依照划分的 4 个水平区，将该年各水平区所包含地级城市的数量用柱状统计图表示如图 4-2 所示。

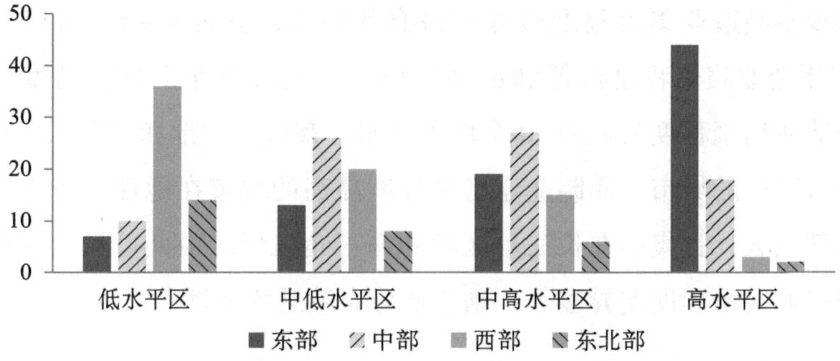

图4-2 2016年制造业集聚各水平区所含地区城市数量分布

从图4-2中可以看出，在将268个城市（东部城市83个，中部城市81个，西部城市74个，东北部城市30个①）的制造业集聚程度按照不同等级进行划分后，东部城市数量从低水平到高水平呈现递增趋势，而西部城市数量和东北部城市数量则从低水平到高水平呈现递减趋势，与此同时，中部城市则主要位于中低水平区和中高水平区。由此可见，东部城市和中部城市的制造业集聚程度相对较高，而西部和东北部城市制造业集聚程度较低，说明我国制造业分布整体存在不均衡的特点。

（三）制造业集聚空间特征

根据计算结果，发现制造业集聚程度较低的城市主要集中在西部大部分地区和中部多数城市，制造业集聚程度较高的城市主要集中在东部沿海，同时发现我国目前制造业集聚程度最高的区域主要集中在长三角及珠三角区域。相较而言，制造业集聚程度较高的城市其经济发展状况要优于制造业集聚程度较低城市，这也说明制造业仍然是城市经济增长的重要力量。以上空间分布表明，不同城市制造业集聚程度存在一定的差异，经济发达的长三角、珠三角和环渤海区域制造业集聚最为显著，而中部和西部的大部分经济欠发达城市制造业集聚水平还较低，我国地级城市制造业分布呈现东高西低的不均衡状态。

---

① 地区划分标准参考2010年《中国统计年鉴》，东部区域包括：北京、天津、河北、上海、江苏、浙江、福建、山东、广东和海南；中部区域包括：山西、安徽、江西、河南、湖北和湖南；西部区域包括：内蒙古、广西、重庆、四川、贵州、云南、西藏、陕西、甘肃、青海、宁夏和新疆；东北部区域包括：辽宁、吉林和黑龙江。

再观察制造业集聚程度最低和最高的城市，见表 4－1，可以看到在 2016 年制造业集聚程度最低和最高的城市在地理分布上具有高度的一致性。制造业集聚程度最低的 10 个城市基本上都位于西部和东北部，且都是发展相对落后的城市。而制造业集聚程度最高的城市在地理分布上则全部位于东部地区，且集中在长三角区域和珠三角区域。由此可见，我国地级城市制造业集聚程度差异显著，制造业分布缺乏均衡性。

表 4－1　2016 年制造业集聚程度最低与最高城市

城市	制造业集聚程度	地区	城市	制造业集聚程度	地区
固原市	0.142	西部	广州市	114.766	东部
酒泉市	0.145	西部	嘉兴市	118.238	东部
庆阳市	0.152	西部	无锡市	145.019	东部
巴彦淖尔市	0.161	西部	珠海市	227.905	东部
乌兰察布市	0.239	西部	苏州市	243.695	东部
黑河市	0.277	东北部	厦门市	284.275	东部
双鸭山市	0.297	东北部	佛山市	312.277	东部
陇南市	0.431	西部	上海市	323.776	东部
武威市	0.432	西部	中山市	334.693	东部
张掖市	0.432	西部	深圳市	1240.589	东部

第三节　科技服务业集聚特征分析

一、数据来源与样本选择

为了深入研究产业集聚对商品住房价格的影响，除了需要考察传统产业集聚——制造业集聚的影响效应外，还需将新兴产业集聚的商品住房价格影响效应涵盖在内。事实上，在传统制造业增速放缓的背景下，我国近年来的新兴产业发展已经成为国民经济增长的新动力，其中，伴随着高新技术产业发展而兴起的科技服务业以其较高的附加值已经成为我国重要的现代服务业之一（张清正和李国平，2015），而在科技服务业的兴起和空间集聚效应下，集聚程度差异是否会对城市住房市场均衡产生不可避免的影响？这一问题值得进一步思考。在考察科技服务业集聚的商品住房价格影响效应之前我们需要对我国近年来的科技服务业发展现状及科技服务业集聚情况有一定认识，鉴于数据的可获得性，本节使用的数据来自2005—2016年的中国地级及以上城市的相关数据，数据来源于《中国城市统计年鉴》及EPS数据库。为了保证数据的平衡性，本书删除了部分数据缺失严重的地级城市，最后整理出了除西藏之外覆盖全国30个省、自治区及直辖市的共264个地级城市。

二、科技服务业集聚特征

（一）科技服务业发展概况

近年来，在“科技兴国”战略实施下，我国各级政府已经加快培育壮大科技服务市场主体的速度，但是，我国科技服务业发展现状究竟如何？本节将从科技服务业增加值、科技服务业法人单位数及科技服务业就业人数三个指标入手对近年来科技服务业发展现状进行分析，从而为在此基础上进行的科技服务业集聚特征分析提供铺垫。图4－3给出了近年来这三项指标的相关数据，其中，科技服务业增加值方面，2005年至2016年我国科技服务业增加值从2164亿元增加到14590.7亿元，增长近5.7倍，值得注意的是，2008年受到国际金融危机的影响该指标出现了短暂下滑趋势，但是2009年之后又出现了强劲的反弹现象，在此期间以年均增长19.24%的水平高速增长；科技服务业法人单位数方面，2005年至2016年我国科技服务业法人单位个数先从2005年的153076个逐步增加至2016年的813251个，增长近4.3倍，年均增长16.72%；就科技服务业就业人数而言，2005年至2016年我国科技服务业从业人员从2005年的212.7万人逐步增加至2016年的2401.02万人，增长了10.29倍，年均增长33.59%。综上所述，以上所有指标均反映出近年来我国科技服务业发展迅速这一特征事实。

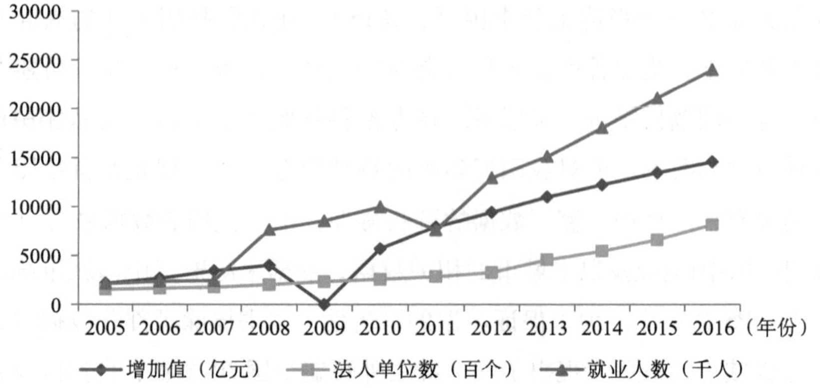

图 4-3　我国科技服务业近年来整体发展概况

以上分析充分说明科技服务业在以明显高于 GDP 的速度增长，而为了凸显科技服务业作为经济增长新动能的重要载体功能及第三产业的核心组成部分，还有必要再进一步对科技服务业产业规模进行详细分析，本节用科技服务业增加值占第三产业的比重和科技服务业就业人数占第三产业的比重来表示科技服务业产业规模。图 4-4 显示了科技服务业增加值占第三产业比重和科技服务业就业人数占第三产业比重近年来呈现逐步上涨趋势，其中我国科技部在 2012 年出台了相关现代服务业科技发展政策，受此政策影响科技服务业就业人数占比在该年出现了大幅上涨。目前科技服务业就业人数占比已经接近 8% 也说明与其他产业相互渗透、协调发展的科技服务业已经成为第三产业生产力的重要力量。

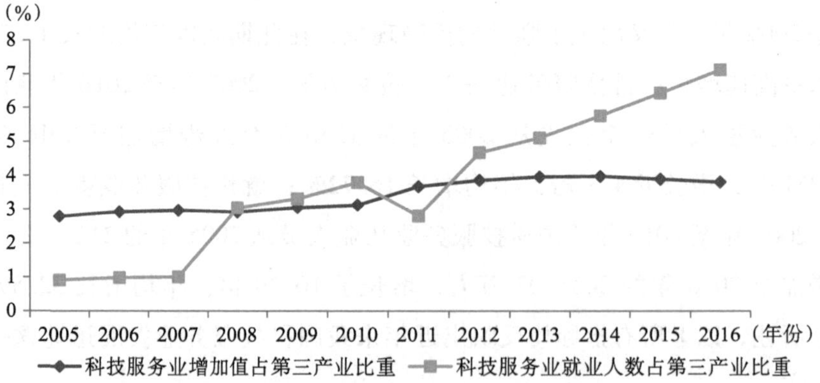

图 4-4　我国科技服务业近年来产业规模趋势

（二）科技服务业集聚时间特征

改革开放以来，随着科技创新能力的提高和高新产业的兴起，我国已经培育了良好的科技服务业发展环境，科技服务业正在以不断更新的发展模式和日益扩大的发展规模提升城市创新能力并积极推动城市创新体系构建。与此同时，科技服务业内部不断产生新的分支，专业化和社会化分工不断深化，新的服务领域不断拓展，推动了科技创新能力提高和国家整体竞争力（张清正和李国平，2015）。为了探究我国科技服务业集聚程度是否存在时间变化趋势，根据科技服务业集聚就业密度指标测度结果，选择2005年、2008年、2012年及2016年4个年份，使用Matlab软件绘制核密度图如图4－5所示。

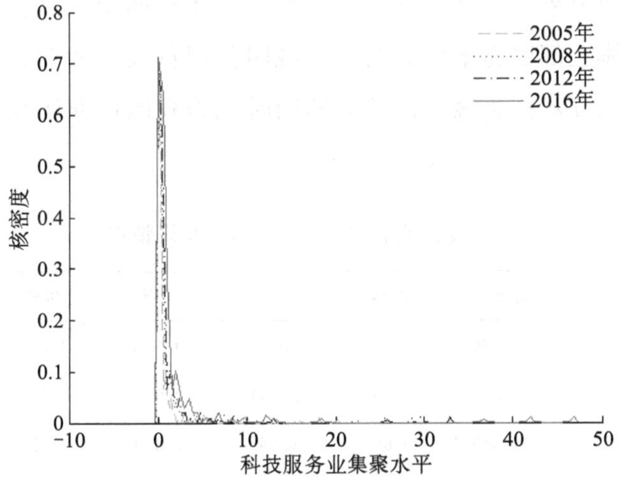

图4－5　科技服务业集聚核密度

整体来看，近年来科技服务业集聚核密度曲线形态呈“高耸”形分布，峰值基本持平，各年波峰对应的水平大概在金融业集聚程度为1左右，且所选取年份核密度曲线移动幅度较小，说明我国近十年来科技服务业集聚水平保持在相对较低的稳定状态，并未出现明显差异。具体来看，2005—2016年，不同年份核密度曲线随时间推移不断向右移动，说明中国科技服务业集聚程度呈缓慢提升趋势。根据以上分析，从时间上看，近十年来中国科技服务业集聚水平虽然经历了不断提升的过程，但整体还处在相对较低水平上，未来进一步改善的空间相对较大。

为了进一步研究科技服务业集聚的时间特征，本书还将264个地级市按照所在区域进行划分，划分结果为东部地区86个城市，中部地区76个城市，西部地区68个城市及东北部地区34个城市。表4-2显示了我国264个城市科技服务业集聚的计算结果，得到2005—2016年最小值在0.011~0.014，而最大值在20.19~46.862，说明不同城市科技服务业集聚水平差别显著。从四个区域来看，东部、中部、西部和东北部科技服务业集聚程度呈递减状态，本书认为，东部地区科技服务业集聚程度最高的主要原因是东部地区经济水平较高，从而为科技服务业发展提供了“肥沃土壤”，较高的科技服务业就业人员使东部地区城市更有集聚优势。从时间上来看，无论是全国平均水平还是四个区域，科技服务业集聚程度整体上都以递增状态为主，说明我国科技服务业近年来发展突飞猛进，在充分发挥集聚规模效应的同时也为我国产业优化升级奠定了基础。

表4-2　　我国地级城市科技服务业集聚情况

年份	最小值	最大值	均值	东部	中部	西部	东北部
2005	0.011	20.190	0.814	1.382	0.606	0.512	0.448
2006	0.011	22.252	0.860	1.491	0.630	0.523	0.451
2007	0.011	24.653	0.895	1.586	0.636	0.524	0.468
2008	0.011	28.596	0.953	1.736	0.643	0.539	0.496
2009	0.011	32.981	1.008	1.850	0.650	0.578	0.539
2010	0.011	36.672	1.099	2.083	0.687	0.589	0.553
2011	0.013	30.815	1.083	1.978	0.692	0.631	0.599
2012	0.013	32.935	1.192	2.209	0.725	0.695	0.662
2013	0.014	39.409	1.492	2.909	0.841	0.828	0.688
2014	0.014	39.353	1.599	3.144	0.905	0.872	0.693
2015	0.014	43.582	1.643	3.236	0.927	0.923	0.657
2016	0.014	46.862	1.652	3.302	0.928	0.897	0.604

图4－6更直观地显示出近年来东部、中部、西部及东北部科技服务业集聚程度的动态演变趋势。可见东部的科技服务业集聚程度远远高于中部、西部和东北部，相对于其他三个地区，东部表现出更加明显的集聚特征，并且在2012—2016年东部科技服务业集聚程度增长率要明显高于2005—2011年，集聚程度有加深的态势，说明政策对东部地区的作用力更强。而中部和西部虽然在2005—2016年也表现出了科技服务业集聚程度增加的趋势，但是无论是集聚程度还是集聚程度增长率还都处于一个相对较小的区间内，而东北部传统工业地区科技服务业集聚程度在2014年以来已经连续两年均出现了下滑趋势。

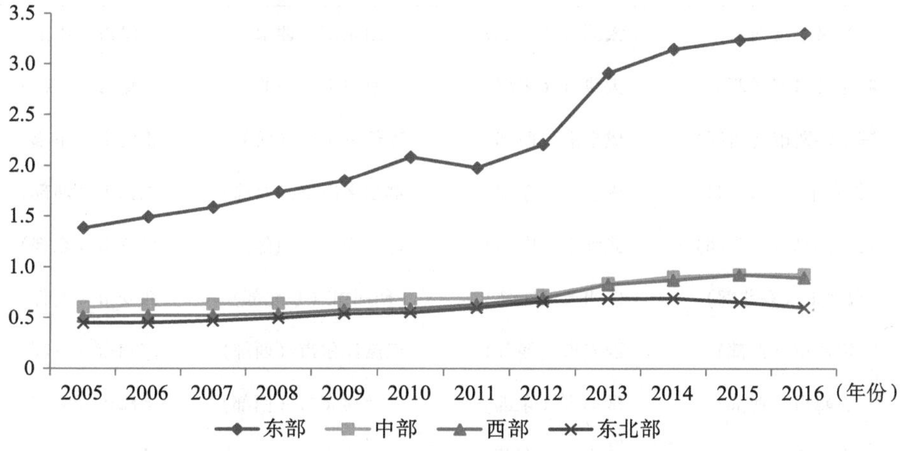

图4－6　我国科技服务业集聚程度变化趋势

（三）科技服务业集聚空间特征

以上分析从时间维度对我国整体及区域两个层面的科技服务业集聚状况进行了特征分析，但是我们仍然无法获知城市层面的科技服务业集聚空间分布情况。根据地级城市科技服务业集聚测度结果，研究发现城市科技服务业集聚程度与城市经济发展水平密切相关，即科技服务业集聚程度较高的城市以东部沿海城市和省会城市为主，而科技服务业集聚程度较低的城市则以内陆省份的非省会城市为主，且随着时间的推移，集聚水平在普遍提高的同时仍然呈现出东高西低的地理分布特征。

进一步观察科技服务业集聚程度最低和最高的城市，如表4－3所示，可以看到在2005年和2016年科技服务业集聚程度最低和最高的城市在地理分布上具有高度的一致性。2005年和2016年科技服务业集聚程度最低的10个城市基本上都位于西部和东北部，且都是经济发展相对落后的城市。而2005年和2016年科技服务业集聚程度最高的城市则几乎都属于经济发达的直辖市和省会城市。由此可见，我国城市科技服务业集聚程度差异显著，已经形成了以省会城市为中心、周边城市为外围的核心边缘式空间分布格局。

表4-3 我国科技服务业集聚程度最低与最高城市

2005年最低	2005年最高	2016年最低	2016年最高
酒泉市（西部）	太原市（中部）	酒泉市（西部）	武汉市（中部）
呼伦贝尔市（西部）	天津市（东部）	黑河市（东北）	天津市（东部）
鄂尔多斯市（西部）	成都市（西部）	呼伦贝尔市（西部）	厦门市（东部）
伊春市（东北部）	南京市（东部）	鄂尔多斯市（西部）	成都市（西部）
巴彦淖尔市（西部）	武汉市（中部）	雅安市（西部）	南京市（东部）
黑河市（东北部）	广州市（东部）	鹤岗市（东北部）	西安市（西部）
定西市（西部）	西安市（西部）	巴彦淖尔市（西部）	广州市（东部）
赤峰市（西部）	深圳市（东部）	乌兰察布市（西部）	上海市（东部）
武威市（西部）	北京市（东部）	吕梁市（中部）	北京市（东部）
庆阳市（西部）	上海市（东部）	鸡西市（东北部）	深圳市（东部）

注：按集聚程度由低到高排列。

第四节　金融业集聚特征分析

一、数据来源与样本选择

为了系统考察产业集聚对商品住房价格的影响效应，本书在制造业集聚及科技服务业集聚对商品住房价格作用的基础上还将进一步研究虚拟产业金融业集聚的商品住房价格影响效果，实体产业和虚拟产业结合将更有助于认识商品住房价格变化背后的经济集聚因素。自住房市场化改革以来，我国商品住房市场快速发展，以房地产开发企业为主体的供给模式和以家庭为单位的购房形式共同作用于房地产市场的均衡价格，而金融业集聚则通过缓解房地产开发企业和购房消费者的融资约束来改变住房市场均衡状态并进一步影响商品住房价格。考察金融业集聚的商品住房价格影响效应之前，对我国近年来的金融业发展现状及金融业集聚情况进行一个大体的了解将有助于增加我们对相关现象的理性认识。鉴于部分金融指标数据的可获得性，本书研究金融业集聚对商品住房价格的影响使用的数据来自 2006—2017 年的中国 35 个大中城市相关数据，数据来源于《中国城市统计年鉴》《中国房地产统计年鉴》及 EPS 数据库。

二、金融业集聚特征

（一）金融业发展概况

经过改革开放 40 多年来的不断积累和探索，中国金融产业从产业结构的优化升级到市场规模的日益扩大，始终保持稳定健康增长的良好态势。本节将从金融业增加值、金融业从业人员数量、金融机构本外币存款余额及金融机构本外币贷款余额四个指标的变动趋势及其增长速度的角度考察中国金融产业发展的动态演绎特征。表 4 -4 所示的我国近年来金融业发展现状可以看出，金融业增加值、金融业从业人员数量及金融机构本外币存贷款余额这些从不同视角衡量金融业发展水平的指标均呈现出逐年上涨的趋势，说明我国金融业发展规模是在不断扩大的。其中，我国金融业增加值在 2017 年达到 65748. 9 万亿元，占当年 GDP 的比重为 7. 95%，这一比例要高于同期多数其他行业增加值的 GDP 占比，由此可见，金融业已然成为我国国民经济增长的重要动力，而现阶段无论是我国金融业发展水平还是金融规模都保持着稳中有进的新局面。

表4－4　　我国金融业发展现状

年份	金融业增加值（亿元）	金融业从业人员数量（万人）	金融机构本外币存款余额（亿元）	金融机构本外币贷款余额（亿元）
2005	6086.8	359.3	300209	206838
2006	8099.1	367.4	348065	238519
2007	12337.6	389.7	401051	277747
2008	14863.3	417.6	478444	320049
2009	17767.5	449.1	612006	425597
2010	20980.6	470.1	733382	509226
2011	24958.3	505.3	826701	581893
2012	35187.7	527.8	943102	672875
2013	41190.5	537.9	1070588	766327
2014	46665.2	566.3	1173735	867868
2015	57500.1	606.8	1397752	993460
2016	62132.4	665.2	1555247	1120552
2017	65748.9	688.8	1692727	1256074

本书进一步分析了金融业增加值、金融业从业人员数量、金融机构本外币存款余额及金融机构本外币贷款余额四个指标的增长率，从图4－7可以看出，近年来金融业增加值、金融机构本外币存贷款余额都表现出了强劲的增长势头，其中，金融业增加值年均增长率为21.8%，金融机构本外币存款余额年均增长率为15.3%，金融机构本外币贷款余额年均增长率为16.3%。近年来以上金融相关指标两位数的增长率也说明我国金融业已经在国民经济中占有举足轻重的地位，但是金融业过快的增长也对经济结构调整和资源配置引发了一系列负面影响，不仅体现在经济过度金融化造成的产业空心化现象及宏观经济产业结构失衡局面，而且金融业增长过快的现象并未掩盖我国金融资源分布不合理及配置不均衡的事实。

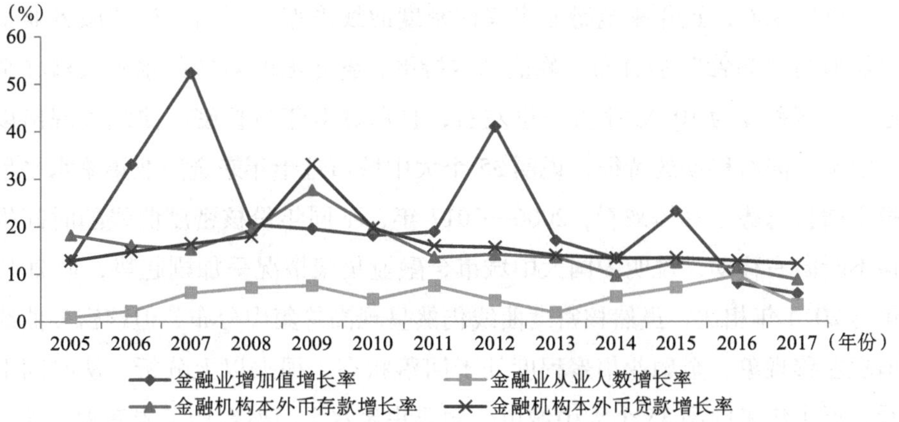

图 4－7　我国金融业发展水平变化趋势

（二）金融业集聚时间特征

近年来，随着金融改革深入推进和金融生态环境的有效建设，我国金融产业的空间集聚格局已经初步形成，基本成立了以长三角、珠三角及环渤海三大经济区为依托，以上海市等特大城市为核心的国际金融中心城市，以省会城市为卫星城市的多层级区域金融中心的空间架构。为了探究我国金融业集聚程度是否存在时间变化趋势，根据金融业集聚就业密度指标测度结果，选择 2006 年、2010 年、2014 年及 2017 年 4 个年份，使用 Matlab 软件绘制集聚核密度如图 4－8 所示。

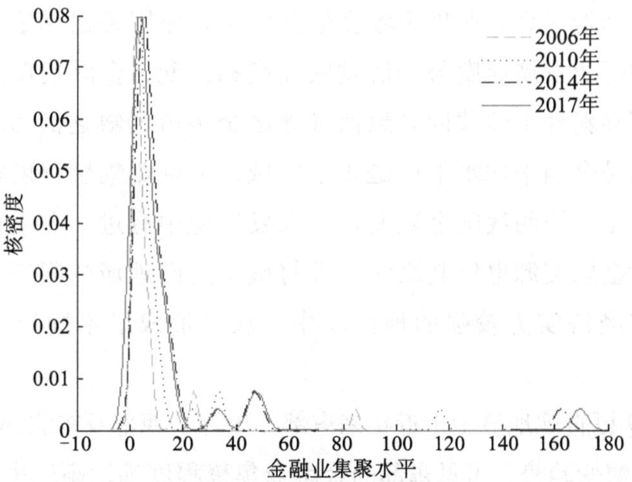

图 4－8　金融业集聚核密度

整体来看，近年来金融业集聚核密度曲线形态呈现出与科技服务业集聚类似的“高耸”型分布，峰值基本持平，各年波峰对应的水平大概在金融业集聚程度为 10 人/平方公里左右，且所选取年份核密度曲线表现出以一定幅度向右移动的特征，说明 35 个大中城市近十年来金融业集聚水平呈稳定增长态势。具体来看，2006—2017 年，不同年份核密度曲线随时间推移不断向右移动，说明中国大中城市金融业集聚情况呈加剧趋势，但 2017 年与 2014 年相比，虽然核密度曲线仍然呈现高耸集中分布，但核密度曲线出现左移现象，金融业集聚程度处于回落状态。根据以上分析，从时间上看，近十年来中国 35 个大中城市金融业集聚水平虽然经历了先变大后缩小的过程，但整体上依然以稳定增长为主。

为了研究金融业集聚水平时间特征，本书进一步将 35 个大中城市按照所在区域进行划分，划分结果为东部地区 14 个城市，中部地区 6 个城市，西部地区 11 个城市及东北部地区 4 个城市。表 4 - 5 显示了我国 35 个大中城市金融业集聚的计算结果，得到 2006—2017 年最小值在 0. 641 ~ 1. 308，而最大值在 85. 444 ~ 176. 164，说明不同城市金融业集聚水平差别显著，而上海作为金融业集聚程度最高的城市，其金融业集聚就业密度在 2008 年之后甚至包括国际金融危机爆发的 2008 年都达到了 3 位数水平。分 4 个区域来看，东部、中部、东北部和西部地区金融业集聚程度呈递减状态，本书认为，西部地区金融业集聚程度最低的主要原因是西部地区经济水平较低，金融行业发展速度与经济发展速度相匹配，金融资源配置不足及政策的西部倾斜性不够共同导致西部地区金融市场缺乏活力。从时间上来看，无论是全国平均水平还是 4 个区域，金融业集聚程度整体上都以递增状态为主，说明我国金融业近年来发展稳中有进，在支持实体经济发展的同时金融资源也以其高流动性打破了空间地域的限制，不可避免地趋向于在经济实力较强的地区集中，从而形成了不同层次的金融业集聚。

图 4 - 9 更直观地显示出近年来东部、中部、西部及东北部金融业集聚程度的动态演变趋势。可见东部的金融业集聚程度远远高于中部、东北部和西部，相对于东北部和西部，东部和中部地区表现出更加明显的集聚特

表 4-5　　我国金融业集聚情况

年份	最小值	最大值	均值	东部	中部	西部	东北部
2006	0.660	85.444	6.597	13.285	3.118	1.623	2.085
2007	0.641	96.263	7.702	15.749	3.682	1.655	2.200
2008	0.722	102.839	8.000	16.459	3.476	1.772	2.312
2009	0.793	108.064	8.732	17.806	4.195	1.984	2.334
2010	0.897	117.562	9.528	19.527	4.440	2.147	2.459
2011	0.817	138.140	10.713	22.348	4.448	2.248	2.666
2012	1.085	146.422	11.197	23.298	4.666	2.426	2.757
2013	0.987	149.180	11.211	22.967	5.085	2.625	2.866
2014	1.059	164.648	11.848	24.490	5.035	2.693	2.996
2015	1.289	167.467	12.470	25.550	5.344	3.049	3.284
2016	1.296	176.164	13.652	27.780	6.455	3.293	3.486
2017	1.308	169.534	13.561	27.360	6.447	3.455	3.722

征。具体来看，东部地区集聚程度在 2011 年之后有加深的态势，而东北部和西部在 2006—2017 年金融业集聚程度并未出现明显的改善，无论是作为绝对衡量指标的集聚程度还是作为相对衡量指标的集聚程度增长率均处在相对较低水平，说明这两个地区的金融业集聚程度还存在较大上涨空间，而中部地区近年来金融业就业密度则主要在 5 人/平方公里这一水平波动，呈现出相对平稳的发展趋势。

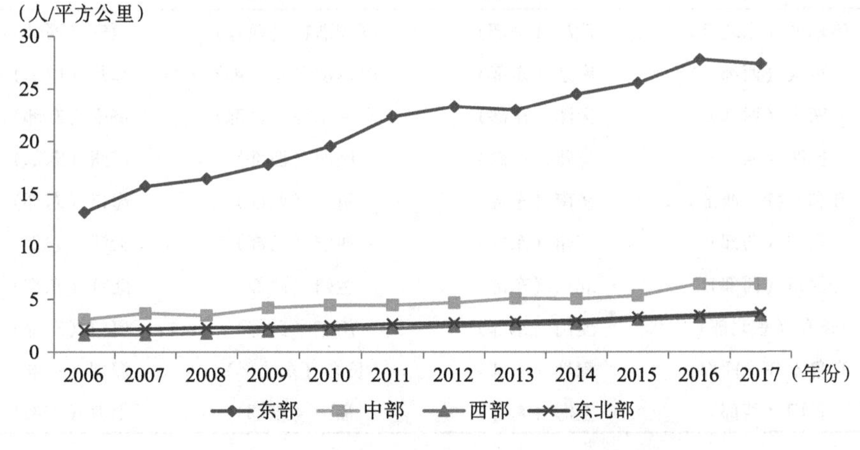

图 4-9　我国金融业集聚程度变化趋势

（三）金融业集聚空间特征

以上分析从时间维度对我国整体及区域两个层面的金融业集聚状况进行了特征分析，但是我们仍然无法获知城市层面的金融业集聚空间分布情况。根据35个大中城市金融业集聚测度结果，发现我国金融业空间分布不均衡，整体来看，35个大中城市的金融业集聚程度呈现东高西低的特征，具体表现为东部地区（东部沿海、东南沿海）城市金融业集聚程度较高、内陆城市金融业集聚程度较低，这与我国区域经济发展格局基本匹配。

进一步观察金融业集聚程度最低和最高的城市，如表4－6所示，可以看到在2006年和2017年金融业集聚程度最低和最高的城市存在明显的路径依赖特征，即前期金融业集聚水平较高的城市，当期金融业集聚水平可能会继续保持较高水平。2006年和2017年金融业集聚程度最低的10个城市基本上都位于西部和东北部，且都是经济水平欠发达的城市；而2006年和2017年金融业集聚程度最高的城市则几乎都属于经济发展水平较高的东部沿海城市和中部省会城市，其中上海市更是以较高的金融业就业密度近年来连续多年位于第一名，且与其他城市的金融业集聚程度差异较大，可见其“国际金融中心”这一称号当之无愧。

表4－6　　我国金融业集聚程度最低与最高城市

2006年最低	2006年最高	2017年最低	2017年最高
哈尔滨（东北部）	武汉（中部）	呼和浩特（西部）	西安（西部）
重庆（西部）	南京（东部）	哈尔滨（东北部）	郑州（中部）
南宁（西部）	天津（东部）	乌鲁木齐（西部）	济南（东部）
昆明（西部）	郑州（中部）	昆明（西部）	广州（东部）
呼和浩特（西部）	济南（东部）	重庆（西部）	海口（东部）
西宁（西部）	广州（东部）	西宁（西部）	天津（东部）
兰州（西部）	北京（东部）	兰州（西部）	北京（东部）
长春（东北部）	厦门（东部）	南宁（西部）	厦门（东部）
乌鲁木齐（西部）	深圳（东部）	长春（东北部）	深圳（东部）
贵阳（西部）	上海（东部）	福州（东部）	上海（东部）

注：按集聚程度由低到高排列。

整体来看，我国城市之间金融业集聚程度的级差效应明显，我国以东部沿海城市为核心的国际金融业集聚区和以省会城市为代表的区域金融中心建设的整体布局和竞争格局已经初步形成，金融业集聚基本上呈现出“点—线—面”梯度形降低的演变特征。

第五章

制造业集聚对商品住房价格的影响实证

规模效应和拥挤效应是制造业集聚在不同发展阶段对经济增长呈现出来的两种相反的作用效果。早期已有研究已经指出中国各个地区的经济集聚程度不同，东部集聚经济规模过度对集聚效率具有负效应，而西部集聚经济规模反而促进集聚效率增加（李胜会，2008），随着时间的推移，现阶段城市之间制造业集聚发展的规模效应和拥挤效应分化现象将更突出，本章对制造业集聚的商品住房价格影响效应研究也将从这两种效应展开。鉴于生产率及收入变化是制造业集聚规模效应和拥挤效应的直接体现，本章重点考察制造业集聚对相对商品住房价格房价收入比的影响。在借助两部门均衡模型构建制造业集聚与商品住房价格之间关系的基础上，基于2016年流动人口动态监测调查的微观数据，探究在规模效应和拥挤效应作用下制造业集聚对房价收入比会产生何种影响。进一步，考虑到制造业集聚对房价收入比的影响可能会因城市规模及个体特征不同而存在差异，因此本章需要回答的问题还包括对于不同规模城市和不同个体特征的微观家庭，制造业集聚在房价收入比变化中会发挥何种作用。

第一节　制造业集聚对商品住房价格影响的数理分析及研究假设

一、基于两部门均衡模型构建的制造业集聚与商品住房价格

研究制造业集聚对房价收入比的影响可以从制造业集聚对收入（工

资）的影响入手，下面将参考 Mion 和 Naticchioni（2005）及 Crozet 和 Koenig（2008）的产业集聚思想通过构建两部门均衡模型详细推导制造业集聚对房价收入比的非线性影响。

（一）模型假设

考虑一个包含两个地区和两个部门的经济。区域 i 和 j 在初始的要素禀赋、技术、开放度及偏好方面都是对称的，两部门经济只包含制造部门和非制造部门。假设非制造部门在规模报酬不变和完全竞争条件下为当地和其他地区提供服务，且运输成本为 0；制造部门存在垄断竞争，且存在规模报酬递增；生产中使用两种要素，即固定生产要素资本和可变生产要素劳动。

效用函数分为两个层次，第一个层次的效用函数指消费者同时消费制成品和非制成品的效用函数，为柯布道格拉斯型效用函数，假设 α 为 i 地区代表性消费者用于制成品消费的支出比例，则效用函数为：

$$U = C_n^{1-\alpha} C_f^{\alpha} \tag{5-1}$$

第二个层次的效用函数为代表性消费者消费异质型制成品组合的效用函数，为 CES 效用函数，因此效用函数表示为：

$$C_f = \left(\int_{i=0}^{N} c_i^{1-1/\sigma} d_i \right)^{1/(1-1/\sigma)} \tag{5-2}$$

其中，σ 为异质性制成品间的替代弹性，且 $\sigma > 1$；N 为制成品种类数目。

（二）消费者行为

假设所有消费者的偏好都相同，即每个人的效用函数相同，那么两个层次的消费者效用最大化问题包括第一层次的消费者在制成品和非制成品之间的选择和第二层次的消费者消费制成品时支出最小。

第一层次如下：

$$\max U = \max C_n^{1-\alpha} C_f^{\alpha} \quad s.t.\ P_f C_f + P_n C_n = Y \tag{5-3}$$

建立拉格朗日函数并求解，可得该最大化问题的解是：

$$C_f = \alpha Y / P_f \tag{5-4}$$

$$C_n = (1 - \alpha) Y / P_n \tag{5-5}$$

因此消费者的最大化效用为：

$$U_{\max} = (\alpha Y / P_f)^{\alpha} [(1 - \alpha) Y / P_n]^{1-\alpha} = \alpha^{\alpha} (1 - \alpha)^{1-\alpha} P_f^{-\alpha} P_n^{\alpha-1} Y \tag{5-6}$$

第二层次如下：

$$\begin{aligned} &\min \int_{i=0}^{N} P_i C_i d_i \\ &s.t.\ C_f = \left[\int_{i=0}^{N} c_i^{1-1/\sigma} d_i\right]^{1/(1-1/\sigma)} \end{aligned} \tag{5-7}$$

建立拉格朗日函数可解得该问题的最优化解为：

$$c_i = \frac{P_i^{-\alpha}}{\left[\int_{i=0}^{N} P_i^{1-\alpha} d_i\right]^{\sigma/(\sigma-1)}} C_f \tag{5-8}$$

从而，消费者对制成品的总产出为：

$$\int_{i=0}^{N} P_i c_i d_i = \left[\int_{i=0}^{N} P_i^{1-\sigma} d_i\right]^{1/(1-\sigma)} C_f \tag{5-9}$$

此处将制成品价格指数定义为 P_f，则有：

$$P_f = \left[\int_{i=0}^{N} P_i^{1-\sigma} d_i\right]^{1/(1-\sigma)} \tag{5-10}$$

将式（5-10）代入式（5-8）可以得到消费 i 地区某种制成品的需求函数为：

$$c_i = (P_i / P_f)^{-\sigma} C_f \tag{5-11}$$

结合式（5-5）与式（5-11），可以得到 j 地区消费者消费 i 地区某种制成品的需求函数为：

$$c_{ij} = \alpha Y_j (P_i^{-\sigma} / P_f^{1-\sigma}) \tag{5-12}$$

由于制成品在区域间交易存在“冰山成本”（即沉没成本），即每运送 1 单位产品，只有 $1/t$ 单位产品到达目的地，根据需求函数可得 j 地区对 i 地区某种产品的最优消费数量为：

$$c_{ij} = (P_i t_{ij})^{-\sigma} P_f^{\sigma-1} \alpha Y_j \tag{5-13}$$

其中，P_f 为制成品价格指数，见式（5-10）。进一步，将所有地区对 i 地区制成品的需求量加总，即可得到 i 地区制成品的总需求为：

$$c_i = \sum_j \alpha (P_i t_{ij})^{-\sigma} P_f^{\sigma-1} Y_j \tag{5-14}$$

（三）生产者行为

假设制造部门以资本为固定成本，用 β 表示 i 地区代表性厂商实施生产的固定成本，v_i 为边际成本，x_i 表示 i 地区代表性厂商的产量，i 地区劳动力的要素价格表示为 w_l，则生产成本函数可以表示为：

$$TC = (\beta + v_i x_i) w_l \tag{5-15}$$

关于产业集聚对生产厂商边际成本的影响现有文献持两种观点。一方面，根据 Abdel - Rahman 和 Fujita（1990）、Ciccone 和 Hall（1996）及 Combes（2000）的理论和实证研究成果，要素在一定区域的空间集中会通过规模经济的外部性和知识溢出效应提高集聚所在地的生产效率，从而对生产的边际成本产生抑制作用，生产效率的提高使边际成本是产业集聚的减函数；另一方面，Williamson（1965）指出生产活动的空间集聚程度在小于某个临界值时集聚对生产效率的作用为促进，而当集聚程度大于某个临界值时过度集聚将带来拥挤效应，负的外部性将使生产厂商的生产效率下降并提高生产的边际成本，这一著名的“威廉姆森假说”在后来也得到了进一步的验证。Henderson（2003）、Brülhart 和 Sbergami（2009）及 Brakman 和 Marrewijk（2013）均通过研究发现集聚对经济增长及生产效率的提高存在一定门槛值。因此，集聚与生产边际成本之间可能存在非线性关系，本书假设 i 地区代表性厂商的边际成本 v_i 是产业集聚 Agg_i 的函数。

$$v_i = Agg_i^{\theta} \tag{5-16}$$

其中，θ 为产业集聚水平对边际成本的影响程度，当集聚程度较低时，产业集聚发挥的规模效应将使边际成本下降，此时 θ 为负值，当集聚程度出现拥挤效应时，边际生产成本是产业集聚的增函数，此时 θ 为正值。

在价格指数给定的情况下，处于垄断竞争行业的生产厂商均有确定自己产品价格的权利，异质性产品的替代弹性 σ 同时也是厂商面临的需求价格弹性，那么对于 i 地区生产某种制成品的企业，其利润函数为：

$$\pi = P_i x_i - (\beta + v_i x_i) w_l \tag{5-17}$$

由厂商利润最大化条件，从式（5－17）中得到厂商的最优定价为：

$$P_i = w_l v_i [\sigma / (\sigma - 1)] \tag{5-18}$$

均衡产量为：

$$x_i = \frac{(\sigma - 1)\beta}{v_i} \tag{5-19}$$

（四）模型的均衡条件

当市场达到均衡时，i 地区制成品的总需求等于 i 地区厂商的均衡产量，即：

$$c_i = x_i \tag{5-20}$$

由需求量和均衡产量的表达式，可以得到：

$$\sum_j \alpha(P_i v_{ij})^{-\sigma} P_f^{\sigma-1} Y_j = \frac{(\sigma - 1)\beta}{v_i} \tag{5-21}$$

$$\Rightarrow P_i^s = \frac{v_i \alpha}{(\sigma - 1)\beta} \sum_j P_f^{\sigma-1} t_{ij}^{-\sigma} Y_j \tag{5-22}$$

将 $P_i = w_l v_i[\sigma/(\sigma - 1)]$ 和 $v_i = Agg_i^{\theta}$ 代入式（5-22），可以得到 i 地区名义工资水平的决定方程：

$$w_l = \frac{\sigma - 1}{\sigma t_{ij}} \left[\frac{\alpha}{(\sigma - 1)\beta}\right]^{\frac{1}{\sigma}} \left[\sum_j P_f^{\sigma-1} Y_j\right]^{\frac{1}{\sigma}} Agg_i^{\frac{\theta(1-\sigma)}{\sigma}} \tag{5-23}$$

（五）产业集聚的房价收入比影响

下面考察 w_l 对 Agg_i 的一阶和二阶导数：

$$\frac{\partial w_l}{\partial Agg_i} = \frac{\sigma - 1}{\sigma t_{ij}} \left[\frac{\alpha}{(\sigma - 1)\beta}\right]^{\frac{1}{\sigma}} \left[\sum_j P_f^{\sigma-1} Y_j\right]^{\frac{1}{\sigma}} \frac{\theta(1 - \sigma)}{\sigma} Agg_i^{\frac{\theta-\theta\sigma-\sigma}{\sigma}} \tag{5-24}$$

$$\frac{\partial w_l}{\partial Agg_i^2} = \frac{\sigma - 1}{\sigma t_{ij}} \left[\frac{\alpha}{(\sigma - 1)\beta}\right]^{\frac{1}{\sigma}} \left[\sum_j P_f^{\sigma-1} Y_j\right]^{\frac{1}{\sigma}} \frac{\theta(1 - \sigma)}{\sigma} \frac{\theta - \theta\sigma - \sigma}{\sigma} Agg_i^{\frac{\theta-\theta\sigma-2\sigma}{\sigma}} \tag{5-25}$$

由式（5-25）可得：

当 $\frac{\sigma}{1-\sigma} < \theta < 0$ 时，$\partial w_l/\partial Lq^2 > 0$

当 $\theta > 0$ 时，$\partial w_l/\partial Lq^2 < 0$

即 w_l 呈倒"U"形。

至此，我们已经数理推导了制造业集聚如何作用于收入这一过程的。进一步考虑住房价格方面，结合前文路径分析部分，在制造业集聚规模效应作用下，集聚企业对当地政府 GDP 的贡献会避免政府对当地土地财政的过度依赖并提高财政支出水平，土地财政压力的缓解和财政支出水平提高下公共品供给的增加将共同抑制住房价格过快上涨，而在制造业集聚拥挤效应凸显下，土地这一不可流动生产要素价格的上涨会拉升住房价格水平。因此，综合来看，制造业集聚对房价收入比的影响应该呈先下降后上升的“U”形特征。

二、研究假设

根据以上两部门均衡模型数理推导，并结合前文路径分析部分，本书认为制造业集聚是影响收入和商品住房价格的重要原因。在以房价收入比表征相对商品住房价格水平下，处于不同发展阶段的城市，制造业集聚对房价收入比的影响不同，具体表现为在制造业集聚程度小于某个临界值的城市，制造业集聚程度的增加会抑制房价收入比，而在制造业集聚程度大于某个临界值的城市，制造业集聚程度的增加则会加大房价收入比，据此，本书提出如下研究假设：

假设 1：制造业集聚会对相对商品住房价格房价收入比产生“U”形影响。

进一步，考虑到城市规模不同及个体差异，本书提出如下研究假设：

假设 2：制造业集聚对相对商品住房价格房价收入比的影响会因城市规模不同和个体差异而存在异质性。

第二节　变量、数据与实证模型

一、变量指标选取说明

（一）被解释变量

本章选取的被解释变量是房价收入比（*PIR*）。之所以选择房价收入比这一相对商品住房价格指标，原因如下：一方面，房价收入比相对于商品住房价格更能体现居民的实际住房承受能力。由于单纯的商品住房价格本身很难反映居民对房地产价格的承受能力，房价在上涨，居民生活水平也在不断提高，房价收入比更能反映房价相对于居民收入的变动程度（赵西亮、梁文泉和李实，2014）。另一方面，劳动生产率是已有制造业集聚影响效应研究的主要内容。目前，多数文献已经证实了制造业集聚与劳动生产率之间存在非线性相关关系，Gopinath 等（2004）认为美国制造业的产业集聚与劳动生产率之间是倒“U”形的二次关系，金春雨和程浩（2015）也认为制造业过度集聚不利于劳动生产率的提高。那么，制造业集聚通过改变劳动生产率进而影响收入变化也是能够被理解的，所以当研究制造业集聚与房地产市场关系时，选择居民住房支付能力这项指标将优于房价。因此，本书认为分析制造业集聚的商品住房价格影响效应采用相对商品住房价格指标房价收入比将更合理，这一做法与 Hu 和 Oxley（2018）使用州一级层面房价收入比这一指标考察美国地区住房价格是否存在泡沫问题相似。

本书房价收入比的计算方法是：流入城市商品住房平均销售价格乘以套均面积，再除以被访者家庭年收入（董昕，2016）。其中，地级市层面的住房价格使用各地级市商品住宅销售额和商品住宅销售面积的数据计算出的商品住宅价格。商品住房套均面积按照 2016 年全国城镇居民人均居住面积乘以户均人口得到，全国城镇居民人均居住面积数据来源于《中国统计年鉴》[①]，户均人口来自 2010 年的“六普”调查数据[②]。被访者家庭年收入采用调查问卷中“过去一年，您家平均每月总收入为多少?”这一问题的答案乘以 12 得到。

（二）核心解释变量

本章的核心解释变量是制造业集聚（*Agg*）。现有文献对产业集聚的研究颇为成熟，产业集聚度量指标种类也较多，本书将借鉴 Dekle 和 Eaton（1999）、Ciccone（2002）、范剑勇（2006）以及孙浦阳、韩帅和张诚（2012）的做法，采用就业密度指标衡量制造业集聚程度。本章制造业集

① 根据 2016 年《中国统计年鉴》，城镇居民人均住房建筑面积为 36.6 平方米。

② 国家统计局网站公布的第六次全国人口普查数据中的城市平均家庭户规模为 2.71 人/户，因此本书计算商品住房套均面积的户均人口也使用该数据。

聚程度的具体计算方法为城市制造业从业人员数量除以城市行政区面积（人/平方公里），本章还将使用区位熵指标来替换就业密度指标对制造业集聚的房价收入比影响效应进行稳健性检验。

（三）控制变量

本章的控制变量主要包含城市层面和个体层面两大类。为全面考察城市宏观层面因素对房价收入比的影响，本章选取了如下变量以减轻遗漏变量带来的内生性偏误：（1）对外开放水平（*FDI*）：外商直接投资具有技术外溢效应，反映了一个城市的对外开放水平，由于部分城市 2016 年的 *FDI* 为 0，本书将借鉴陈国亮和陈建军（2012）的做法，将其加 1 后再根据当年的汇率年平均价调整为人民币计价，具体采用实际利用外资额占 GDP 比重表示对外开放程度。（2）财政分权（*Pfe*）：财政分权制度的实施使地方政府财政压力加大，而土地财政则在一定程度上缓解了地方政府的财政压力，因此，在土地财政的驱动下，财政分权程度与商品住房价格应该呈正比，本书使用地区预算内支出占全国预算内总支出的比重来表示财政分权。（3）公共基础设施（*Pga*）：公共基础设施会影响劳动者的移民决策（Clark and Hunter，1992；Dustmann and Okatenko，2014），进而产生城市的人口集聚现象，对房地产需求的刺激作用使城市商品住房价格持续上涨。另外，由于房地产市场是地方政府财政收入的重要来源，以公共基础设施投资为主的财政政策也会持续推动商品住房价格的上涨（徐源浩、杜亚斌和张润驰，2019），因此，商品住房价格的上涨存在公共品的资本化效应，本章以人均绿地面积来控制公共基础设施的影响。（4）经济发展水平（*PGDP*），考虑到经济发展水平会影响商品住房价格及居民的收入，本章选取人均 GDP 指标来控制城市经济发展因素的影响。

个体层面的控制变量包括：（1）性别：$Gen=\{1,0\}$，取值 1 表示女性，取值 0 表示男性。（2）婚姻状况：$Marry=\{1,0\}$，取值 1 为已婚，取值 0 为未婚。（3）受教育程度：$Edu=\{1,2,3,4,5,6,7\}$，取值 1 ~ 7 分别表示未上过学、小学、初中、高中/中专、大学专科、大学本科、研究生。（4）职业：$Occup=\{1,0\}$，取值 1 表示各类专业技术人员和行政办公管理人员，取值 0 表示商业服务人员、农业及产业工人和其他。

二、描述统计量

本章研究城市层面的制造业集聚状况对个体层面房价收入比的影响，城市层面数据主要来自《中国城市统计年鉴》、各省市统计年鉴及各城市2016年国民经济和社会发展统计公报。个体层面数据来源于国家卫计委提供的2016年流动人口动态监测调查，该调查主要针对在流入地居住1个月以上、16~59周岁的跨县（市、区）流动人口。以2016年流动人口年报数据为基本抽样框，采用分层、多阶段、与规模成比例的PPS方法进行抽样，共包括新疆生产建设兵团在内的32个省级单位的169000个样本。首先从原始数据中剔除了没有家庭月收入的个体，并剔除了来自西藏地区及自治州、盟、地区等地级行政单位的个体，最后得到共分布于268个城市的149668个个体。各变量的描述性统计见表5-1。

表5-1　描述性统计

变量类型	变量	观测值	均值	标准差	最小值	最大值
被解释变量	*PIR*	149668	15.459	15.009	0.007	751.864
核心解释变量	*Agg*	149668	81.819	176.084	0.142	1240.589
城市特征	*FDI*	149668	0.027	0.023	0	0.114
	Pfe	149668	0.007	0.010	0	0.037
	Pga	149668	41.285	58.725	0.361	421.746
	PGDP	149668	81563.960	35305.320	11892	215488
个体特征	*Gen*	149668	0.482	0.450	0	1
	Marry	149668	0.809	0.393	0	1
	Edu	149668	3.493	1.098	1	7
	Occup	123896	0.112	0.315	0	1

三、计量模型设定

本书主要考察制造业集聚对商品住房价格的影响，借鉴已有文献，将计量模型设定为：

$$PIR_{ki} = \beta_1 Agg_k + \beta_2 Agg_k^2 + \beta_3 City_k + \beta_4 X_{ij} + \mu_{ki} \qquad (5-26)$$

其中，PIR_{ki}是本书的被解释变量，表示受访者 i 流入城市 k 的房价收入比；Agg_k 为本书的核心解释变量，表示制造业集聚；Agg_k^2 为制造业集聚平方项（为降低多重共线性影响，该指标进行了去中心化处理），以检验制造业集聚与房价收入比的非线性关系；$City_k$ 表示一系列城市特征变量；X_{ij}表示个人特征变量；μ 为随机扰动项。为使模型具有更好的模拟效果，本章对模型中的所有变量均采取了对数化处理。

第三节　实证结果分析

一、基准回归结果

表 5－2 报告了制造业集聚与房价收入比的基准回归结果。为了对比，第（1）列和第（2）列为线性模型回归结果，其中，第（1）列只加入了城市特征变量，第（2）列在第（1）列的基础上加入了个人特征变量。从回归结果可以看出，整体上制造业集聚与房价收入比之间呈现负相关关系。第（3）列和第（4）列为加入制造业集聚平方项的非线性模型，无论是只加入城市特征变量还是同时加入城市特征与个人特征变量，回归结果均显示制造业集聚一次项符号为负，二次项符号为正，说明制造业集聚与房价收入比呈先下降后上升的“U”形关系，与赵敏和马周剑（2018）的研究结论一致。因此，当制造业集聚水平小于拐点时，提高制造业集聚水平有利于降低房价收入比。而当制造业集聚水平大于拐点时，提高制造业集聚水平反而会增加房价收入比，说明制造业集聚带来的拥挤效应已经大于所产生的规模效应，这一发现也与已有多数学者的研究结论保持一致。此外，通过进一步测算可知，制造业集聚与房价收入比之间“U”形曲线在拐点处所对应的制造业集聚水平约为 1.4454，样本期间，制造业集聚水平高于拐点的城市占所有城市样本总量的比例高达 85.45%（共有 229 个城市位于“U”形曲线的右端），表明多数城市主要处于提高制造业集聚水平会增加房价收入比的阶段。

表 5－2　　制造业集聚对房价收入比影响的基本回归

变量	(1)	(2)	(3)	(4)
Agg	-0.002	-0.006***	-0.008***	-0.014***
	(0.002)	(0.002)	(0.002)	(0.002)
Agg^2			0.020***	0.019***
			(0.001)	(0.001)
Fdi	0.001*	-0.001	0.001***	0.000
	(0.001)	(0.001)	(0.001)	(0.001)
Pfe	0.128***	0.154***	0.134***	0.161***
	(0.002)	(0.002)	(0.002)	(0.002)
Pga	0.169***	0.174***	0.154***	0.159***
	(0.002)	(0.002)	(0.002)	(0.003)
Pgdp	-0.116***	-0.129***	-0.085***	-0.096***
	(0.005)	(0.006)	(0.006)	(0.006)
Gen		-0.005*		-0.006*
		(0.003)		(0.003)
Marry		-0.498***		-0.499***
		(0.004)		(0.004)
Edu		-0.116***		-0.116***
		(0.002)		(0.002)
Occup		-0.020***		-0.023***
		(0.005)		(0.005)
地区效应	控制	控制	控制	控制
常数项	4.239***	5.341***	3.853***	4.930***
	(0.062)	(0.066)	(0.064)	(0.068)
观测值	149668	149668	149668	149668
R^2	0.329	0.430	0.332	0.432

注：(1) 系数值括号中为标准误；(2) ***、**、* 分别表示在 1%、5% 和 10% 水平上显著。

在控制变量中，对外开放水平、财政分权及公共基础设施投资等变量系数符号均为正，说明城市的开放程度和财政分权程度越高则房价收入比越高，人均绿地面积所代表的公共基础设施投资增加对房价收入比有正向的刺激作用。人均 GDP 与房价收入比之间关系为负相关，一种可能的解释是经济发展水平对商品住房价格的拉动作用小于对收入的刺激，使经济发展抑制了房价收入比。从个体层面来看，女性的房价收入比要低于男性，这与中国的现实情况相吻合，在中国多数家庭，男性往往承担着更大的购房压力与责任。从婚姻状况来看，已婚受访者房价收入比要小于未婚者的房价收入比，说明已婚者由于年龄及工作经验的增加其经济实力要强于未婚者。教育程度系数符号为负，说明随着教育程度的提升，受访者的房价收入比在下降。职业方面，对于专业技术及办事人员而言，其房价收入比要小于商业服务人员、农业及其他职业和无业流动人口，说明专业技术及办事人员的工作和收入相对稳定，其住房支付压力较小。

二、基于 Heckman 两阶段回归法的稳健性检验

鉴于制造业集聚与房价收入比之间可能存在一定的内生性问题，本书进一步采用 Heckman 两阶段回归法来缓解样本选择偏误问题。首先采用 Probit 模型估计流动人口进入制造业集聚程度较高城市（制造业集聚值大于均值 3.169）的概率，进入制造业集聚程度较高城市的定义为 1，模型如下：

$$P_i = bZ_i + e_i \tag{5-27}$$

其中，被解释变量 P_i 是一个隐变量，若流入制造业集聚程度较高城市则取 1，否则为 0；Z_i 为解释变量，除了包含前面出现的变量外，还有两个新变量：城市的房地产投资额，数据来源于《中国城市统计年鉴》；受访者户籍状况，这是一个虚拟变量，若为农业户籍则取 1，否则取 0。根据上式的估计结果，可以求得逆米尔斯比率的估计值（λ）。

第二步估计流动人口进入制造业集聚较高城市的房价收入比。将 λ 引入方程，采用 OLS 法估计制造业集聚对流动人口房价收入比的影响，若 λ 显著，则说明研究样本存在选择性偏误问题；否则，样本不存在自选择问题，采用 OLS 法进行估计即可。表 5－3 第（1）列回归结果显示 λ 系数在 1% 水平上显著，说明存在明显的选择性偏误。在克服了选择性偏误问题后，制造业集聚于房价收入比之间仍然呈现“U”形曲线特征，上述回归

结果稳健。

三、替换变量的稳健性检验

在制造业集聚指数测量方面，本书不仅采用就业密度，还采用区位熵来做进一步稳健性检验。区位熵充分考虑了要素的空间分布，计算公式如下：

$$LQ_{mn} = \frac{\frac{q_{mn}}{q_n}}{\frac{q_m}{q}} \tag{5-28}$$

其中，q_{mn}为地区 n 制造业的从业人员数，q_n 为地区 n 所有产业的从业人员数，q_m 为制造业在全国范围的从业人员数，q 为所有产业在全国的从业人员数。如果该指数值越高，则说明该地区制造业集聚程度越高。

将区位熵替换就业密度做进一步稳健性检验，检验结果如表 5－3 的第（2）列和第（3）列所示。无论是只包含城市变量还是同时包含城市变量与个体变量，回归结果显示制造业集聚与房价收入比仍然呈现“U”形曲线特征，说明制造业集聚在不同发展时期对房价收入比的影响不同，本书的核心结论较为稳健，并不因制造业集聚的度量方法不同而发生改变。

表 5－3　　制造业集聚与房价收入比的稳健性检验结果

变量	（1）	（2）	（3）
Agg	－0.030***		
	（0.002）		
Agg^2	0.023***		
	（0.001）		
LQ		－0.070***	－0.050***
		（0.003）	（0.003）
LQ^2		0.004***	0.006***
		（0.001）	（0.001）
λ	－0.098***		
	（0.004）		

续表

变量	(1)	(2)	(3)
城市特征	控制	控制	控制
个体特征	控制	未控制	控制
观测值	149668	149668	149668
R^2	0.436	0.365	0.264

注：(1) 系数值括号中为标准误；(2) ***、**、* 分别表示在1%、5%和10%水平上显著。

第四节　异质性分析

前文从总体上对制造业集聚影响房价收入比的平均效应进行了考察，但尚未对不同城市、个体的影响加以区分。接下来将从城市规模及个体流动时间、户籍等方面深入探讨制造业集聚对房价收入比的异质性影响。

一、按城市规模分类

考虑到制造业集聚对房价收入比的影响可能因城市规模不同而产生差异，本书将268个城市按照规模划分为35个大中城市及233个地级市。表5-4的第(1)列、第(2)列给出了按城市规模分类的回归结果，结果显示制造业集聚二次项均显著为正，说明"U"形特征稳健存在。但是制造业集聚系数符号不同，对于233个地级市，制造业集聚符号显著为负，符合理论预期；而对于35个大中城市，制造业集聚符号显著为正，说明目前35个大中城市均处于"U"形曲线的右端，制造业集聚的拥挤效应超过了规模效应成为主导力量，制造业集聚的增加会进一步加剧房价收入比，因此这些城市需要进行产业转移以缓解制造业集聚带来的拥挤效应。

二、按个体差异分类

制造业集聚对房价收入比影响的异质性不仅体现在城市方面，个体层

表 5－4　　制造业集聚对房价收入比异质性影响的计量结果

变量	城市规模差异		流动时间差异		户籍差异	
	35 个大中城市	233 个地级市	10 年以下	10 年以上	乡城流动	城城流动
	(1)	(2)	(3)	(4)	(5)	(6)
Agg	0.051***	－0.009***	－0.015***	－0.016***	－0.018***	0.000
	(0.003)	(0.002)	(0.002)	(0.003)	(0.002)	(0.004)
Agg^2	0.017***	0.055***	0.023***	0.023***	0.024***	0.002
	(0.001)	(0.002)	(0.001)	(0.002)	(0.001)	(0.002)
控制变量	控制	控制	控制	控制	控制	控制
地区效应	控制	控制	控制	控制	控制	控制
观测值	85958	63710	91127	32769	102695	21201
R^2	0.458	0.307	0.446	0.415	0.441	0.405

注：（1）系数值括号中为标准误；（2）***、**、*分别表示在 1%、5% 和 10% 水平上显著。

面的不同也会造成影响的差异。考虑到不同受访者的流动时间和户籍性质不同，本书将个体按照流动时间分为 10 年以下和 10 年以上，按户籍是否为农业户口分为乡城流动和城城流动等子样本。个体流动时间方面，回归结果如表 5－4 第（3）列、第（4）列所示。由回归结果可以看出，制造业集聚的一次项显著为负，二次项显著为正，说明制造业集聚对两类流动人口的房价收入比均呈显著“U”形特征，与理论分析结果一致。但在制造业集聚的“U”形拐点上，两类流动人口存在较大差异：流动时间低于 10 年的个体制造业集聚拐点为 1.3856，流动时间大于 10 年的个体制造业集聚拐点为 1.4159。这也说明相对于流动时间较长的流动人口，流动时间较短的流动人口房价收入比对制造业集聚的上升更敏感，即集聚过度带来的拥挤效应首先作用于流动时间较短的个体，而流动时间较长的个体由于工作经验的积累和收入的稳定使其房价收入比受到制造业集聚的拥挤效应影响相对要晚。

户籍差异方面，回归结果如表 5－4 第（5）列、第（6）列所示。从回归结果可以看出，对于乡城流动者，制造业集聚一次项显著为负，二次项显著为正，符号与预期一致，“U”形驱动稳健存在；但在城城流动样本中，制造业集聚和其平方项的系数均不显著。本书认为，乡城流动者多以农民工为主，当拥挤效应超过规模效应时，通常是以农民工为代表的低技能劳动力实际工资会首先下降（杨本建和黄海珊，2018），而城城流动者则受教育程度相对较高（马小红、段成荣和郭静，2014），高层次的文化素质使其收入更加稳定，因此制造业集聚程度的提高对于城城流动者并未产生明显的影响。

本章小结

本章在理论模型推导的基础上，使用2016年全国流动人口卫生计生委动态监测调查数据，从268个地级及以上城市层面和流动人口个体层面综合检验了制造业集聚对商品住房价格的影响及影响的异质性。研究发现制造业集聚对流动人口房价收入比的影响呈“U”形特征。具体表现为在制造业集聚程度低于一定临界值的城市，制造业集聚对房价收入比产生抑制作用，而在制造业集聚程度超过一定临界值的城市，制造业集聚则会促进房价收入比的上涨，在克服了样本自选择问题及使用区位熵替换制造业集聚测度指标后，该影响效应仍显著存在。

进一步地，本章重点从城市规模、个体流动时间、户籍性质等三方面度量了制造业集聚对房价收入比影响的异质性。研究发现“U”形影响普遍存在于不同规模城市中，但是制造业集聚的拥挤效应超过规模效应使35个大中城市主要处于“U”形曲线的右端。个体差异方面，流动时间越长则“U”形拐点越大，意味着流动时间较短的个体房价收入比对制造业集聚程度的提高更敏感，在对户籍性质差异的研究中发现“U”形特征主要存在于乡城流动样本。

第六章

科技服务业集聚对商品住房价格的影响实证

第五章我们主要分析在不同效应下，制造业集聚对相对商品住房价格产生的影响。本章我们重点探讨影响住房价格的另一个重要因素——科技服务业集聚。当前我国经济正处于从过度依赖资源、劳动力投入转向依靠科技进步的转型阶段，科技服务业集聚日益在提高全要素生长率对经济增长的贡献和经济增长的质量方面发挥了越来越重要的作用。城市层面，科技服务业的分布不均和空间集聚使城市之间技术水平差距显著。已有文献认为劳动力流动表现为劳动者追逐高工资率的跨区迁移，但工资率差距取决于区域间技术水平差距（程名望和刘金典，2019）。可见科技服务业集聚水平高的城市在以工资优势对技能型劳动力产生强大吸引力的同时会不可避免地波及商品住房价格的稳定。本章在数理推导科技服务业集聚对商品住房价格影响作用基础上，借助 264 个地级城市数据，首先验证科技服务业集聚推高商品住房价格的基本事实，进一步细致分析科技服务业集聚的商品住房价格效应在时间和空间两个维度上的差异。

第一节　科技服务业集聚对商品住房价格影响的数理分析及研究假设

一、技能型劳动力流动下的商品住房价格均衡模型

本书借鉴 Saiz（2007）及 Sá（2014）的思想，通过构建技能型劳动力

流动下的住房均衡模型并结合新经济地理学的核心－外围模型来剖析科技服务业集聚通过吸引技能型劳动力流入推高商品住房价格的影响作用。假设存在两个地区，核心区域 C 和外围区域 P，区域 C 的本地居民可以划分为高收入居民和低收入居民，流入人口分为技能型劳动力和非技能型劳动力，在外来人口大量流入的情况下，本地居民可以选择是否外迁。另外，假设本地居民对外来流动人口的偏好为接纳性和厌恶型。则区域 C 中高收入本地居民的偏好函数为：

$$U_C = V_C + h^{\alpha}x^{1-\alpha} - \delta I \tag{6-1}$$

其中，V_C 是高收入居民对区域 C 的偏好，h 是本地居民对住房的消费，x 是对其他商品的消费，α 代表住房消费的份额，I 代表流动人口，δ 是对流动人口的偏好，当对流动人口厌恶时，δ 为正，当对流动人口接纳时，δ 为负。

假设其他商品的价格为 1，房租价格为 R，则本地高收入居民的预算约束为：

$$R \times h + x = w^H \tag{6-2}$$

在效用最大化条件下，本地高收入居民对住房和其他商品的需求为：

$$h = \frac{\alpha w^H}{R} \tag{6-3}$$

$$x = (1-\alpha)w^H \tag{6-4}$$

参考 Saiz（2007），假设本地 N^H 个高收入居民对区域 C 的偏好程度排序为 $\{1,2,\cdots,N^H\}$，则：

$$v_C = A - mN^H \tag{6-5}$$

则区域 C 中本地居民的迁移效用函数满足：

$$U_C = A - mN^H + h^{\alpha}x^{1-\alpha} - \delta I = \overline{U} \tag{6-6}$$

将式（6－4）代入式（6－6），有：

$$N^H = \frac{1}{m}[(A-\overline{U}) + \alpha^{\alpha}(1-\alpha)^{1-\alpha}w^H R^{-\alpha} - \delta I] \tag{6-7}$$

区域 C 中本地居民和流入人口对住房的总需求可以表示为：

$$H^D = \frac{\alpha}{R}(N^H w^H + N^L w^L + I\,\overline{w}_I) \tag{6-8}$$

其中，$\overline{w_I}$为流入人口的收入，w^H 和 w^L 为本地高低收入居民的收入，N^H 和 N^L 分别表示高收入和低收入本地居民的人数。对该式进行对数化，可得：

$$\ln H^D = \ln\alpha - \ln r + \ln Income = \ln\alpha - \ln r + \ln(N^H w^H + N^L w^L + I\,\overline{w_I}) \tag{6-9}$$

除了住房市场需求能够影响商品住房价格外，住房市场的供给因素也是影响商品住房价格的重要原因，而住房供给弹性则代表了商品住房价格受供给因素影响的敏感程度。参照 Saiz（2007）提出的形式，将住房供给函数表示为：

$$\ln H^S = \mu_0 + \mu_1 \ln hp \tag{6-10}$$

其中，μ_1 为住房供给的价格弹性，而商品住房价格 hp 可以表示为住房租金 R 与折旧率 d 的比值，即 $hp = \frac{R}{d}$。

在市场均衡时，式（6－9）等于式（6－10），可得：

$$\ln hp = \frac{1}{1+\mu_1}(\ln\alpha - \ln d - \mu_0 + \ln Income) \tag{6-11}$$

则商品住房价格的异质性劳动力流入效应可表示为：

$$\frac{dhp}{dI} = hp\,\frac{1}{1+\mu_1}\,\frac{1}{Income}\,\frac{dIncome}{dI} \tag{6-12}$$

$$\frac{dIncome}{dI} = \frac{dN^H}{dI}w^H - N^H\rho_H - N^L\rho_L + \overline{w_I} \tag{6-13}$$

将式（6－7）代入式（6－12），可得：

$$\frac{dhp}{dI} = \frac{hp\left\{\frac{1}{m}[\alpha^\alpha(1-\alpha)^{1-\alpha}\rho_H(hp\times d)^{-\alpha} + \delta]w^H + N^H\rho_H + N^L\rho_L - \overline{w_I}\right\}}{(1+\mu_1)Income + \frac{1}{m}\alpha^\alpha(1-\alpha)^{1-\alpha}w^H(hp\times d)^{-\alpha}} \tag{6-14}$$

通过式（6－14）可以得出如下结论，如果流入人口为技能型劳动力，则本地居民对流动人口的偏好为接纳，本地的低收入居民与技能型劳动力形成生产上的互补，则本地低收入居民的收入增加而不选择迁出，从而流动人口的增加导致商品住房价格上涨，即有：

$$\frac{dhp}{dI_H}>0 \tag{6-15}$$

而参照核心－外围模型，技能型劳动力的流动方程可以表示为：

$$\Delta I_H=\frac{d\phi}{dT}=(W_C-W_P)\phi(1-\phi) \tag{6-16}$$

其中，ϕ 为核心区域 C 的科技服务业集聚程度，外围区域 P 的集聚程度为 $1-\phi$，存在 $\phi(1-\phi)>0$，则技能型劳动力是否向核心区域 C 流动取决于 W_C-W_P 是否大于0，而参考 Ottaviano、Tabuchi 和 Thisse（2002）的思想，当地区之间贸易成本较低时，核心区域的工资要高于外围区域的工资，即在地区之间不存在贸易壁垒的情况下，$W_C-W_P>0$ 成立。因此，对于科技服务业集聚区域，集聚的规模效应将以较高的工资吸引技能型劳动力持续向该区域流入。

二、研究假设

以上理论模型说明相对于外围区域，科技服务业集聚区域以较高的工资优势吸引了技能型劳动力流入，而技能型劳动力的增加则会提高本地居民的收入，本地居民在收入上涨之后并不会选择向外地流出，于是人口数量的增加刺激了集聚区域的住房需求，从而推动了核心区域商品住房价格的上涨。基于这一影响过程，并结合前文路径分析，本书提出如下研究假设：

研究假设3：科技服务业集聚会对商品住房价格产生正向推动作用。

同时，考虑到在不同经济发展时期和不同地理空间，科技服务业集聚对商品住房价格的影响可能存在差异，本书提出如下研究假设：

研究假设4a：科技服务业集聚对商品住房价格的影响因经济发展水平不同而存在差异。

研究假设4b：科技服务业集聚对商品住房价格的影响存在空间异质性。

第二节　商品住房价格特征分析

一、全国层面的商品住房价格特征分析

近年来，随着我国商品住房制度改革和城市土地供应制度改革的不断深入，我国商品住房价格上涨趋势明显。可以说自从1998年房改以来，我国商品住房市场发生了翻天覆地的变化，而商品住房价格的上涨尤其引人注目。在开展科技服务业集聚对商品住房价格的影响研究之前，应该对近年来我国商品住房价格变化趋势有一个整体认识。图6－1显示，从增长幅度来看全国商品住房平均销售价格由2005年的2937元上涨到2016年的7203元，价格上涨明显；从增速来看，全国商品住房平均销售价格增速以年均9.03%的速度进行增长。

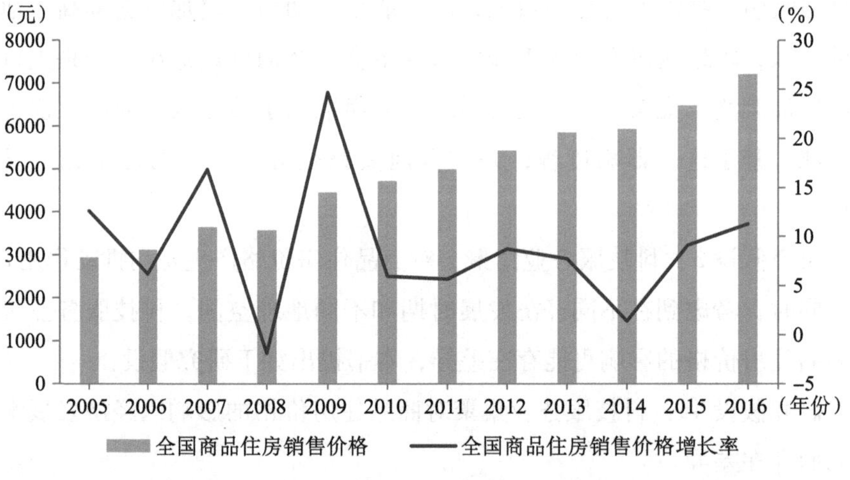

图6－1　2005—2016年全国商品住房平均销售价格变化趋势

资料来源：根据《中国房地产统计年鉴》整理计算。

二、城市层面的商品住房价格特征分析

随着全国商品住房价格的整体普遍上涨，我国商品住房价格上涨还呈

现出城市差异和地区差异。图 6 -2 显示出 2005—2016 年，我国 35 个大中城市商品住房平均销售价格从 2005 年的 4057 元上涨到 2016 年的 10777 元，其均值在任意年份均高于全国平均价格水平。商品住房销售价格增速方面，35 个大中城市商品住房平均销售价格增速以年均 9.44% 的速度进行增长，这一速度也高于全国商品住房平均销售价格增速。

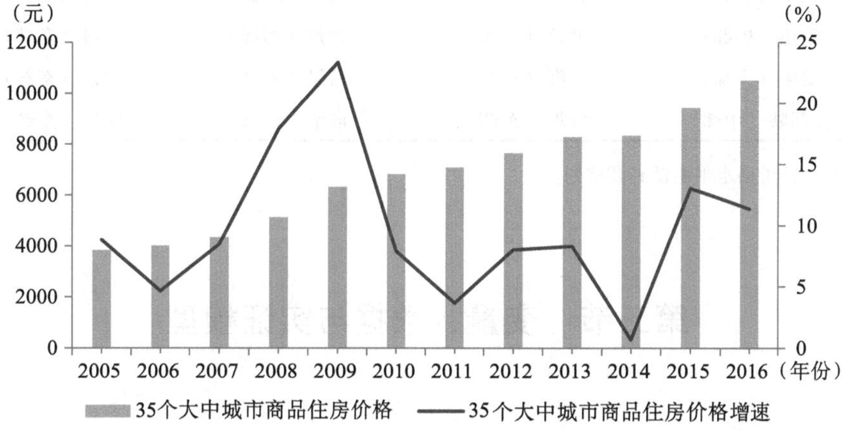

图 6 -2　2005—2016 年 35 个大中城市商品住房平均销售价格变化趋势

资料来源：根据《中国房地产统计年鉴》整理计算。

我国商品住房价格水平还呈现出一定的地区差异。结合本章实证研究所选取的 264 个地级城市，进一步观察 2005 年和 2016 年商品住房价格水平最低和最高的 10 个城市。如表 6 -1 所示，可以看到在 2005 年和 2016 年商品住房价格水平最低和最高的城市在区域分布上具有高度的一致性。2005 年和 2016 年商品住房价格最低的 10 个城市基本上都位于中西部和东北部。而 2005 年和 2016 年商品住房价格最高的城市则全部位于发达的东部城市，并主要分布在长三角和珠三角地区。由此可见，我国商品住房价格城市之间差异显著。

表 6 -1　　264 个地级及以上城市商品住房价格最低与最高城市

2005 年最低	2005 年最高	2016 年最低	2016 年最高
来宾（西部）	台州（东部）	乌兰察布（西部）	东莞（东部）
铜川（西部）	苏州（东部）	双鸭山（东北部）	杭州（东部）

续表

2005 年最低	2005 年最高	2016 年最低	2016 年最高
咸宁（中部）	温州（东部）	黑河（东北部）	广州（东部）
随州（中部）	宁波（东部）	来宾（西部）	南京（东部）
广安（西部）	广州（东部）	白山（东北部）	三亚（东部）
黄冈（中部）	厦门（东部）	鹤岗（东北部）	珠海（东部）
揭阳（东部）	杭州（东部）	伊春（东北部）	厦门（东部）
孝感（中部）	北京（东部）	贺州（西部）	上海（东部）
益阳（中部）	上海（东部）	吕梁（西部）	北京（东部）
三门峡（中部）	深圳（东部）	商洛（西部）	深圳（东部）

注：按价格水平由低到高排列。

第三节　变量、数据与实证模型

一、变量指标选取说明

本书考察城市层面的科技服务业集聚对商品住房价格的影响，被解释变量为商品住房价格，核心解释变量为城市科技服务业集聚水平，同时考虑了一系列影响商品住房价格的控制变量，具体的变量指标说明如下：

（一）被解释变量

本章的被解释变量是商品住房价格（*RP*）。衡量商品住房价格水平常用的指标为商品住房平均销售价格，本书用商品住宅销售额与商品住宅销售面积之比表示。在稳健性检验中，将商品住宅平均销售价格替换为商品房平均销售价格（*CP*），以判断实证结果是否稳健，其中商品房平均销售价格的计算方法为商品房销售额与销售面积之比。

（二）核心解释变量

本章的核心解释变量是科技服务业集聚（*Agg*）。产业集聚测度常用的方法有区位熵、EG 指数法、空间基尼系数及赫芬达尔指数法等，本章计算科技服务业集聚程度的具体计算方法为科技服务业从业人数除以该城市的面积，其中，科技服务业从业人数将借鉴已有文献的做法，用城市科研、技术服务和地质勘探从业人数表示（刘叶和刘伯凡，2016）。该指标越大代表科技服务业集聚水平越高。

（三）控制变量

考虑到影响商品住房价格水平的因素较多，同时为了降低遗漏变量对模型产生的偏误问题，本书从收入水平、人力资本水平、基础设施建设、金融发展程度和外贸开放度等5个方面选取了相关指标作为模型的控制变量。具体来看，本书用人均GDP表示地区实际收入水平（*Pgdp*）；使用在校大学生人数占总人口的比重表示一个城市的人力资本水平（*Coll*）；使用人均医院床位数代表城市基础设施建设（*Hosp*）；借鉴李殊琦、赵仲匡和海闻（2014）采用城市贷款余额与GDP的比值来衡量金融发展水平（*Fina*）；以实际利用外资总额占GDP的比值表示城市的外贸开放程度（*FDI*），由于部分城市个别年份FDI为0，本书将借鉴陈国亮和陈建军（2012）的做法，将其加1后再根据当年的汇率年平均价调整为人民币计价。

二、描述统计量

本书使用的数据主要来自2006—2017年《中国城市统计年鉴》，该年鉴包括了中国地级及以上城市的相关数据，个别指标数据还通过EPS数据库、城市相关年份国民经济和社会发展统计公报及省级统计年鉴获得。为了保证数据的平衡性，本书删除了部分数据缺失严重的地级城市，最后整理出了除西藏之外覆盖全国30个省、自治区及直辖市的共264个地级城市。描述性统计如表6-2所示。

表6-2　描述性统计

	变量	观测值	均值	最小值	标准差	最大值
被解释变量	*RP*	3168	3737.502	191.014	2872.280	45497.550
	CP	3168	3923.343	586.718	2796.306	45146.260
核心解释变量	*Agg*	3168	1.191	0.011	3.556	46.862

续表

	变量	观测值	均值	最小值	标准差	最大值
控制变量	*Pgdp*	3168	36719.480	2396	29824.150	467749
	Coll	3168	0.018	0	0.027	0.274
	Hosp	3168	0.004	0	0.003	0.037
	Fina	3168	0.801	0.075	0.496	7.451
	FDI	3168	0.021	0	0.021	0.142

三、计量模型设定

本章的研究目的是考察在其他因素不变条件下，科技服务业集聚程度的增加是否推动了商品住房价格上涨，为此设立如下基准线性回归模型：

$$RP_{it} = \beta_0 + \beta_1 Agg_{it} + \beta_2 Controls_{it} + \sum \beta_t year_t + u_i + \varepsilon_{it} \quad (6-17)$$

式（6－17）中，RP_{it}表示城市商品住房价格，用商品住房平均销售价格表示；Agg_{it}表示城市科技服务业集聚水平；$Controls_{it}$包括一系列城市层面的控制变量；$year_t$表示年份虚拟变量，用以控制时间效应；u_i代表样本城市的非观测个体效应；ε_{it}代表随机干扰项。考虑到变量对应的阈值，将科技服务业集聚使用原值，其他变量中对数值型变量进行了对数化处理。

第四节　实证检验

一、基准估计

由于本章使用的是面板数据，因此对基准模型分别进行了混合回归、固定效应估计和随机效应估计。在对模型进行混合回归和固定效应检验之后，固定效应的 F 检验结果显示 FE 模型明显优于混合回归，应该允许个体拥有自己的截距项，因此面板数据的截面异质性应该考虑在内。随后进行 RE 估计和 Hausman 检验发现，卡方统计量值为 282.81，在 1% 的显著性水平下强烈拒绝原假设，认为应该使用 FE 模型而非 RE 模型。虽然 FE

模型考虑了随个体而异的遗漏变量问题，但是无法解决随时间而变的遗漏变量问题，即个体的不同时间趋势也应该考虑在内。为此，本书在 FE 估计的基础上加入了时间效应，构建了同时考察个体与时间效应的双向固定效应模型。基准回归结果如表 6－3 所示。

表 6－3　　科技服务业集聚对商品住房价格影响的基准回归结果

变量	混合回归	随机效应	固定效应	双向固定效应
Agg	0.025***	0.014***	0.011***	0.005**
	(0.003)	(0.002)	(0.002)	(0.002)
Pgdp	0.518***	0.715***	0.732***	0.122***
	(0.028)	(0.007)	(0.007)	(0.017)
Coll	−0.547	0.457	1.345***	−0.480
	(0.862)	(0.393)	(0.485)	(0.394)
Hosp	−3.271	14.118***	15.315***	7.038***
	(7.117)	(2.276)	(2.277)	(1.901)
Fina	0.264***	0.069***	0.043***	−0.010
	(0.056)	(0.011)	(0.011)	(0.009)
FDI	0.712	−0.793***	−0.751***	−0.215
	(0.653)	(0.227)	(0.227)	(0.184)
时间效应	未控制	未控制	未控制	控制
常数项	2.563***	0.655***	0.481***	6.306***
	(0.261)	(0.070)	(0.068)	(0.163)
R^2	0.717	0.871	0.871	0.917
观测值	3168	3168	3168	3168
城市数量	264	264	264	264

注：（1）系数值括号中为标准误；（2）***、**、* 分别表示在 1%、5% 和 10% 水平上显著。

从以上基准回归结果可以看出，虽然四种模型的参数估计结果存在一定差异，但是差异并不显著。对于科技服务业集聚指标的系数，四种模型均显示为正，说明城市科技服务业集聚程度的增加促进了商品住房价格的上涨。整体而言，我国从 2005 年以来，随着城市经济增长动力的转换，城市在创新这一高端要素的驱动下，通过技术进步和工资溢价吸引了一大批高质量技能型劳动力的流入，不同于低技能劳动力在城市多以租房形式来解决住房问题，高技能劳动力在城市的集聚则直接刺激了对住房市场的需求，从而对商品住房价格产生了显著的促进作用。

控制变量中，以固定效应模型为准，收入因素和城市基础设施建设、金融发展等因素均对商品住房价格产生了明显的正向影响。具体来看，以人均医院床位数表征的基础设施建设对商品住房价格影响作用最大，说明城市基础设施的改善可以通过交通的便利、医疗服务的提高及环境的美化等途径刺激人们改善居住环境的需求，从而直接带动了商品住房价格的上涨，可以说作为公共品供给的城市基础设施建设所带来的外部性最终都将资本化到商品住房价格中。其次，收入因素对商品住房价格的正向影响也较显著，其原因一方面在于收入的增加直接提高了居民的住房消费意愿，增加了其边际消费倾向；另一方面在于收入的增加变相提高了劳动力的雇佣成本及建筑材料的生产成本，而建安成本又是商品住房价格的重要组成部分，因此商品住房价格的上涨是以上两方面因素综合作用的结果。除此之外，人力资本和金融发展水平也对商品住房价格的正向影响较为显著。而*FDI*则对商品住房价格产生抑制作用，说明在房地产开发环节*FDI*的流入会通过增加住房供给而抑制商品住房价格（况伟大，2013）。

二、内生性处理及稳健性检验

内生性问题。商品住房价格有可能会对科技服务业集聚产生反向影响，由此导致内生性问题。本书采用科技服务业集聚的滞后一期作为工具变量，采用Ⅳ－2SLS估计法对模型进行稳健性检验。检验结果如表6－4第（1）列所示。结果显示，在考虑内生性问题后，科技服务业集聚在1%显著性水平下对商品住房价格产生促进作用，即科技服务业集聚是抬高商品住房价格的重要因素。

缩尾处理。通过表6－2的描述性统计发现，多数数据的最大值和最小值存在较大差异，因此为了消除极端值对模型估计结果的影响，对所有原始数据进行1%分位数上的Winsorize处理，表6－4第（2）列检验结果显示科技服务业集聚系数值仍然显著为正，说明科技服务业集聚促进了商品住房价格的上涨，验证了前文结论。

替换商品住房价格。本章的被解释变量是商品住宅平均销售价格，为了检验研究结论的稳健与否，下面将使用商品房平均销售价格替换商品住宅平均销售价格，对模型进行稳健性检验。回归结果如表6－4第（3）列所示，结果表明科技服务业集聚在1%水平下显著促进了商品房平均销售价格的上涨，说明本书的研究结论具有稳健性。

表6－4　科技服务业集聚对商品住房价格影响的稳健性检验结果

变量	(1)	(2)	(3)
	IV－2SLS估计	缩尾处理	替换商品住房价格
Agg	0.026***	0.039***	0.004*
	(0.002)	(0.002)	(0.002)
控制变量	控制	控制	控制
时间效应	未控制	控制	控制
常数项	2.920***	4.125***	6.324***
	(0.093)	(0.089)	(0.187)
R^2	0.696	0.807	0.901
观测值	2904	3168	3168

注：（1）系数值括号中为标准误；（2）***、**、*分别表示在1%、5%和10%水平上显著。

第五节　异质性分析

一、基于门限效应的异质性分析

基准回归及稳健性检验均显示264个地级市在2005—2016年存在科技服务业集聚对商品住房价格的正向促进作用，但是科技服务业集聚对商品住房价格的影响可能会因收入水平的不同而呈现差异，即科技服务业集聚对商品住房价格的影响可能是非线性的。本书运用门槛效应模型来检验城市科技服务业集聚对商品住房价格的非线性影响。

在使用门槛回归模型之前，本书先对是否存在门槛效应进行检验，若原假设成立则不存在门槛效应。本书采用人均收入水平作为门槛变量，分别对单门槛和双门槛效应进行检验，检验结果如表6－5所示。

表6－5　　门槛效应检验结果

门槛变量	门槛类型	RSS	MSE	F值（P值）	Crit10	Crit5	Crit1
Pgdp	单一门槛	255.395	0.081	696.18 (0.000)	281.828	296.758	331.445
	双重门槛	233.230	0.074	299.93 (0.000)	90.978	95.861	107.556
	三重门槛	226.798	0.072	89.50 (1.0000)	316.144	336.071	379.831

注：crit10、crit5、crit1分别为10%、5%、1%显著性水平上的临界值，通过Bootstrap反复抽样300次得到。

从表6－5中可见，模型在1%的显著性水平下通过双重门槛效应检验，拒绝不存在门槛效应的原假设。因此，构建如式（6－18）的模型：

$$\ln RP_{it} = \mu_0 + \mu_1 Agg_{it} I(\ln Pgdp \leqslant \lambda_1) + \mu_2 Agg_{it} I(\lambda_1 < \ln Pgdp \leqslant \lambda_2) + \mu_3 Agg_{it} I(\ln Pgdp > \lambda_2) + \sum \mu_i CV_{it} + \varepsilon_{it} \tag{6-18}$$

式（6－18）中，$I(*)$为一指标函数，当条件满足时取1，否则取0。λ为门限值；CV_{it}为控制变量。本书采用Hansen的方法，按照残差平方和最小的原则进行“格栅搜索”门限值，采用“自抽样”法模拟似然比检验统计量，并与其临界值进行比较计算P值（Hansen，1999），门限值的搜索顺序是先单一门限，然后双重门限和三重门限。具体的门槛回归结果如表6－6所示。从回归结果来看，在不同人均GDP水平下，科技服务业集聚对商品住房价格的影响存在差异性。当人均GDP低于15527元时，科技服务业集聚将抑制商品住房价格上涨，影响系数为－2.899，在1%的水平下显著，当人均GDP处于15527元和16395元之间时，科技服务业集聚对商品住房价格的抑制作用将减小，系数为－0.895，同样在1%的水平下显著，而当人均GDP大于16395元时，科技服务业集聚将显著促进商品住房价格上涨，说明科技服务业集聚对商品住房价格的影响存在拐点。科技服务业集聚对商品住房价格产生非线性影响，这主要是由于当人均 GDP 较低时，受劳动力、资本和科技资源的约束，科技服务业在地理上的集中会加剧不同行业对有限资源的争夺，降低资源配置效率，从而不仅严重制约了科技服务业集聚比较优势和规模效应的发挥，也没有实现对技能型劳动力产生足够的吸引力，因而科技服务业集聚对商品住房价格的影响以抑制为主。而当人均 GDP 较高时，城市科技服务业集聚对商品住房价格开始呈现出明显的正向效应，意味着在经济发达的城市中，集聚经济得益于外部性的存在使知识溢出和技术进步在促进生产率提高的同时也通过工资溢价吸引了外来技能型劳动力的持续流入，而技能型劳动力数量的增加则对住房市场产生了强烈的需求进而促进了商品住房价格上涨。

表 6－6　　科技服务业集聚对商品住房价格影响的门槛回归结果

解释变量	系数估计值	T 统计量	P 值
Agg（$\ln Pgdp \leq 9.650$）	－2.899***	－24.82	0.000
Agg（$9.650 < \ln Pgdp \leq 9.705$）	－0.895***	－21.94	0.000
Agg（$\ln Pgdp > 9.705$）	0.036***	7.36	0.000
Coll	7.486***	7.91	0.000
Hosp	97.164***	23.73	0.000
Fina	0.189***	9.13	0.000
FDI	－2.805***	－6.30	0.000
常数项	7.447***	297.24	0.000

注：*、**、*** 分别表示在 10%、5%、1% 显著性水平上显著。

为了进一步分析收入水平对科技服务业集聚与商品住房价格之间关系造成的影响，按识别出的门槛值，将 264 个地级城市中人均 GDP 大于 16395 元的城市视为高收入城市，则在考察期内，高收入城市样本共计 2423 个，占总样本的 76.48%，中低收入城市样本 745 个，占总样本的 23.52%，具体年份高低收入城市数量变化如图 6－3 所示。这意味着在样本期内，大多数的城市都处于高收入水平，科技服务业集聚程度的增加推动了商品住房价格的上涨。需要指出的是，随着经济水平的提高，对于目前中国的绝大多数地级城市而言，科技服务业集聚已经成为商品住房价格上涨的重要因素，可见科技服务业在空间集聚的同时对技能型劳动力产生的强大吸引力推动了商品住房价格的上涨。

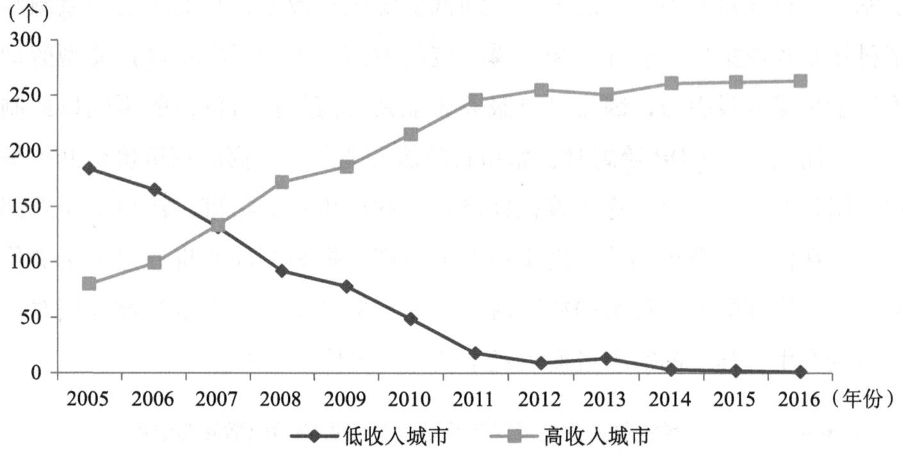

图 6－3　2005—2016 年人均收入水平的城市数量变化趋势

二、基于 GWR 模型的空间异质性分析

中国地域辽阔，不同城市的科技服务业集聚对商品住房价格的影响可能存在空间上的差异，因此，有必要采用地理加权回归考察科技服务业集聚对商品住房价格影响的空间异质性。考虑到不同地域空间中科技服务业集聚对商品住房价格的影响程度可能不同，且自变量间可能存在空间自相关性，只是对参数进行“平均”或“全局”估计分析的传统线性回归模型将不再适用。因此，本书采用注重局部分析的地理加权回归模型探究商品住房价格影响因素的空间变化规律及对商品住房价格影响的空间差异性。

经典的线性回归模型如下：

$$y_i = \alpha_0 + \sum_{j=1}^{n} x_{ij}\alpha_j + \theta_i \tag{6-19}$$

式（6－19）中，α_0 是常数项，θ_i 是模型的随机误差项，采用最小二乘 OLS 估计法。地理加权回归模型在此基础上拓展，公式如下：

$$RP_i = \alpha_0(u_i, v_i) + \sum_{k} \alpha_k(u_i, v_i) x_{ik} + \theta_i \tag{6-20}$$

式（6－20）中，RP_i 表示城市 i 的商品住房价格，(u_i, v_i) 是第 i 个样本点的空间坐标，x_{ik} 表示影响城市 i 商品住房价格的宏观经济变量，$\alpha_k(u_i, v_i)$ 表示在第 i 个样本点处第 k 个自变量对商品住房价格影响的回归系数，$\alpha_0(u_i, v_i)$ 和 θ_i 分别表示常数项和随机干扰项。

式（6－20）中最重要的是估计系数值 $\alpha_0(u_i, v_i)$，对其进行加权最小二乘估计结果为：

$$\alpha_0(u_i, v_i) = [X^T W(u_i, v_i) X]^{-1} X^T W(u_i, v_i) RP_i \tag{6-21}$$

式（6－21）中，$W(u_i, v_i)$ 是第 i 个样本点的权重矩阵，由于每个样本点的权重因样本点位置的不同处于不断变化的状态，因此每一个样本点都对应一个权重矩阵，具体可表示为：

$$W(u_i, v_i) = \begin{Bmatrix} w_{11} & w_{12} & \cdots & w_{1n} \\ w_{21} & w_{22} & \cdots & w_{2n} \\ \cdots & \cdots & \cdots & \cdots \\ w_{n1} & w_{n2} & \cdots & w_{nn} \end{Bmatrix} \tag{6-22}$$

需要说明的是权重矩阵中每一个元素都是城市之间距离的函数，GWR 模型常用的权重函数为高斯函数，高斯函数的模型方法如下式所示：

$$W_{ij} = e^{-\frac{1}{2}\left(\frac{d_{ij}}{k}\right)^2} \tag{6-23}$$

式（6－23）中，d_{ij} 指城市 i 与城市 j 之间的距离，k 是带宽，确定回归系数最关键的因素就在于 k 的选择，通常使用的方法是 CV 法（交叉验证法），表达式如下：

$$CV(k) = \sum_{i=1}^{n} [(RP_i - RP_{\neq i}(k))^2] \tag{6-24}$$

式（6－24）中，RP_i 是城市 i 的商品住房价格实际值，$RP_{\neq i}(k)$ 是 RP_i 在带宽 k 时的估计值，n 为样本点数量，确定最优带宽的方法为使用不同的带宽进入公式计算，当 $CV(k)$ 达到最小值时的 k 值即为 GWR 模型的最优带宽。

在对商品住房价格进行空间计量分析之前，应该首先确定商品住房价格是否存在空间相关性，表 6－7 的商品住房价格空间自相关检验显示，面板莫兰指数和面板吉尔里指数均显著为正，拒绝商品住房价格无空间自相关的原假设，说明在样本期内商品住房价格表现出强烈的空间依赖性，即商品住房价格较高的地区相邻，商品住房价格较低的地区相邻。

表 6－7　　2005—2016 年商品住房价格的空间自相关检验

Moran I	E(I)	sd(I)	z	P－value
0.551	－0.000	0.007	76.772	0.000
Geary C	E(C)	sd(C)	z	P－value
0.447	1.000	0.008	－65.833	0.000

注：z 为莫兰指数 I 和吉尔里指数 C 的 z 检验值，采用双边检验（two－tail test）。

由于地理加权回归要求使用截面数据，本书采用 GWR4.0 软件选择调整型高斯函数，在 AIC 准则下确定最优带宽，对各个年份科技服务业集聚的商品住房价格空间异质性影响效应进行了考察，表 6－8 报告了等间隔的 2005 年、2010 年及 2015 年分位数回归结果。结果显示，科技服务业集聚对商品住房价格的影响整体以正向影响为主，说明模型具有较强的稳定性，但从标准差来看，意味着 2005—2015 年 264 个地级城市的影响程度差异正在逐步缩小。

表 6－8　　GWR 模型不同水平分位数科技服务业集聚回归估计结果

年份	平均数	最小值	下四分位数	中位数	上四分位数	最大值	标准差
2005	0.017	－0.022	－0.005	0.022	0.034	0.058	0.022
2010	0.027	0.005	0.015	0.030	0.037	0.046	0.012
2015	0.025	0.014	0.019	0.025	0.030	0.036	0.007

本书进一步将 264 个地级市按照所在区域进行划分，划分结果为东部地区 86 个城市，中部地区 76 个城市，西部地区 68 个城市及东北部地区 34 个城市。表 6－9 显示了 2005 年、2010 年及 2015 年的科技服务业集聚因素的区域影响效应。从影响系数均值来看，在地理空间分布上整体表现出西部和东北部影响程度较高，东部和中部较低的特征，说明西部地区及东北老工业基地的多数城市经济总量处于相对较低水平，落后的产业结构亟待优化升级，与相对发达的东部和中部区域相比，科技服务业集聚在发挥知

识溢出效应的同时对创新人才及技能型劳动力回流产生的吸引力更大，因此，科技服务业集聚对商品住房价格的提升作用也更明显。从时间上来看，将2010年与2015年的回归结果进行对比发现四个区域的影响程度均出现下降趋势，说明在科技服务业集聚规模效应作用下，技能型劳动力流入产生的真实住房需求在下降，因此近年来房地产调控的重点应该仍然以抑制投机性购房为主。

表6-9　　科技服务业集聚因素的区域效应考察

	2005年			2010年			2015年		
	均值	标准差	变异系数	均值	标准差	变异系数	均值	标准差	变异系数
东部	0.005	0.014	0.371	0.022	0.007	3.046	0.021	0.004	4.736
中部	0.010	0.014	0.752	0.024	0.007	3.385	0.023	0.004	5.505
西部	0.034	0.014	2.626	0.033	0.007	4.875	0.031	0.004	7.729
东北部	0.027	0.012	2.229	0.034	0.006	5.586	0.028	0.004	7.474

本章小结

目前，我国已经处在创新型国家建设的攻坚阶段，城市作为经济发展的重要载体，新兴产业集聚在城市创新战略的实施及城市产业结构的转型过程中承担着重要的角色。近年来，扫码支付、高铁、共享经济等一大批科技创新成果已经成为中国向世界展示自我的新名片，并且在2016年的“科技三会”上，习近平总书记已经强调“综合判断，我国已经成为具有重要影响力的科技大国”。由此可见，伴随着高新技术产业发展而兴起的科技服务业以其较高的附加值已经成为我国重要的现代服务业之一。在城市化进程不断加快的背景下，科技服务业集聚是否成为商品住房价格上涨的动力所在，不同经济发展时期科技服务业集聚对商品住房价格的影响是否存在差异，不同城市科技服务业集聚对商品住房价格的支撑作用是否相同已经成为新时期城市在构建创新空间体系及精准调控房地产市场中所面临的重要问题。本章从商品住房价格均衡模型出发，采用 2005—2016 年 264 个地级城市数据考察了科技服务业集聚程度对商品住房价格的影响。研究发现：

第一，科技服务业集聚是商品住房价格上涨的重要原因。科技服务业集聚与商品住房价格呈正相关关系，并且此研究结论在进行了一系列稳健性检验后依然成立。说明科技服务业集聚以其工资优势带动了技能型劳动力流入，人口数量的增加刺激了对住房市场的刚性需求。

第二，科技服务业集聚对商品住房价格的影响因收入水平的不同而发生改变。当人均 GDP 低于门槛值时，科技服务业集聚对商品住房价格的影响为负，而当人均 GDP 高于门槛值时，科技服务业集聚程度增加则会促进商品住房价格的上涨。

第三，在不同城市，科技服务业集聚对商品住房价格的影响存在空间差异。整体来看，科技服务业集聚对商品住房价格的影响呈现西高东低的特征，说明西部城市的商品住房价格受城市科技服务业集聚程度的影响更敏感。

第七章

金融业集聚对商品住房价格的影响实证

前文已经分析了制造业集聚和科技服务业集聚对商品住房价格产生的影响，事实上，对于房地产市场来讲，商品住房的建设和消费相当依赖金融业的资金支持。金融业集聚会通过缓解融资约束提高商品住房的供给能力和需求能力，本章在探究金融业集聚对商品住房价格的整体影响基础上，还将考察其影响在不同住房供给弹性城市中存在的异质性，并借助中介效应模型检验房地产信贷在影响过程中发挥的中介作用。另外，本章还将从微观层面和空间层面两个方面对金融业集聚与商品住房价格之间的关系进行进一步分析。

第一节　金融业集聚对商品住房价格影响的数理分析及研究假设

一、理论框架

本部分将借鉴袁志刚和樊潇彦（2003）、周京奎（2006）及蔡真和汪利娜（2011）的理论模型，从理论上推导有无房地产信贷支持下的商品住房价格差异，并以房地产信贷为中介变量梳理金融业集聚对商品住房价格的影响作用，为后文的实证研究提供理论基础。

（一）无房地产信贷支持的住房市场均衡价格

1. 住房消费者的购房决策

假设消费者在可支配收入 y 下将其用于一般商品消费和住房消费，一般商品价格为1，商品住房价格为 p_1，一般商品消费数量为 x_1，住房消费数量为 q_{d1}，消费者对一般商品的消费支出份额为 λ，则住房消费支出份额为 $1-\lambda$，消费者的效用最大化函数表示如下：

$$\max U(x_1, q_{d1}) = x_1^{\lambda} q_{d1}^{1-\lambda} \qquad (7-1)$$

$$\text{s. t. } p_1 q_{d1} + x_1 = y$$

由效用最大化的一阶条件，可得消费者的最优住房消费数量为：

$$q_{d1} = \frac{(1-\lambda)y}{p_1} \qquad (7-2)$$

2. 房地产开发企业的投资决策

在无信贷支持条件下，房地产开发企业利用自有资金 A 进行住房供给，房地产开发企业的收入为出售房地产产品所得。房地产开发企业的成本由房地产开发成本和自有资金的机会成本组成，假设房地产开发成本是住房供给的严格凹函数，边际成本递增，则房地产开发成本可以表示为 $C = cq_{s1}^2$，其中 C 为房地产开发企业的单位开发成本，q_{s1} 为无信贷支持下的房地产开发企业住房供给量；假设房地产开发企业自有资金的机会成本为银行存款率 r_d，则房地产开发企业的利润最大化条件为：

$$\max \pi_1 = p_1 q_{s1} - cq_{s1}^2 - r_d A \qquad (7-3)$$

$$\text{s. t. } A = cq_{s1}^2$$

由利润最大化的一阶条件，可得房地产开发企业最优住房供给量为：

$$q_{s1} = \frac{p_1}{2c(1+r_d)} \qquad (7-4)$$

当 $q_{d1} = q_{s1}$ 时，住房市场实现出清，由此可得无信贷支持条件下住房市场的均衡价格为：

$$p_1 = \sqrt{2c(1-\lambda)(1+r_d)y} \qquad (7-5)$$

（二）存在房地产信贷支持的住房市场均衡价格

1. 住房消费者的购房决策

存在信贷支持时，消费者可以从金融机构获得一笔个人住房消费贷款 PL 用于购房，假设个人住房消费贷款占商品住房价格的比例为介于0和1之间的 α，且贷款利率为 r_L，则消费者的效用最大化函数为：

$$\max U(x_2, q_{d2}) = x_2^{\lambda} q_{d2}^{1-\lambda} \tag{7-6}$$

$$\text{s. t. } x_2 + (1-\alpha)p_2 q_{d2} + r_L PL = y$$

$$PL = \alpha p_2 q_{d2} \tag{7-7}$$

由效用最大化的一阶条件，可得消费者的最优住房消费数量为：

$$q_{d2} = \frac{(1-\lambda)y}{p_2[1-\alpha(1-r_L)]} \tag{7-8}$$

2. 房地产开发企业的投资决策

存在信贷支持时，房地产开发企业可以从金融机构获得一笔房地产开发贷款 DL 用于房地产开发供给，假设房地产开发贷款占住房销售总额的比例为介于0 和1 之间的β，同时我们假设房地产开发贷款的利率等于个人住房消费贷款利率，即贷款利率仍然为 r_L，则房地产开发企业的效用最大化函数为：

$$\max \pi_2 = p_2 q_{s2} - c q_{s2}^2 - r_D A - r_L DL \tag{7-9}$$

$$\text{s. t. } c q_{s2}^2 = DL + A$$

$$DL = \beta p_2 q_{s2} \tag{7-10}$$

由利润最大化的一阶条件，可得房地产开发企业最优住房供给量为：

$$q_{s2} = \frac{p_2[1+(r_D-r_L)]\beta}{2c(1+r_D)} \tag{7-11}$$

当 $q_{d2} = q_{s2}$时，可得在房地产信贷支持条件下住房市场的均衡价格为：

$$p_2 = \sqrt{\frac{2c(1-\lambda)(1+r_D)y}{[1-\beta(r_L-r_D)][1-\alpha(1-r_L)]}} \tag{7-12}$$

综上所述，若要考察房地产信贷的支持是否推高了商品住房价格，即 p_1 与 p_2 的大小，只需判断$\frac{1}{[1-\beta(r_L-r_D)][1-\alpha(1-r_L)]}$是否大于1即可。根据上文的分析，存在$0<\alpha<1$ 和$0<\beta<1$，而 r_L-r_D 表示存贷款利差，则有 $r_L-r_D>0$。因此，$0<1-\beta(r_L-r_D)<1$，且$0<1-\alpha(1-r_L)<1$ 成立，即 $p_1<p_2$。

由此可见，房地产开发贷款和个人住房消费贷款的增加均会促进商品住房价格的上涨。房地产信贷通过缓解房地产开发企业和居民个人的融资约束而改变住房市场的均衡状况，从而促进了商品住房价格的上涨。由此可见，房地产信贷是金融业集聚影响住房价格的重要路径。

二、研究假设

根据以上理论模型推导，并结合前文路径分析部分，本书提出如下研究假设：

假设5：金融业集聚对商品住房价格具有促进作用。

假设6：金融业集聚通过增加房地产信贷供给推高了商品住房价格。

第二节　变量、数据与实证模型

一、变量指标选取说明

本章考察城市层面的金融业集聚对商品住房价格的影响，被解释变量为商品住房价格，核心解释变量为城市金融业集聚水平，同时考虑了一系列影响商品住房价格的控制变量，具体的变量指标说明如下：

（一）被解释变量

本章的被解释变量是商品住房价格（*RP*）。本章仍然采用商品住宅平均销售价格表示商品住房价格，计算方法为商品住宅销售额与商品住宅销售面积之比。除此之外，为了验证研究结果的稳健性，本书还采用商品房平均销售价格（*CP*）这一指标来替换商品住宅平均销售价格进行稳健性检验。在此基础上，本书还从微观家庭层面对金融集聚与商品住房价格之间关系进行了进一步探究，具体地，通过借助2016年中国劳动力动态调查（CLDS）微观数据测算了1045户家庭层面的住房价格（*FP*），借鉴况伟大等（2018）的做法，采用单套住房总价除以住房面积，而相对于购房总价，本书认为用住房的现在市值除以住房面积计算得到的家庭住房价格更符合现实。因此，本书对住房价格的考察不仅包含了城市层面还涉及了微观家庭层面。

（二）核心解释变量

本章的核心解释变量是金融业集聚（*FA*）。产业集聚测度方法较多，本书将借鉴已有文献的做法，同时与上文制造业集聚指标、科技服务业集聚指标测度方法保持一致，对金融业集聚指标的测度仍然采用就业密度法。进一步，为了检测研究结论的稳健与否，本书采用金融业集聚空间基尼系数指标和金融业集聚赫芬达尔指数作为金融业集聚替代指标对实证结论进行稳健性检验，使用多样化的测度指标将使实证研究结果更具说服力。

（三）控制变量

考虑到影响商品住房价格水平的因素较多，并且为了降低遗漏变量对模型产生的偏误问题，本书从城市和家庭两个层面选取了一系列相关变量作为控制变量。从宏观城市层面来看，本书从财政支出、外贸开放度、收入水平、基础设施建设、人力资本等方面选取了相关指标来控制对商品住房价格的影响。具体来看，本书用地方财政一般预算内支出占 GDP 的比重表示城市财政支出水平（*FE*）；使用实际利用外资总额占 GDP 的比重表示一个城市的对外开放程度（*FDI*），其中实际利用外资总额根据当年的汇率年平均价调整为人民币计价；使用职工平均工资代表城市收入水平（*Wage*）；城市基础设施建设方面，选取了人均道路面积（*RA*）和绿化覆盖率（*GR*）两个指标；人力资本指标（*HC*），选取普通高等学校在校学生人数占总人口的比重表示。

从微观家庭层面来看，本书选取了户主的教育程度、健康状况及户籍类型等变量作为控制变量。各变量赋值情况如下：（1）教育程度（*Edu*）$=\{1,2,3,4\}$，取值 1 表示未上过学，取值 2 表示初等教育，取值 3 表示中等教育，取值 4 表示高等教育。（2）健康状况（*Heal*）$=\{1,2,3\}$，取值 1 表示比较不健康和非常不健康，取值 2 表示一般，取值 3 表示比较健康和非常健康。（3）户籍类型（*CR*）$=\{1,2\}$，取值 1 代表农业户口，取值 2 代表非农业户口。

二、描述统计量

本书使用的数据包括两个方面，其中 35 个大中城市数据来自 2007—2018 年的《中国城市统计年鉴》《中国房地产统计年鉴》及 EPS 数据库。考虑到数据的时效性和可获得性，家庭微观层面数据来自 2016 年中国劳动力动态调查（CLDS）数据库①，将其与城市宏观数据相匹配，以房屋完全自有家庭作为样本，剔除了无住房面积和住房市值的样本，经过测算最终共得到 1045 个家庭层面的微观商品住房价格数据。描述性统计如表 7－1 所示。

表 7－1　　描述性统计

	变量名称	观测值	均值	标准差	最小值	最大值
被解释变量	*RP*	420	7468.714	5629.510	1541	48622
	CP	420	7677.964	5431.912	1870	47936
	FP	1045	16186.530	17019.940	115.385	84337.350
核心解释变量	*FA*	420	10.434	24.239	0.641	176.164
	G	420	0.027	0.549	0	11.249
	H	420	0.000	0.001	0	0.006
城市变量	*FE*	420	0.140	0.484	0.633	0.252
	FDI	420	0.366	0.274	0.002	0.616
	Wage	420	50865.330	21992.270	16911.090	176560
	RA	420	12.670	4.599	1.420	27.580
	GR	420	0.912	0.464	0.121	0.936
	HC	420	0.063	0.028	0.002	0.131
家庭变量	*Edu*	1004	2.655	0.392	1	5
	Heal	1014	2.514	0.922	1	3
	CR	1014	1.645	0.808	1	2

① 该项调查由中山大学社会科学调查中心执行，样本覆盖中国 29 个省、自治区及直辖市（不含港澳台、西藏、海南），采用多阶段、多层次与成比例的抽样方式进行抽样。

三、计量模型设定

本书的研究目的是考察在其他因素不变条件下，金融业集聚程度的增加是否推动了住房价格上涨，为此设立如下基准线性回归模型：

$$RP_{it} = \alpha_0 + \alpha_1 FA_{it} + \alpha_2 Controls_{it} + u_{it} \quad (7-13)$$

式（7－13）中，i 表示城市，t 表示年份。RP_{it} 表示城市住房价格，FA_{it}代表城市金融业集聚水平；$Controls_{it}$包括一系列城市层面的控制变量；u_{it}代表随机干扰项。考虑到变量对应的阈值，将金融业集聚使用原值，其他变量中对数值型变量进行了对数化处理。

第三节　金融业集聚对商品住房价格影响的实证分析

一、基准估计

由于本书使用的是面板数据，在对基准模型进行混合回归和固定效应估计之后，F 检验显著拒绝了混合回归。随后进行随机效应估计和 Hausman 检验发现，卡方统计量值为 30.12，在 1% 的显著性水平下强烈拒绝原假设，认为应该使用 FE 模型而非 RE 模型。虽然 FE 模型考虑了随个体而异的遗漏变量问题，但是无法解决随时间而变的遗漏变量问题，即个体的不同时间趋势也应该考虑在内。为此，本书在 FE 估计的基础上加入了时间效应，构建了同时考察个体与时间效应的双向固定效应模型。基准回归结果如表 7－2 所示。

表 7－2　　金融业集聚影响商品住房价格的基准回归结果

变量	(1)	(2)	(3)	(4)
	混合回归	随机效应	固定效应	双向固定效应
FA	0.007**	0.006***	0.006***	0.003***
	(0.003)	(0.001)	(0.001)	(0.001)

续表

变量	(1)	(2)	(3)	(4)
	混合回归	随机效应	固定效应	双向固定效应
FE	-2.239***	0.762*	1.625***	0.924**
	(0.699)	(0.459)	(0.501)	(0.370)
FDI	-0.250	-1.328***	-1.447***	-0.334
	(1.283)	(0.389)	(0.389)	(0.288)
Wage	0.970***	0.785***	0.758***	0.006
	(0.103)	(0.034)	(0.035)	(0.064)
RA	0.012	0.013	-0.003	-0.004
	(0.104)	(0.041)	(0.042)	(0.031)
GR	2.200***	1.470***	1.317***	0.314
	(0.787)	(0.266)	(0.268)	(0.210)
HC	-0.657	-0.403	-0.416	-1.235*
	(1.483)	(0.826)	(0.924)	(0.677)
常数项	-2.291***	-0.417	-0.130	7.778***
	(0.755)	(0.278)	(0.283)	(0.643)
观测值	420	420	420	420
R^2	0.766	0.880	0.881	0.940

注：(1) 系数值括号中为标准误；(2) ***、**、* 分别表示在1%、5%和10%水平上显著。

从表7-2可以看出，对于金融业集聚指标的系数，四种模型均显示为正，说明城市金融业集聚程度的增加促进了商品住房价格的上涨，验证了本书的研究假设。整体来看，2006年以来，在金融业集聚程度提升的作用下，金融业集聚规模效应的发挥使更多金融资源流向了住房市场从而影响了市场的均衡，并进一步促进了商品住房价格的上涨。控制变量中，以固定效应模型为准，政府财政支出的增加与商品住房价格呈显著正相关关系，说明地方财政分税制改革使政府财政支出增加的同时，会通过土地财政这一预算外收入渠道增加政府收入，而土地财政的存在则直接导致了商品住房价格的上涨（宫汝凯，2012）；除此之外，职工平均工资、绿化覆盖率与商品住房价格均呈现显著为正的相关关系；人均道路面积和人力资本对商品住房价格的影响在统计意义上并不显著；而 *FDI* 则与商品住房价格显著负相关，说明热钱及国际资本的流入主要作用于房地产开发环节，通过增加房屋供给数量影响住房市场均衡，从而抑制了商品住房价格上涨。

二、稳健性分析及内生性处理

（一）替换变量及缩尾处理的稳健性分析

为了进一步检验本书研究结论的稳健与否，本部分的稳健性检验分别采用商品房平均销售价格替换了之前的商品住宅平均销售价格变量，使用金融业集聚基尼系数和赫芬达尔指数替换了采用就业密度测算的金融业集聚指标，回归结果如表 7 - 3 第（1）列 ~ 第（3）列所示。为了控制极端值对本书研究结论的影响，本书对所有变量均采取了 1% 以下和 99% 以上分位数进行了缩尾处理（Winsorize）。以上稳健性检验的结果如表 7 - 3 第（1）列 ~ 第（4）列所示，从回归结果可以看出，金融业集聚对商品住房价格的促进作用非常显著和稳健，以上稳健性检验再次为本书的研究结论提供了经验支持。

（二）内生性处理

本书研究的是金融集聚对住房价格的影响，但是住房价格也有可能会对金融集聚产生反向影响，由此导致内生性问题。本书采用金融集聚的滞后一期作为工具变量，采用 IV - 2SLS 估计法对模型进行内生性处理的稳健性检验，检验结果如表 7 - 3 第（5）列所示。从回归结果可以看出，在考虑内生性问题后，金融集聚仍然可以在 1% 显著性水平下对住房价格产生促进作用。由此可见，即便在处理了可能的内生性问题后，本书的研究结论依然成立。

表 7 - 3　　金融业集聚影响商品住房价格的稳健性检验

变量	（1）	（2）	（3）	（4）	（5）
	CP	*G*	*H*	缩尾处理	IV - 2SLS
FA	0.004 **	0.017 **	0.038 **	0.004 ***	0.003 **
	（0.002）	（0.009）	（0.017）	（0.001）	（0.001）

续表

变量	(1)	(2)	(3)	(4)	(5)
	CP	*G*	*H*	缩尾处理	IV-2SLS
控制变量	控制	控制	控制	控制	控制
常数项	6.405***	-0.545*	-0.224	7.679***	8.570***
	(1.042)	(0.291)	(0.354)	(0.715)	(0.636)
观测值	420	420	420	420	420
R^2	0.935	0.875	0.875	0.946	0.974

注：(1) 系数值括号中为标准误；(2) ***、**、* 分别表示在1%、5%和10%水平上显著。

三、异质性分析

以上对金融业集聚的商品住房价格影响效应的整体回归结果及稳健性检验均显示金融业集聚能够促进住房价格上涨，说明住房市场供求两端在融资约束缓解效应下，住房市场供给量的增加要小于市场需求量的增加。而住房供给量的增加又与城市住房供给弹性存在关联，考虑到我国不同城市之间住房供给弹性差异较大，因此，金融业集聚对商品住房价格的影响可能因城市住房供给弹性不同而存在异质性。

为了考察在不同住房供给弹性城市，金融业集聚的商品住房价格效应是否存在差异，本书对35个大中城市按照住房供给弹性程度进行划分，具体划分为较低住房供给弹性城市、中等住房供给弹性城市和较高住房供给弹性城市三类。而结合本书研究需要，本书只需按照住房供给弹性程度将城市进行分类即可，无须将其参与具体的实证计量分析，因此使用的住房供给弹性数据来源于Wang、Chan和Xu（2012）①，这一做法也与刘行、建蕾和梁娟（2016）及王芳和姚玲珍（2018）一致。需要注意的是，Wang、Chan和Xu（2012）所计算出来的我国35个大中城市住房供给弹性中，西宁和昆明两个城市的测算结果存在异常，因此，本书只将剩余的33个大中

① Wang、Chan和Xu（2012）使用面板数据模型估计了房地产价格变动对新房开工面积的影响，进而估计出35个大中城市的住房供给弹性。

城市参与分类①。

对于不同住房供给弹性城市而言，金融业集聚对商品住房价格的影响结果如表 7 - 4 所示。从表 7 - 4 可以看出，金融业集聚对商品住房价格的促进作用只存在于缺乏住房供给弹性的城市，而对于中等住房供给弹性城市和富有住房供给弹性城市，则不存在显著为正的促进影响。具体而言，较高住房供给弹性城市的影响系数为负，说明在富有住房供给弹性的城市，由于住房供给量增加较为敏感，当住房供给量大于住房需求量时，金融业集聚与商品住房价格之间呈负相关关系，但是该系数在统计意义上并不显著。较低住房供给弹性城市的影响系数显著为正，说明对于缺乏住房供给弹性的城市，由于住房供给量增加存在瓶颈，随着金融业集聚程度增加，在融资约束缓解效应下，住房供给量增加应该是小于住房需求量增加的，最终导致住房价格被抬高。

表 7 - 4　　金融业集聚对商品住房价格影响的异质性分析

变量	(1)	(2)	(3)
	较低住房供给弹性城市	中等住房供给弹性城市	较高住房供给弹性城市
FA	0.004**	0.005	-0.002
	(0.002)	(0.008)	(0.012)
控制变量	控制	控制	控制
常数项	0.690	-0.154	-1.221**
	(0.618)	(0.463)	(0.545)
观测值	132	132	132
R^2	0.877	0.942	0.900

注：(1) 系数值括号中为标准误；(2) ***、**、* 分别表示在 1%、5% 和 10% 水平上显著。

① 具体分类结果为：较低住房供给弹性城市有银川、长沙、乌鲁木齐、郑州、合肥、广州、南宁、贵阳、呼和浩特、太原和海口；中等住房供给弹性城市有西安、石家庄、南昌、哈尔滨、沈阳、长春、天津、兰州、武汉、重庆和大连；较高住房供给弹性城市有成都、福州、厦门、南京、青岛、济南、杭州、宁波、上海、北京和深圳。

四、中介效应分析

在本书的路径分析部分已经阐释了金融业集聚程度的增加会通过提高房地产贷款规模进而促进城市商品住房价格上涨的原理，并且不管是供给端的房地产开发贷款还是需求端的个人住房消费贷款均会助长商品住房价格的泡沫化程度。接下来本部分将进一步实证检验上述中介作用的存在，即结合中介效应模型检验金融业集聚通过增加房地产开发贷款规模和个人住房消费贷款规模来提升商品住房价格这一影响渠道。

为了检验金融业集聚对商品住房价格的作用机制，本书选择房地产信贷作为中介变量，并且从房地产开发和个人住房消费两个角度分析房地产信贷在金融业集聚影响商品住房价格的中介作用，具体采用房地产开发贷款额占 GDP 的比重（DL）和个人住房消费贷款额占 GDP 的比重（PL）表示，其中，房地产开发贷款额这一指标用房地产开发企业实际到位资金中的国内贷款总额表示，个人住房消费贷款额这一指标用房地产开发企业实际到位资金其他资金来源中的个人按揭贷款表示，数据均来自《中国房地产统计年鉴》。图 7 - 1 为 2017 年 35 个大中城市的房地产信贷总额，可以看出在北京、上海、天津、重庆、深圳以及武汉这类商品住房价格较高的城市其房地产开发贷款总额和个人住房消费贷款总额投放数量均较高，说明本书探讨房地产信贷的中介作用是十分有必要的。

根据 Baron 和 Kenny（1986）的检验方法，设定的验证步骤如下：（1）检验金融业集聚对商品住房价格的影响；（2）将金融业集聚和房地产信贷回归；（3）将金融业集聚与房地产信贷同时和商品住房价格回归。中介效应检验结果如表所示，表 7 - 5 中第（1）列和第（3）列证明了金融业集聚程度增加可以促进房地产开发贷款规模和个人住房消费贷款规模的上涨，第（2）列和第（4）列结果显示，在对商品住房价格的回归中，房地产开发贷款和个人住房消费贷款的系数至少在 10% 的水平显著为正，且金融业集聚的系数也至少在 5% 的水平显著为正，表明增加房地产开发贷款规模和个人住房消费贷款规模是金融业集聚提高商品住房价格的潜在影响机制。

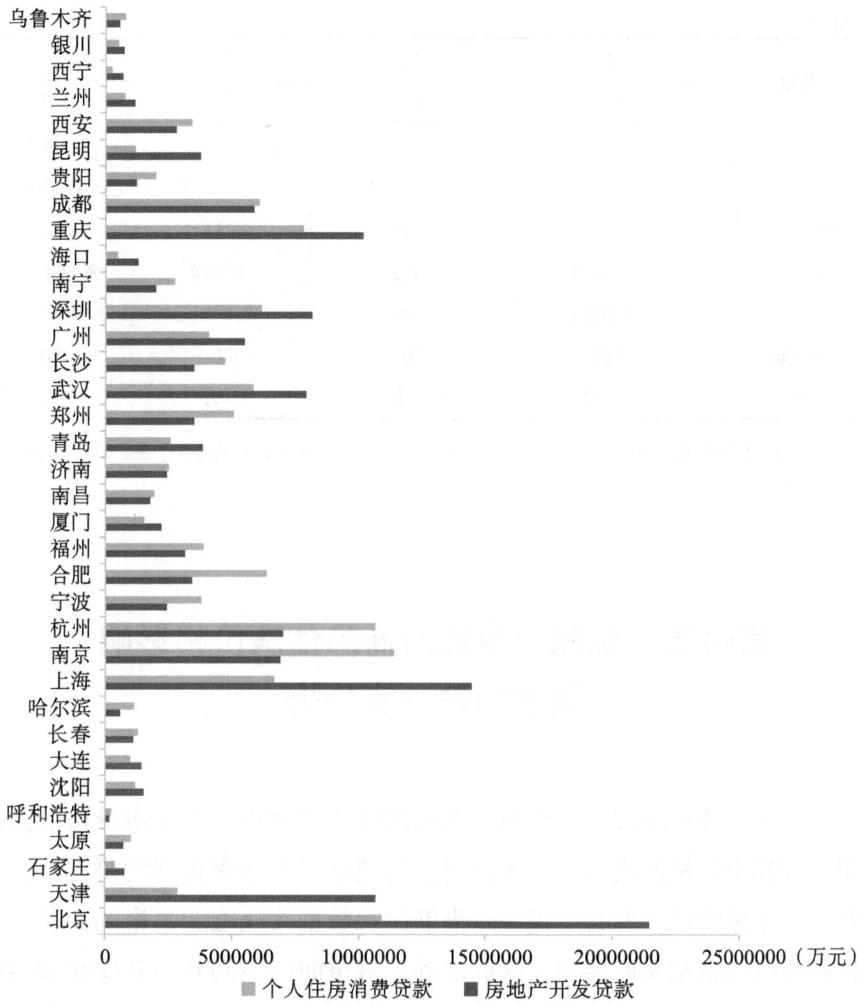

图 7 -1　2017 年 35 个大中城市房地产信贷总额

资料来源：根据中国房地产统计年鉴整理计算。

表 7 -5　　金融业集聚对商品住房价格影响的中介作用检验

变量	(1)	(2)	(3)	(4)
	DL	*RP*	*PL*	*RP*
FA	0.006**	0.226***	0.007*	0.003**
	(0.003)	(0.026)	(0.004)	(0.001)
DL		1.652***		
		(0.541)		

续表

变量	(1)	(2)	(3)	(4)
	DL	*RP*	*PL*	*RP*
PL				1.108 *
				(0.566)
控制变量	控制	控制	控制	控制
常数项	-0.013	-0.192 *	-0.020	8.660 ***
	(0.025)	(1.626)	(0.018)	(0.441)
观测值	420	420	420	420
R^2	0.272	0.840	0.191	0.974

注：(1) 系数值括号中为标准误；(2) ***、**、* 分别表示在 1%、5% 和 10% 水平上显著。

第四节　金融业集聚对商品住房价格影响效应的进一步分析

以上实证分析验证了金融业集聚程度增加对城市商品住房价格的推动作用并对其影响机制进行了深入探讨，而城市层面考察得到的研究结论仍然存在一定笼统性，有必要进一步借助微观数据将金融业集聚的商品住房价格影响效应降至家庭层面，除此之外，城市间的空间互动效应在商品住房价格上涨中所发挥的作用也不应该被忽视，即城市商品住房价格是否会受到相邻城市商品住房价格的溢出效应影响也有待进一步考察。

一、金融业集聚对商品住房价格影响的微观层面考察

上述分析主要从城市层面实证检验了金融业集聚程度增加对城市商品住房价格的影响，结果表明金融业集聚对城市层面的商品住房价格产生了明显的促进作用。本书认为金融集聚对商品住房价格的影响不应该仅仅局限于对城市整体层面商品住房价格的考察，家庭层面住房价格水平也应该受到关注，研究层面的细化和深入将有助于全面认识金融集聚对住房价格

的影响。为此，本书将进一步采用1045户家庭的微观数据检验金融业集聚与家庭层面住房价格之间的关系，以期为金融集聚的商品住房价格影响效应提供微观证据。微观层面考察的计量模型设定如下所示：

$$FP_{ijt} = \beta_0 + \beta_1 FA_{it} + \beta_2 Controls_{ijt} + \varepsilon_{it} \tag{7-14}$$

式（7－14）中j表示家庭，FP_{ijt}表示家庭住房价格，本书使用住房的现在市值除以住房面积计算得到微观层面的家庭商品住房价格数据；FA_{it}代表城市金融业集聚水平，用金融业就业密度表示；$Controls_{ijt}$包括一系列城市层面和家庭层面的控制变量，ε_{it}代表随机干扰项。

对式（7－14）进行回归，回归结果如表7－6所示。其中，第（1）～第（3）列分别为只加入家庭层面控制变量的回归结果、只加入城市层面控制变量的回归结果及同时包含家庭层面和城市层面控制变量的回归结果。从表7－6可以看出，在控制了地区效应之后，三种模型的金融集聚系数均为正值，说明金融集聚对家庭层面住房价格也产生了正向影响。具体来看，虽然第（1）列中金融集聚系数在统计意义上并不显著，但系数值为正。第（2）列和第（3）列中金融集聚影响系数均在1%水平下显著为正，说明金融集聚与家庭层面住房价格之间存在正相关关系，即随着金融集聚程度的增加，家庭住房价格也在上涨。由此来看，金融集聚对住房价格的提升作用也得到了微观家庭层面的证实。

表7－6　　金融集聚对家庭层面住房价格的影响

	（1）	（2）	（3）
FA	0.040	0.146***	0.146***
	（0.034）	（0.045）	（0.046）
家庭层面控制变量	控制	未控制	控制
城市层面控制变量	未控制	控制	控制
地区效应	控制	控制	控制
观测值	1045	1045	1045
R^2	0.052	0.084	0.089

注：（1）系数值括号中为标准误；（2）***、**、*分别表示在1%、5%和10%水平上显著。

二、金融业集聚对商品住房价格的空间影响

（一）空间计量模型设定

为了进一步观察金融集聚与商品住房价格是否均受到空间相互作用的影响，下面将采用纳入空间因素的空间计量模型进行分析。空间计量模型的一般形式设定如下：

$$Y = \lambda WY + \beta X + \delta WX + u, \quad u = \rho Wu + \varepsilon \tag{7-15}$$

其中，Y 为被解释变量，X 为核心解释变量，W 为空间权重矩阵，λ 表示相邻城市被解释变量对本地被解释变量的影响，β 表示本地核心解释变量对本地被解释变量的影响，δ 为相邻城市核心解释变量对本地被解释变量的影响，u 为随机扰动项，ρ 为随机误差项的空间相关系数。

当 $\delta = \rho = 0$ 时，该模型退化为空间滞后模型；当 $\delta = \lambda = 0$ 时，该模型退化为空间误差模型；而当 $\rho = 0$ 时，该模型即为更广义的空间杜宾模型。相对于传统回归模型，空间杜宾模型能有效考虑时空交互作用下的地理空间相互影响，空间杜宾模型比注重考察商品住房价格在城市之间是否存在空间溢出效应的空间滞后模型及只考虑遗漏变量空间影响的空间误差模型更具有概括性，可以说同时将空间滞后和空间误差两种情形考察在内，后文还将借助 LM 检验来进一步判断本书适合的空间计量模型形式。

（二）空间关联性检验

在研究金融业集聚与商品住房价格之间的空间关系之前，本书计算了在地理距离和经济距离两种矩阵下商品住房价格的莫兰指数及吉尔里指数，以此验证商品住房价格是否存在空间关联性。由表 7－7 可知，在地理距离矩阵和经济距离矩阵下，金融业集聚和商品住房价格的全局莫兰指数值与吉尔里指数值均表明二者的空间分布呈现出正空间自相关，即低值与低值集聚、高值与高值集聚的空间特征，具体来看，是金融业集聚程度和商品住房价格较高的省份，其周边地区金融业集聚程度和商品住房价格也倾向于较高，金融业集聚程度和商品住房价格较低的省份，其周边地区金融业集聚程度和商品住房价格也倾向于较低。金融业集聚与商品住房价格均具有正向的空间自相关性，说明研究两者之间的关系必须将空间因素考

虑在内，忽视空间效应得出的研究结论将不够准确，而采用空间计量模型则能够更清晰探究其影响在空间上的交互效应。

表 7-7　　金融业集聚与商品住房价格全局空间自相关性

变量	地理矩阵		经济距离矩阵		地理矩阵		经济距离矩阵	
	I	Z	I	Z	C	Z	C	Z
金融业集聚	0.004	0.238	0.134***	5.032	1.058*	1.785	0.903**	-2.331
商品住房价格	0.399***	14.314	0.398***	14.742	0.627***	-11.965	0.576***	-12.610

注：*、** 和 *** 分别表示在 10%、5% 和 1% 的显著性水平上显著。

在检验了商品住房价格的空间关联性之后，还需借助 LM 检验来进一步判断究竟适合何种空间面板模型。表 7-8 为空间计量的 LM 检验结果，结果显示空间自回归模型（SAR）的 LM 检验 P 值及稳健的 LM 检验 P 值均通过了 1% 的显著性水平，说明拒绝了原假设，存在空间滞后效应；空间误差模型（SEM）的 LM 检验 P 值及稳健的 LM 检验 P 值均通过了 1% 的显著性水平，说明拒绝了原假设，存在空间误差效应。因此，本书将选择空间杜宾模型对金融业集聚与商品住房价格之间的空间关系进行经验分析。另外，究竟是采用随机效应下的空间误差模型还是采用固定效应下的空间误差模型，还需要对模型进行豪斯曼检验，结果显示 P 值均不显著，因此应该使用随机效应下的空间杜宾模型。

表 7-8　　空间计量 LM 检验

统计量	χ^2	P 值
Moran's I	268.927	0.000
No lag	27.015	0.000
No lag(robust)	98.250	0.000
No error	409.049	0.000
No error(robust)	480.283	0.000

（三）空间计量模型回归结果分析

根据表 7-8 的 LM 检验结果可以看出，空间因素的影响不可忽略。空间计量回归分析结果如表 7-9 所示，通过 Wald 检验和 LR 检验可知，本书选择的空间杜宾模型的拟合程度高于 SAR 模型和 SEM 模型，均拒绝了空间杜宾模型可以退化为空间滞后模型和空间误差模型的原假设。由空间杜宾模型实证结果可以看出，金融业集聚对商品住房价格的影响显著为正，即金融业集聚对本地商品住房价格有显著的提升效应，金融业集聚空间滞后项系数估计值为负但并不显著，说明金融业集聚对商品住房价格的空间溢出效应不存在，金融业集聚只能提升本地商品住房价格。进一步地，结合空间自回归系数 ρ 的估计结果，说明城市间商品住房价格存在相互提升的空间外溢效应，即本地商品住房价格与邻近地区商品住房价格之间存在正向影响，这表明相邻城市间商品住房价格在溢出效应下产生了互相促进的正反馈作用。

表 7－9　　空间杜宾模型回归结果

变量	地理距离矩阵			经济距离矩阵		
	空间杜宾模型	空间滞后模型	空间误差模型	空间杜宾模型	空间滞后模型	空间误差模型
FA	0.099**	0.139***	0.113**	0.098**	0.137***	0.204***
	(0.046)	(0.041)	(0.047)	(0.045)	(0.040)	(0.036)
FE	0.135**	0.152**	0.151**	0.128**	0.141**	0.159**
	(0.059)	(0.059)	(0.059)	(0.059)	(0.058)	(0.073)
FDI	－0.007	－0.016	－0.011	－0.007	－0.015	－0.028***
	(0.010)	(0.010)	(0.010)	(0.010)	(0.010)	(0.011)
Wage	0.077	0.230***	0.125	0.083	0.225***	0.562***
	(0.066)	(0.047)	(0.079)	(0.065)	(0.046)	(0.022)
RA	－0.039	－0.025	－0.002	－0.038	－0.024	0.011
	(0.032)	(0.032)	(0.029)	(0.031)	(0.031)	(0.033)
GR	0.185**	0.239***	0.167**	0.183**	0.227***	0.260***
	(0.075)	(0.074)	(0.075)	(0.074)	(0.073)	(0.089)
HC	－0.066**	－0.074**	－0.081***	－0.069**	－0.073**	－0.085***
	(0.029)	(0.029)	(0.028)	(0.029)	(0.029)	(0.032)
W×FA	－0.005			－0.042		
	(0.095)			(0.089)		

续表

变量	地理距离矩阵			经济距离矩阵		
	空间杜宾模型	空间滞后模型	空间误差模型	空间杜宾模型	空间滞后模型	空间误差模型
W×FE	-0.055			-0.085		
	(0.122)			(0.124)		
W×FDI	-0.001			0.006		
	(0.021)			(0.021)		
W×Wage	0.291***			0.327***		
	(0.092)			(0.097)		
W×RA	-0.117			-0.108		
	(0.075)			(0.070)		
W×GR	0.267*			0.225		
	(0.138)			(0.142)		
W×HC	0.072			0.057		
	(0.069)			(0.083)		
ρ/λ	0.500***	0.605***	0.906***	0.512***	0.668***	1.307***
	(0.055)	(0.045)	(0.022)	(0.056)	(0.077)	(0.282)
R^2	0.613	0.705	0.662	0.613	0.697	0.777
检验方法	估计值	P值		估计值	P值	
Wald_spatial_lag	18.39	0.010		18.24	0.011	
LR_spatial_lag	18.33	0.011		17.44	0.015	
Wald_spatial_error	57.09	0.000		57.46	0.000	
LR_spatial error	87.78	0.000		104.56	0.000	

注：(1) 系数值括号中为标准误；(2) ***、**、*分别表示在1%、5%和10%水平上显著。

控制变量中，以空间杜宾模型估计结果为准，研究发现在不同矩阵形式下财政支出对商品住房价格均存在显著为正的影响，说明财政压力会通过土地财政作用于住房市场从而提高商品住房价格；除此之外，职工平均工资及绿地覆盖率均是影响商品住房价格上涨的重要因素，并且其促进作用还可以传导至相邻地区，对周边城市商品住房价格产生正的溢出作用；

人均道路面积与人力资本则与商品住房价格负相关，其原因有待进一步探究；对外开放程度与商品住房价格呈现不显著负相关关系。

（四）空间溢出效应分析

表7－10进一步给出了金融业集聚及控制变量对商品住房价格影响的直接效应、间接效应及总体效应具体估计结果。从结果看出，金融业集聚对商品住房价格具有显著的直接促进效应，但是间接效应并不显著，说明金融业集聚程度提高显著促进了当地商品住房价格水平，但金融业集聚对商品住房价格提升作用的发挥只在本地区域有效，随着空间距离的拉伸在跨出城市范围后，其作用将受到限制，因此将不再具有明显空间外溢效应。从控制变量的分析结果可以看出，职工平均工资及绿地覆盖率则不仅对当地商品住房价格具有正向提升作用，还对周边地区的商品住房价格产生了正向溢出效应；财政支出、对外开放程度、人均道路面积及人力资本的间接效应均不显著，说明其空间溢出效应不明显。

表7－10　　金融业集聚对商品住房价格影响效应的空间分解

变量	地理距离矩阵			经济距离矩阵		
	直接效应	间接效应	总体效应	直接效应	间接效应	总体效应
FA	0.102**	0.079	0.181	0.097**	0.011	0.108
	(0.047)	(0.169)	(0.187)	(0.046)	(0.165)	(0.183)
FE	0.136**	0.017	0.154	0.126**	−0.043	0.083
	(0.063)	(0.238)	(0.265)	(0.062)	(0.249)	(0.276)
FDI	−0.007	−0.008	−0.016	−0.006	0.005	−0.002
	(0.010)	(0.041)	(0.046)	(0.010)	(0.042)	(0.047)
Wage	0.110*	0.635***	0.745***	0.118*	0.732***	0.850***
	(0.065)	(0.146)	(0.159)	(0.064)	(0.157)	(0.168)
RA	−0.053	−0.262	−0.314*	−0.050	−0.251	−0.301*
	(0.035)	(0.164)	(0.187)	(0.034)	(0.160)	(0.181)
GR	0.220***	0.657***	0.878***	0.212***	0.592**	0.804***
	(0.079)	(0.241)	(0.273)	(0.078)	(0.251)	(0.281)
HC	−0.061*	0.076	0.016	−0.065**	0.042	−0.023
	(0.031)	(0.138)	(0.156)	(0.031)	(0.170)	(0.187)

注：（1）系数值括号中为标准误；（2）***、**、*分别表示在1%、5%和10%水平上显著。

本章小结

在数理模型推导基础上，本章利用2006—2017年35个大中城市数据，从实证上考察了金融业集聚对城市商品住房价格以及家庭商品住房价格的影响，同时，在既有文献的基础上，本章深入探究了金融业集聚的商品住房价格影响效应异质性及房地产信贷在金融业集聚对商品住房价格影响中所发挥的中介作用。实证研究结果表明：首先，基于面板模型的双向固定效应估计结果显示金融业集聚程度增加显著推高了城市商品住房价格。其次，通过替换变量、缩尾处理及内生性处理进一步考察了文章研究结论的稳健性，稳健性检验结果也为本章结论提供了经验证据支持。再次，考虑到金融业集聚对商品住房价格的影响可能因城市住房供给弹性不同而存在差异，通过异质性分析表明，金融业集聚对商品住房价格的促进作用只存在于缺乏住房供给弹性城市中。最后，本章证明了金融业集聚可以通过增加房地产开发贷款规模和个人住房消费贷款规模来提高商品住房价格水平。

除此之外，本章还从微观层面和空间关联两个角度进一步检验了金融业集聚对商品住房价格的影响。一方面，使用1045户家庭住房价格数据将金融业集聚的商品住房价格影响效应降至家庭层面，从而为金融业集聚推高商品住房价格提供了微观层面证据。另一方面，本书还将空间因素考虑在内，在城市间空间互动效应基础上验证了城市商品住房价格的空间溢出效应。空间计量研究结果表明金融业集聚与商品住房价格均表现出较强的空间相关性，并且城市之间商品住房价格具有溢出效应，进一步把金融业集聚对商品住房价格的影响分解为直接影响和空间溢出两个维度后发现，仅有直接影响显著为正，而空间溢出效应并不显著，揭示金融业集聚对城市商品住房价格的影响主要通过本土效应传导。本章的研究结论对房地产业的健康发展，以及如何避免金融业集聚对商品住房市场过度支持具有重要的参考价值。

第八章

结论及政策建议

第一节　主要研究结论

近年来，城市商品住房价格上涨背后既存在合理成分，也存在不合理成分，在此背景下考察商品住房价格深层次变化的原因并对其进行有效区分具有重要的现实意义和理论意义。作为经济活动空间分布不均衡的结果，产业集聚不仅是影响生产领域的决定因素，其对经济领域的重要组成部分住房市场也产生了深远的影响。但有关产业集聚对商品住房价格影响的研究，长期以来并未得到学界应有的关注。为此，本书通过对国内外相关研究成果和文献进行梳理，在产业层次细分和分层次影响路径分析基础上，选择出适合本书研究所需的具体产业集聚现象和影响路径结构，对不同产业集聚现象特征进行了详细勾勒和刻画，探讨了不同产业集聚现象对商品住房价格的影响及影响存在的异质性。通过理论和实证研究，本书得到了丰富的研究结论，以期为产业均衡发展和住房市场稳健运行提供有益借鉴。具体而言，本书结论主要分为以下几个方面。

一、产业集聚程度存在加深的态势和东高西低的地理分布特征

本书在一系列产业集聚测度方法介绍的基础上，采用就业密度法对研究所涉及的制造业集聚、科技服务业集聚和金融业集聚进行了有效测度，并进一步结合产业发展情况，从时间和空间两个维度深入分析了制造业集

聚、科技服务业集聚及金融业集聚的静态特征和动态演变。

对产业发展概况的了解有助于增加对产业集聚现状的认识。制造业方面，研究发现无论是作为投入指标的资产总计和企业单位数还是作为产出指标的利润总额近年来均出现了上涨趋势，但是工业增加值从2010年以来却呈现出连续下降的状态。科技服务业方面，本书主要从科技服务业增加值、科技服务业法人单位数及科技服务业就业人数三个指标入手对近年来科技服务业发展现状进行了分析，研究发现以上所有指标均反映出近年来我国科技服务业发展迅速这一特征事实。金融业方面，本书主要从金融业增加值、金融业从业人员数量、金融机构本外币存款余额及金融机构本外币贷款余额四个指标的变动趋势及其增长速度的角度，考察中国金融产业发展的动态演绎特征，分析表明，近年来无论是我国金融业发展水平，还是金融规模都保持着稳中有进的新局面。

产业集聚近年来主要表现出集聚程度增强的时间特征以及东高西低的空间特征。制造业集聚方面，经过对2016年地级市制造业集聚程度测算，发现该年份制造业集聚程度较低的城市主要集中在西部大部分地区和中部多数城市，制造业集聚程度较高的城市主要集中在东部沿海城市，我国地级城市制造业分布呈现东高西低的不均衡状态。科技服务业集聚方面，通过绘制不同年份集聚程度核密度图，发现随着时间推移全国层面的科技服务业集聚程度呈缓慢提升趋势，而分区域来看，科技服务业集聚程度较高的城市以东部沿海城市和省会城市为主，科技服务业集聚程度较低的城市则主要以内陆省份的非省会城市为主，且随着时间的推移，东部区域城市集聚增长率相对于其他区域表现出明显的上涨趋势。金融业集聚方面，从时间上看，近十年来中国35个大中城市金融业集聚水平虽然经历了先变大后缩小的过程，但整体上依然以稳定增长为主；从空间上来看，35个大中城市的金融业集聚程度呈现出以东部发达城市为核心，内陆城市为外围的不均衡分布特征。

二、产业集聚是促进商品住房价格上涨的重要原因

商品住房价格关乎国计民生，商品住房价格的快速上涨引发了一系列

经济社会问题。本书主要从理论和实证两个方面探讨了商品住房价格变化中的产业集聚作用，研究发现无论是理论分析还是经验验证，均表明产业集聚是推高商品住房价格的重要因素。在促进商品住房价格上涨的产业集聚因素中，科技服务业集聚因素是合理因素，而制造业集聚和金融业集聚是不合理因素。

制造业集聚方面，理论研究发现城市制造业集聚对相对商品住房价格房价收入比同时存在正反两方面的作用。一方面，在制造业集聚规模效应阶段，规模报酬递增使劳动力名义收入和实际收入同时上涨，加之在土地财政依赖程度下降和财政支出的共同作用下，住房价格上涨压力缓解，因此在这一阶段是有利于降低房价收入比的；另一方面，随着制造业集聚程度的加深，拥挤效应的出现不仅通过降低企业生产效率使劳动力收入下降，还加剧了对土地资源的竞争，地价的上涨直接带动了商品住房价格的上涨，从而加重了劳动力的住房承受能力。进一步，本书针对制造业集聚与相对商品住房价格房价收入比之间的关系进行了实证研究。采用2016年全国流动人口卫生计生委动态监测调查数据，从268个地级及以上城市层面和流动人口个体层面综合检验了制造业集聚对商品住房价格的影响，研究发现制造业集聚对流动人口房价收入比的影响呈“U”形特征，其中，制造业集聚与房价收入比之间“U”形曲线在拐点处所对应的制造业集聚水平约为1.4454，样本期间，制造业集聚水平高于拐点的城市占所有城市样本总量的比例高达85.45%（共有229个城市位于“U”形曲线的右端），表明多数城市主要处于提高制造业集聚水平会增加房价收入比的阶段。在克服了样本自选择问题及使用区位熵替换制造业集聚测度指标后，该影响效应仍显著存在。

科技服务业集聚方面，已有研究充分肯定了产业集聚尤其是新兴产业集聚对技能型劳动力的吸引作用，脱离产业集聚尤其是科技服务业集聚的正外部效应或仅从供给与需求的某一方面来探讨城市商品住房价格上涨的原因，将无法全面认识高速城镇化背景下城市之间商品住房价格存在不均衡性的根源。本书通过构建技能型劳动力流动下的住房均衡模型剖析了科技服务业集聚通过工资优势吸引技能型劳动力流入进而推高商品住房价格的影响过程。模型将流入人口分为技能型劳动力和非技能型劳动力，在外来人口大量流入的情况下，本地居民可以选择是否外迁。对于科技服务业集聚区域，集聚的规模效应将以较高的工资吸引技能型劳动力持续向该区域流入。通过分析发现，如果流入人口为技能型劳动力，则本地居民对流动人口的偏好为接纳，本地的低收入居民与技能型劳动力形成生产上的互补，则本地低收入居民的收入增加而不选择迁出，从而流动人口的增加将导致集聚区域商品住房价格上涨。虽然理论上已经证明了科技服务业集聚是商品住房价格上涨的重要动力所在，为了使研究结论更具说服力，本书还进一步结合实证模型检验了科技服务业集聚对商品住房价格的影响。具体地，本书进一步采用2005—2016年264个地级城市数据考察了商品住房价格中的科技服务业集聚作用，研究发现科技服务业集聚是商品住房价格上涨的重要原因，验证了科技服务业集聚与商品住房价格的线性关系，研究结果在进行了一系列稳健性检验后依然成立。

金融业集聚方面，商品住房价格上涨中的金融业集聚作用显著。路径分析及数理模型推导均表明，金融业集聚对商品住房价格的影响是通过提高房地产开发贷款和个人住房消费贷款来实现的。进一步，本书利用2006—2017年35个大中城市及1045户微观家庭数据，在实证上考察了金融业集聚对城市商品住房价格以及家庭商品住房价格的影响。基于面板模型的固定效应估计结果显示金融业集聚程度增加显著推高了城市商品住房价格，并在此基础上考察了房地产信贷在产业集聚影响商品住房价格中发挥的中介作用。本书进一步从微观层面和空间关系两个方面对金融业集聚的商品住房价格影响效应进行了考察。研究发现，金融业集聚的商品住房价格影响效应也得到了微观层面的支持。考虑到城市之间商品住房价格存在空间关联性，本书在金融业集聚对商品住房价格影响基础上纳入了空间因素，结合空间杜宾模型研究发现金融业集聚对商品住房价格的提升作用具有本土效应，即金融业集聚只对本地城市商品住房价格具有推动作用，随着空间距离的增加，在跨出城市范围后，其作用将受到限制，因此将不再具有明显空间外溢效应。但是商品住房价格除了受本地金融业集聚影响之外，还要受到周边城市商品住房价格波动的影响，即商品住房价格在空间上存在溢出效应。

三、产业集聚对商品住房价格影响存在异质性

整体上看，产业集聚对商品住房价格存在促进作用，但是对于不同规模的城市和不同特征的个体来讲，制造业集聚对房价收入比的影响是否存在差异，在不同经济发展时期和不同地理空间科技服务业集聚对商品住房价格的支撑作用是否相同，金融业集聚对商品住房价格的影响是否因城市住房供给弹性不同而存在差异，均已成为新时期城市在评估产业政策经济效果及精准调控住房市场中所面临的重要问题。

本书不仅从总体上对制造业集聚影响房价收入比的平均效应进行了考察，还从城市规模及个体流动时间、户籍等方面深入探讨了制造业集聚对房价收入比的异质性影响。城市规模方面，研究发现“U”形影响普遍存在于不同规模城市中，但是制造业集聚的拥挤效应超过规模效应使35个大中城市主要处于“U”形曲线的右端。个体差异方面，流动时间越长则“U”形拐点越大，意味着流动时间较短的个体房价收入比对制造业集聚程度的提高更敏感，在对户籍性质差异的研究中发现“U”形特征主要存在于乡城流动样本。

科技服务业集聚的商品住房价格影响效应异质性分析主要从时间和空间两个维度展开。采用门槛模型的异质性分析表明科技服务业集聚对商品住房价格的影响因经济发展不同时期收入水平的不同而发生改变，当人均GDP低于门槛值时，科技服务业集聚对商品住房价格的影响为负，而当人均GDP高于门槛值时，科技服务业集聚程度增加则会促进商品住房价格的上涨。采用地理加权回归模型的空间异质性分析表明在不同城市，科技服务业集聚对商品住房价格的影响存在空间差异，整体来看，科技服务业集聚对商品住房价格的影响呈现西高东低的特征，GWR模型分析结果还显示，近年来我国四个区域的影响程度均出现下降趋势。

金融业集聚对商品住房价格影响的异质性分析主要围绕城市住房供给弹性展开。异质性分析表明，对于住房供给弹性不同的城市而言，金融业集聚对商品住房价格的影响存在显著差异，金融业集聚对商品住房价格的

促进作用只存在于缺乏住房供给弹性城市中，而对于中等住房供给弹性城市和富有住房供给弹性城市而言，金融业集聚的促进作用并不显著。

四、金融业集聚通过宽松房地产信贷供给促进商品住房价格上涨

21 世纪初以来，随着金融自由化程度及金融资源配置效率的提升，我国金融业发展取得了举世瞩目的成就。目前，我国不仅形成了以北京、上海及深圳为代表的全球金融中心，还涌现出一批以地方省会城市为代表的区域金融中心，金融资源在空间分布上的集中使金融业集聚趋势日益显著。

随着金融业集聚程度的增加，金融业空间分布的集中将使房地产开发企业和居民能够更加便利地利用金融资源，其融资渠道也将得以进一步拓宽。一般而言，对于住房市场需求端的消费者来说，金融业集聚程度提高可以通过缓解其融资约束而增加其对住房市场的需求，并进而推高商品住房价格；而对于住房市场供给端的房地产开发企业来讲，金融业集聚程度提高带来的房地产开发贷款规模的增加理论上应该使其向市场提供更多的房屋数量，从而抑制商品住房价格的上涨。但通过对比有无房地产信贷支持下的商品住房价格均衡模型，发现房地产开发贷款的增加和个人住房按揭贷款一样都能够对商品住房价格产生促进作用。同时，在既有理论分析的基础上，本书进一步实证考察了房地产信贷在金融业集聚对商品住房价格影响中所发挥的中介作用，研究发现金融业集聚可以通过增加房地产开发贷款规模和个人住房消费贷款规模来提高商品住房价格水平。可见，无论是理论分析还是经验分析均证实了房地产信贷在金融业集聚影响商品住房价格中所发挥的中介作用。

第二节　政策建议

一、实施制造业产业转移政策

城市制造业集聚对于商品住房价格存在显著影响，而且这种影响是有

差异的，不同城市的制造业发展政策及房地产调控政策应该因城而异。对于超过拐点的城市来说，由于制造业集聚产生的拥挤效应超过了规模效应，应该重点考虑降低拥挤效应的负面影响，一方面要加大居住用地供给，通过增加商品住宅数量来降低商品住房价格，另一方面要实施连续而严格的房地产调控政策，通过促进商品住房价格稳定来减轻劳动者的购房压力。本书更重要的发现是，35 个大中城市的制造业集聚目前均已表现出拥挤特征，针对此类城市而言，实施有效的制造业转移政策不仅能够带动周边次发达地区经济增长还能够实现区域经济协调发展。

此外，对于乡城流动人口，政府一方面应该充分发挥住房保障职能，使其享受到保障性住房的优先供给，另一方面则应该出台切实提高低收入流动人口收入水平的政策，使其在住有所居的同时又能充分释放住房消费需求。两者相比，前者可操作性更强。在商品住房价格高速上涨的背景下，上级政府应加大对下级政府住房保障工作的考核力度，以此促进房地产市场健康发展。在推动城市产业集聚过程中，政府应建设更多的保障性住房及廉租房，并大力培育和发展住房租赁市场，保障城市中低收入居民的合理住房需求，通过逐步完善住房市场长效调控机制，充分发挥政府的住房保障职能。

二、充分发挥科技服务业集聚的住房价格支撑作用

科技服务业集聚程度的增加将有助于推动技术进步和提高生产效率，在工资优势的作用下，科技服务业集聚所吸引的高质量人力资本对住房市场产生的真实需求可以有效降低商品住房价格上涨过快带来的“泡沫”破裂风险，因此在一些西部城市，应该注重提升城市的科技服务业集聚程度从而为商品住房价格的快速上涨提供有力支撑。目前，我国城市科技服务业集聚程度存在较大差异，对于科技服务业集聚程度较低的城市来讲，一方面需进一步强化引资战略，充分利用国家优惠政策、成本优势等积极对接发达城市高新技术企业，通过对先进技术的学习和交流提升城市创新能力；另一方面要坚定实施创新集约化战略，重点加大对新兴产业的培育，积极出台有利于科技服务业发展的环境，并通过借助城市群的发展来提升

城市的科技服务业集聚能力，新兴产业的均衡布局将有利于促进区域经济协调发展。

下一步房地产宏观调控的重点应该继续防范投机炒房行为导致的商品住房价格泡沫加剧，而非单纯关注商品住房价格的高低。高商品住房价格并不意味着高泡沫，应该充分认识到商品住房价格上涨既包含不合理成分也包含合理成分，其中由于科技服务业集聚程度提高带来的住房价格上涨就属于合理成分。而通过本书研究发现近年来住房价格上涨中的合理成分出现了下降趋势恰恰说明城市的商品住房价格能够被科技服务业集聚的高质量人力资本吸引效应所消化掉的比重在减少，因此未来房地产调控应该仍然注意防范投机炒房行为，在已有调控政策实施的基础上，城市还应加大创新投入并推动科技服务业进一步集聚，为商品住房价格上涨提供支撑。

三、严防金融业集聚造成的金融支持过度

金融业集聚空间失衡是近年来商品住房价格存在区域差异的重要原因。金融业的发展与房地产市场的繁荣与否紧密相关，鉴于金融支持在房地产市场中的地位和作用，金融机构应该进一步实施有效的区域金融政策，防止金融资源错配，推动形成优势互补高质量发展的区域经济布局，从而促进房地产市场的可持续发展。

金融业集聚的宏观经济影响效应本身就是一把双刃剑，金融业集聚程度提升无疑会带来房地产信贷供给的宽松，使住房价格偏离基本价值，但这并不意味着城市发展无计可施，关键还取决于政策的落实。针对金融支持过度带来的商品住房价格泡沫化程度加剧问题，金融机构应该坚定实施差异化的住房信贷管理政策。金融业集聚程度的提高有利于房地产开发企业和个人获得更多的资金支持，信贷约束的缓解会加剧住房市场的投机需求并加大商品住房价格泡沫，因此有必要实施差异化的住房信贷政策，在严控房地产开发贷款和二套房贷款规模的同时，还应加大对住房市场刚性需求的金融支持力度。

四、构建住房领域的政府跨区域合作机制

通过本书的研究，我们还发现城市商品住房价格的变动存在显著的空间溢出效应，城市商品住房价格变动受到其周边商品住房价格的正向冲击，因此，针对商品住房价格的空间关联性，有必要通过加强地区及城市之间合作来降低城市间商品住房价格的传染效应。在制定房地产调控政策时，地方政府需要积极突破区域壁垒及利益界限，深化跨区域合作机制，有利于商品住房价格的稳定和房地产市场的稳健运行。

本书研究发现近年来商品住房价格的上涨与产业集聚水平的提高存在一定程度关联，政府需要对不同产业空间分布在住房市场中的地位和作用进行准确定位，进一步制定有效的区域产业政策，促进资源的优化配置。加强政府、金融机构及居民对商品住房价格变化中产业集聚作用的理性认识，在各方努力下共同引领商品住房价格回归理性，实现房地产市场健康有序发展。

附录

附录1：深圳市工业和信息化局：关于加快发展新质生产力进一步推进战略性新兴产业集群和未来产业高质量发展的实施方案

为深入贯彻习近平经济思想，落实制造强国战略及省委实体经济为本、制造业当家和制造强省部署，把握新一轮科技革命和产业变革机遇，加快发展新质生产力，进一步发展壮大战略性新兴产业集群和培育发展未来产业，制定本实施方案。

一、总体要求

（一）指导思想

以习近平新时代中国特色社会主义思想为指导，全面贯彻落实党的二十大和二十届二中全会精神，深入贯彻落实习近平总书记对广东、深圳系列重要讲话和重要指示精神，认真贯彻落实党中央关于加快发展新质生产力、扎实推进高质量发展的决策部署，落实省委和省政府工作要求，按照市委七届八次全会暨市委经济工作会议安排，完整、准确、全面贯彻新发展理念，服务构建新发展格局，以科技创新引领现代化产业体系建设，更大力度推进战略性新兴产业集群和未来产业发展，推动全市科技创新“硬核力”、产业体系“竞争力”不断提升，全球市场“含深度”、城市发展“集约度”显著增加，加快建设全球领先的重要的先进制造业中心和具有全球重要影响力的产业科技创新中心，为打造更具全球影响力的经济中心城市和现代化国际大都市提供有力支撑。

（二）发展目标

到 2025 年，战略性新兴产业集群规模稳步提升，未来产业整体成势，企业综合竞争力显著增强、创新能力明显提高，具有深圳特点和深圳优势的现代化产业体系持续完善，战略性新兴产业集群和未来产业成为发展新质生产力的主阵地。战略性新兴产业增加值超过 1.6 万亿元，经济社会高质量发展主引擎作用进一步强化。打造形成 4 个万亿级、4 个五千亿级、一批千亿级产业集群。规模以上工业企业超过 1.5 万家，国家高新技术企业超过 2.5 万家。

二、重点任务

（一）动态调整集群门类。结合发展实际，在战略性新兴产业集群中，新增低空经济与空天产业集群，软件与信息服务产业集群中的人工智能升格单列为 1 个产业集群，工业母机、激光与增材制造、精密仪器设备 3 个产业集群合并为高端装备与仪器产业集群，智能机器人产业集群调整为机器人产业集群，新材料产业集群调整为高性能材料产业集群；在未来产业中，新增智能机器人产业和前沿新材料产业，区块链产业并入软件与信息服务产业集群，可见光通信与光计算产业调整为光载信息产业，脑科学与类脑智能产业调整为脑科学与脑机工程产业。在保持战略性新兴产业集群和未来产业框架体系总体不变的情况下，加强前瞻谋划，动态调整、滚动完善、持续提升战略性新兴产业集群和未来产业体系。

（二）分类推进培育发展。科学把握产业集群差异化、阶段性发展特征，分类推进、精准施策，加速培育、促进发展。

1. 战略性新兴产业集群。根据产业发展特点，将 20 个战略性新兴产业集群分为四大类。战略重点类产业集群：针对具有战略意义、处于风口期、资源投入大的半导体与集成电路、人工智能、低空经济与空天、新能源、智能网联汽车、生物医药、高端医疗器械等 7 个产业集群，举全市之力集聚资源，以超常规力度支持培育。优势拓展类产业集群：针对产业基础好、市场相对成熟的网络与通信、超高清视频显示、智能终端、软件与信息服务等 4 个产业集群，进一步固本强基，以链主企业为核心完善产业链关键环节布局，形成产业链优势互补发展格局。基础支撑类产业集群：针对基础支撑作用大、成效显现周期长的智能传感器、高端装备与仪器、机器人、高性能材料等 4 个产业集群，聚焦重点环节靶向发展，为其他产业集群增势赋能。综合提升类产业集群：针对产业集聚效应初显、处于成长阶段的数字创意、现代时尚、安全节能环保、大健康、海洋等 5 个产业集群，以精深化发展为主攻方向，推进重点领域场景应用落地，推动产业集群特色发展。

2. 未来产业。结合产业发展成熟度，推动合成生物、光载信息、智能机器人、细胞与基因等 4 个未来产业，5—10 年内产业规模实现倍数级增长；推动脑科学与脑机工程、深地深海、量子信息、前沿新材料等 4 个未来产业，10—15 年内发展成为战略性新兴产业中坚力量。

（三）优化调整重点方向。前瞻研判国内外产业集群演进趋势，更新调整重点领域和关键环节，持续完善各产业集群行动计划。鼓励开展新技术、新产品布局，加强创新产品推广和自主产品规模化应用，推动质量提升与品牌培育，完善行业标准规范，精准提出各产业集群培育发展的 3—5 个关键抓手和 2024—2025 年任务清单。

（四）统筹各区错位发展。着眼于产业成长性，结合各区资源禀赋，合理规划各产业集群的重点布局区和各区重点发展的产业集群。原则上每个产业集群控制在 3—5 个区布局，其中细分领域较多的产业集群可适当增加布局区；每个区重点发展 3—5 个产业集群。战略重点类产业集群和未来产业由市级层面结合实际统筹布局。

（五）夯实产业发展基础。推动电镀、热处理等基础工艺高端化发展。建成投用脑解析与脑模拟、国家超算深圳中心二期等重大科技基础设施。加快建设自由电子激光、特殊环境材料等设施。加强第五代移动通信增强型技术（5G－A）网络、智能算力等新型基础设施建设。加快工业互联网规模化应用，深化工业数据应用。

（六）加强创新体系建设。发挥创新平台载体作用，孵化高附加值企业，推动产业链上下游企业协同创新。加强企业主导的产学研深度融合，支持龙头企业牵头组建创新联合体，推动企业持续加大研发投入。加快布局制造业创新中心、产业创新中心、概念验证中心、新产品导入中心等。

（七）完善服务供给体系。加快培育服务型制造示范企业。推进先进检测认证和标准化体系建设，科学布局质量基础设施。出台服务工业企业国际化发展政策，升级工业企业出海一站式服务平台。突出市场化专业化，持续办好高交会、文博会等高水平展会以及国际数字能源展、国际消费电子博览会等具有行业风向标意义的展会。开展“深圳制造”品牌提升行动，支持企业制定细分产业领域国际标准。

（八）积极拓展应用场景。研究制定典型应用场景清单。加快新技术、新产品在重大项目中的规模化应用，打造应用试验场。组织实施一批跨领域、综合性标杆和亮点项目，加速新技术验证、新产品规模化应用和新业态新模式培育。滚动更新创新产品推广应用目录和首台（套）重大技术装备、首批次重点新材料、首版次软件推广应用指导目录。

三、工作机制

（一）加大协调推进力度。在市制造强市建设领导小组框架下，建立市、区两级统筹协调推进机制，全面开展战略性新兴产业集群和未来产业培育发展工作。市级统筹协调推进机制由市长为主召集人，常务副市长为副召集人，分管副市长和市直有关单位、各区政府主要负责同志、分管负责同志等共同参与，主要负责统筹协调、产业研判、“双招双引”、企业服务、调度评估等工作。各区参照建立区级统筹协调推进机制。

（二）加强市区工作联动。按照“市级汇集资源、区级抓好落地”的总体思路，健全市、区工作联动机制。市级层面统筹做好整体规划布局，各区做好配套设施规划布局。持续优化政策体系，推动市、区两级产业政策有效衔接。建立项目发现机制，市、区多渠道拓展招商信息。推动优质资源向各产业集群的重点布局区倾斜，各区结合重点发展的细分领域进行资源配置。建立各产业集群重点企业台账，市、区共同走访并及时协调解决企业诉求。

（三）完善工作支撑体系。聚焦发展核心要素，进一步优化完善工作支撑体系，通过绘制产业图谱、强化投融咨询、加大资金支持、加强调度评估等，多措并举推进战略性新兴产业集群和未来产业高质量发展。

（四）强化空间供给保障。开展20大先进制造业园区土地整备实施规划与行动计划。编制“工业上楼”2.0版本政策，发布产业集群“工业上楼”设计指引。授牌一批产业特色鲜明、综合配套完善、运营管理高效的特色产业园区。加快建设虚拟园区。

附录2：深圳市工业和信息化局：深圳市关于推动高端装备产业集群高质量发展的若干措施

为落实市委市政府关于“20 + 8”战略性新兴产业和未来产业集群发展的规划和部署，增强装备产业集群的基础支撑作用，依据《广东省人民政府关于培育发展战略性支柱产业集群和战略性新兴产业集群的意见》《深圳市人民政府关于发展壮大战略性新兴产业集群和培育发展未来产业的意见》《深圳市委办公厅 市政府办公厅关于加快发展新质生产力进一步推进战略性新兴产业集群和未来产业高质量发展的实施方案》等文件精神，结合我市实际，制定如下措施。

本措施旨在加快推动新产品、新技术与新工艺在工业母机、机器人、精密仪器设备、轨道交通装备、海洋工程装备和高技术船舶等产业集群的研发及产业化应用推广，对符合条件的产品、平台和项目，在产业政策、资金扶持、产业空间、人才奖励、平台服务等方面予以重点支持。针对重大战略性原创性项目，通过“重大科技攻关专项 + 首台（套）政策 + 市政府引导基金扶持 + 后奖补”予以特别支持。

一、突破重大装备技术

围绕晶圆制造装备、面板制造前段制程装备，以及具备战略意义的高档数控机床、精密仪器设备、海洋工程装备等，力争实现“从 0 到 1”的突破，解决尖端技术“卡脖子”问题。

（一）实施重大战略性原创性项目攻关计划。围绕薄膜沉积设备、离子注入机、薄膜量测设备等晶圆制造设备；曝光机等面板制造前、中道制程设备；超精密数控车床、铣床、磨床和复合加工机床；高端电子测试仪器、几何量测仪器、科学实验仪器；重大深海采矿装备等整机和核心零部件，开展重大技术装备攻关项目，按比例最高给予 3000 万元资助。（责任单位：市科技创新局、市工业和信息化局）

（二）推动重大技术装备验证与应用。通过“试用 + 提升 + 采购”应用机制，鼓励下游制造企业首次试用我市企业研制的填补国内空白或打破国际垄断的重大技术装备，按照可对标的同类型设备市场销售价格，按比例对本地制造企业试用用户给予一次性试用补贴，单台装备最高不超过100 万元。（责任单位：市工业和信息化局）

（三）引入重大技术装备攻关人才团队。大力引进承担重大技术装备攻关项目任务的人才团队和个人，对于符合深圳市高层次人才相关政策的人才，享受相应高层次人才奖励补贴和杰出人才工作经费资助。（责任单位：市工业和信息化局、市人力资源保障局）

二、突破关键配套基础件

支持装备领域价值占比高、技术难度大、国产化率低的关键配套基础件研制，重点突破高档数控系统、减速器、伺服控制系统、超快激光器等，推动装备企业向产业链、价值链高端环节攀升，着力提升产业链供应链韧性和安全水平。

（四）支持高精密机械结构件等特种材料研制。支持材料企业联合装备企业、科研机构共同研制高性能材料，重点研制减速器、加工刀具、精密轴承、精密丝杆用高强度、耐疲劳金属复合材料、高速电机永磁材料等，对符合条件并列入重点新材料首批次应用示范目录的新材料产品，按照一定期限内销售额，按比例给予最高不超过 1000 万元资助。（责任单位：市工业和信息化局）

（五）支持精密模具制造和精密加工工艺开发。鼓励模具企业提升模具设计和精密加工能力，研制耐磨性、韧性、抗疲劳性优异的模具产品，支持加工精度向亚微米级提升。鼓励机械结构件制造企业提升精密加工能力，围绕高精密 RV、谐波减速器、高精密线轨和丝杠、主轴等装备核心结构件，支持量产产品中的核心关键工艺加工精度向 IT5、IT4、IT3 及以上等级提升。（责任单位：市工业和信息化局）

（六）支持数控系统和工控系统等研制。支持企业重点研制基于自主可控核心芯片和操作系统的机床数控系统，PLC（可编程逻辑控制器）、

DCS（分布式控制系统）等工业自动化控制系统。支持企业开发嵌入式操作系统、开发支撑软件、工业控制先进算法等基础软件和工业软件，对于符合条件的首版次软件，按一定时期内审定销售额，按比例给予最高不超过1000万元的资助。（责任单位：市工业和信息化局、市发展改革委、市科技创新局）

三、提升装备智能化水平

面向装备智能化、数字化、网联化发展趋势，支持装备企业运用数字化、网络化技术研制智能网联装备，提升装备和关键工序数字化水平，促进我市制造业数字化转型，推动信息化和工业化深度融合。

（七）支持装备智能化网联化系统研制和应用。支持装备企业研制用于装备数据采集、联网上云、在线检测、异构网络互通、船舶远程运维的系统模块，提升制造业数字化转型的智能化网联化能力。鼓励实施技术改造项目的企业采购具有深度感知、智慧决策、自动执行功能的工业互联新型装备。鼓励企业通过技术融合、设备集成和二次开发形成解决方案，提升装备在智能制造领域的应用水平。（责任单位：市工业和信息化局）

（八）支持自主可控的装备互联协议推广应用。支持数控装备内置或兼容NC－Link互联通信协议标准，工业软件等适配NC－Link互联通信协议标准，形成有利于制造业数字化转型的统一标准；支持数字化工厂/车间应用NC－Link协议标准，形成基于NC－Link协议的工厂/车间数字化解决方案示范，对于相关建设项目，按照NC－Link互联通信协议相关部件和系统采购金额按比例给予最高100万元资助。（责任单位：市工业和信息化局）

四、加强装备推广应用

（九）落实首台（套）保险补偿政策。落实国家首台（套）重大技术装备保险补偿机制，支持鼓励企业按照相关政策申报国家首台（套）保费补贴，对符合条件的投保企业给予适当额度保险补偿，强化保险的风险保障功能，降低用户使用风险，加快首台套重大技术装备研发应用，推动重

大技术装备迭代更新。（责任单位：市工业和信息化局）

（十）支持首台（套）重大技术装备推广应用。突出需求导向，强化应用牵引，鼓励企业将具备突破性、先进性的装备整机（含系统）、核心零部件申请纳入《首台（套）重大技术装备推广应用指导目录》。对研制符合首台（套）目录的产品的企业，按照一定期限内产品实际销售总额，按比例给予最高1000万元资助。（责任单位：市工业和信息化局）

（十一）加大采购首台（套）产品力度。引导国企、事业单位扩大首台套重大技术装备采购，依托重大工程等建设首台（套）重大技术装备示范应用项目，相关产品适用尽职免责条款规定。落实《工业和信息化部 国家发展改革委 国务院国资委关于支持首台（套）重大技术装备平等参与企业招标投标活动的指导意见》（工信部联重装〔2023〕127号），支持首台套重大技术装备平等参与企业招标投标活动。（责任单位：市工业和信息化局、市发展改革委、市卫生健康委、市国资委）

（十二）鼓励企业采购首台（套）产品用于技术改造。着力加强对制造业企业老旧设备和生产线的升级改造，支持工业企业围绕扩大产能规模、提升生产效率、提高产品质量、促进技术装备和产品更新换代、改善生产环境等方面加大技术改造，鼓励企业在技术改造升级过程中优先采购列入首台（套）重大技术装备目录的产品，对于采购首台（套）产品用于技改投资的项目在技术改造项目扶持中优先给予资助。（责任单位：市工业和信息化局）

（十三）推动在高端复杂场景和龙头用户企业应用。以能够反映装备在精度、可靠性、效率、能耗和智能决策等方面水平为衡量标准，推动工业机器人、数控机床、激光加工装备、精密仪器设备等通用装备在高端场景的应用，推动半导体制造装备、面板制造装备、动力电池制造装备、光伏电池制造装备、专用精密仪器设备等专用装备在下游龙头用户企业的应用，提升高端应用领域装备国产化率。（责任单位：市工业和信息化局）

五、完善创新生态体系

（十四）支持装备领域大型央企、民企在深圳落户。积极对接装备领域大型央企、民企重大项目，对引进的特大、关键、紧缺项目采取“补投结合”“一事一议”“一企一策”方式予以支持。（责任单位：市工业和信息化局，各区政府、大鹏新区管委会、深汕特别合作区管委会）

（十五）支持装备领域制造业创新中心建设。鼓励企业、科研院所、高校、行业组织等产学研用和上下游联合，在高端装备领域组建制造业创新中心，对制造业创新中心的平台建设、技术研发、示范应用等项目，按比例给予最高 5000 万元资助。对已拨付的国家和省制造业创新中心资助资金，最高给予 1∶1 配套资助。（责任单位：市工业和信息化局）

（十六）支持产业公共服务平台建设。面向装备全生命周期共性服务需求，加快关键性、紧缺性公共服务供给。支持建设机器人检测认证公共服务平台、机床加工工艺服务平台、精密仪器校准检测平台、轨道交通装备检测认证服务平台等。对符合条件的平台，按照不超过投资额，按比例给予最高 1000 万元资助。（责任单位：市工业和信息化局、市市场监管局）

（十七）加大对装备企业金融支持力度。按照“一集群一基金”配置原则，加快设立面向工业母机、机器人等装备领域的专业化投资基金。以“补投结合”的模式，创新高端装备产业项目的支持方式。充分发挥产业投资基金在招商引资方面的重大“推手”作用，通过基金投资促使一批重大项目签约落地。（责任单位：市工业和信息化局、市财政局、市地方金融管理局）

六、加大集群发展统筹力度

（十八）建立政府与市场协同机制。加强市区联动，加大市区联合支持力度，充分发挥战略咨询机构、产业促进机构、专家委员会、重点企业、行业协会等相关单位的支撑作用，协同解决全市高端装备产业发展过程的难点和痛点。（责任单位：市工业和信息化局）

（十九）推动高端装备产业园区建设。拓展制造业发展空间，在工业母机、机器人、精密仪器设备、海洋工程装备和高技术船舶等产业集群分别认定一批具有产业集聚度高、规模效益明显，具备良好公共技术服务能力，园区内企业自主创新能力强的特色园区，对园区投资或管理机构在园区规划、公共服务、信息化建设、招商引资等给予相关支持。（责任单位：市工业和信息化局、各区政府、大鹏新区管委会、深汕特别合作区管委会）

七、其他事项

（二十）制定配套实施办法或操作规程。市政府各部门制定配套实施办法或操作规程，并加强政策措施的绩效评估，根据实施效果进行动态调整。各区政府、新区管委会、深汕特别合作区管委会可以结合本区实际情况，根据本政策措施制定实施办法。本措施由市工业和信息化局负责解释。本措施自印发之日起施行，有效期 5 年。

附录3：大连高新区集聚创新要素推动“又高又新”高质量发展若干政策
（2023年修订）

第一条 为贯彻落实创新驱动发展战略，推动国家自主创新示范区建设，发展实体经济，构建创新生态，培育发展战略性新兴产业和未来产业，加快形成新质生产力，增强发展新动能，实现“又高又新”高质量发展和新时代全面振兴新突破目标，特制定本政策。

第二条 大力发展软件与信息技术服务、车联网、洁净能源、智能制造、元宇宙、数字贸易、文化创意、海洋科技、生命健康等重点战略新兴产业，支持科技创新，推动产业升级，完善产业链条，打造产业集群，构建现代产业体系。

第三条 高层次人才创业扶持。入选“海创工程”、“科创工程”后，采用“拨投联动”方式给予50万元创业扶持，并按项目评估结果给予最高1000万元投资扶持。

第四条 企业优秀人才奖励。对重点企业及世界500强企业中的骨干人才，依企业推荐分类奖励个人最高3万元。对重点企业及500强企业中税前年薪60万元及以上的高端人才，按税前年薪最高6%分类奖励个人。

第五条 企业人员增长奖励。对年度人员净增长30人及以上的重点企业及世界500强企业，按净增人数每人5000元标准，奖励企业最高200万元。

第六条 企业研发费用补助。对年度研发费用300万元及以上，且符合研发加计扣除政策的企业，分类补助最高100万元。对新设立研发投入财务科目，且研发费用2000万元及以上的外资（合资）独立法人企业，奖励20万元。

第七条 创新与孵化平台奖励。对企业首次获批国家、省、市级认定备案的创新平台资质，分别奖励100万元、60万元、30万元。对首次获得国家和省级认定备案的孵化器奖励 50 万元、20 万元，众创空间奖励 30 万元、10 万元。

第八条　企业新技术新产品创新扶持。重点企业自主或联合区内其他中小微企业及高校院所，开展技术攻关与应用创新活动，对两年内研发投入 500 万元及以上项目，补助最高 1000 万元。

第九条　企业股权投融资奖励。对新设立或新迁入的投资机构，奖励最高 100 万元。对投资机构新增区内投资，奖励管理团队最高 100 万元。对企业增资扩股获得的融资额，按 3% 比例奖励最高 100 万元。

第十条　科技信贷融资补贴。对重点企业、首贷企业新获得的期限为 6 个月及以上贷款，按利息额的 50% 给予补贴，科技企业最高 30 万元、工业企业最高 50 万元、首贷企业最高 30 万元，最多 2 年。对首次贷款产生的担保费以及知识产权质押贷款产生的评估费、担保费及保险费，单项补贴最高 10 万元。

第十一条　企业境内外上市奖励。对拟上市企业自签署上市辅导协议年度起，给予连续三年扶持。企业在境内外首次公开发行上市，或借壳上市、异地收购上市公司、外埠已上市公司自愿迁入区内，奖励 600 万元。企业新三板挂牌奖励最高 200 万元。上市公司再融资并投资区内，奖励最高 100 万元。

第十二条　高新技术企业奖励。企业入选高新技术企业培育库奖励 1 万元，企业通过高新技术企业认定奖励 10 万元，高新技术企业迁入区内奖励 10 万元，对认定后两年经营良好的企业每年奖励 5 万元。

第十三条　高成长企业奖励。备案省级雏鹰企业，依据营收情况奖励最高 5 万元。备案省级瞪羚和种子独角兽企业奖励 30 万元、潜在独角兽企业奖励 50 万元、独角兽企业奖励 100 万元。根据瞪羚独角兽类企业备案后两年发展情况给予奖励。

第十四条　“专精特新”“小升规”企业奖励。对首次认定或新迁入的专精特新中小企业奖励 10 万元，对首次认定或新迁入的专精特新“小巨人”企业奖励 30 万元。对首次升规入统的企业奖励 10 万元。

第十五条　固定资产投资补助。企业总投资达 500 万元及以上的新建、改建、扩建等项目，对其新购置 100 万元及以上的办公、生产或研发设备，按实际购置额的 10%，补助最高 200 万元。对重点区域的重大投资项目另行规定。

第十六条 优质企业奖励。对符合条件的新引进企业，给予连续三年不超过其直接贡献 70% 的奖励；对区内年度经营贡献优秀企业，按梯度给予不超过其直接贡献增量 70% 的奖励。

第十七条 企业转型升级奖励。对年收入 2000 万元且人均年收入 30 万元及以上的技术先进型企业，按人均收入每增长 3 万元奖励 10 万元，最高 100 万元。

第十八条 支持产业链与集群建设。积极构建重点赛道与细分领域产业链和产业集群，对发挥核心作用的平台型、总部型、头部型、链主型企业，给予重点支持。

第十九条 重大项目扶持。对投资额度大、科技含量高、产业带动性强及经济贡献突出的重大项目，按“一事一议”协议约定执行。

第二十条 本政策由大连高新区管理委员会负责解释，自颁布之日起实施，有效期至 2026 年 12 月 31 日，实施细则另行制定。

附录4：淄博市人民政府《关于进一步促进金融业集聚发展若干措施》

为进一步丰富我市金融业态，促进金融资源集聚，壮大金融产业规模，有力支撑全市经济高质量发展，根据市委、市政府关于打造区域性科创产业金融高地部署要求，制定本措施。

一、促进金融机构集聚发展本文件所称金融机构，是指经国家金融监管部门批准设立的相关机构。

（一）对新设立或新引进的法人金融机构，按其实缴注册资本规模给予一次性资金补助。实缴注册资本50亿元（含）以上的，补助1.2亿元；40亿元（含）至50亿元的，补助1亿元；30亿元（含）至40亿元的，补助7000万元；20亿元（含）至30亿元的，补助5000万元；10亿元（含）至20亿元的，补助3000万元；5亿元（含）至10亿元的，补助1000万元；3亿元（含）至5亿元的，补助500万元；1亿元（含）至3亿元的，补助300万元。法人金融机构增资，对其增资部分，参照新设立或新引进的法人金融机构给予补助；第二次及以后增资的，其累计增资规模达到高一级补助标准的，补足补助差额部分。

（二）对新设立或新引进的法人金融机构分支机构、区域金融总部机构，以及法人金融机构的职能总部、运营总部、后台服务中心等，给予一次性资金补助。1. 对全国性银行、外资银行及省外城市商业银行的一级分行补助500万元，二级分行补助300万元；对省内城市商业银行一级分行补助300万元。2. 对保险公司、证券公司、期货公司、信托公司、企业集团财务公司、金融资产管理公司、公募基金管理公司、交易所、登记结算公司、金融租赁公司、消费金融公司、汽车金融公司等非银行类金融机构一级分公司，补助300万元。3. 对新设立或新引进的法人银行和保险公司的区域（业务）总部、运营管理中心或后台服务中心，补助200万元；对法人证券公司、期货公司和信托公司的业务总部或运营中心，补助200

万元。

（三）对新设立或新引进的上述金融机构，自建或购买营业用房的，按建房核算成本或购房合同价款的5%给予一次性补助，最高不超过500万元；租赁办公用房的，3年内每年按房屋租金的30%给予补助，累计补助额不超过300万元，补贴期间不得转租。

二、促进企业上市挂牌集聚发展本文件所称企业上市挂牌是指企业在沪深证券交易所、北京证券交易所、港交所等境内外主要证券交易所和新三板上市挂牌融资。

（一）建立企业上市培育库，纳入企业上市培育库管理并启动上市工作的企业，市财政给予最高30万元的培育补助。

（二）引导企业上市挂牌，企业在境内证券交易所上市的，按照上市签约、首发辅导备案、受理首发申请、成功上市四个阶段，以1∶3∶4∶2的比例给予支持，其中在沪深证券交易所上市的，市财政分阶段给予总额1000万元，在北京证券交易所上市的，市财政分阶段给予总额800万元；北京证券交易所上市公司实现转板至沪深证券交易所上市的，补齐至1000万元。已享受原分阶段上市支持政策的，北京证券交易所上市后补齐至800万元。博山区、周村区在沪深证券交易所和北京证券交易所上市的公司，市财政按1.5倍给予支持。在境外主要证券交易所上市的，市财政按照融资净额2‰给予最高1000万元的支持。企业在新三板挂牌的，市财政给予一次性支持100万元。

（三）企业通过并购重组形式实现上市，将上市公司注册地变更至我市且在我市纳税50%以上的，市财政给予沪深证券交易所上市公司一次性支持1000万元，给予北京证券交易所上市公司一次性支持800万元。外地上市公司将注册地和主营业务迁入我市且在我市纳税80%以上的，享受“一事一议”专项政策。对于促进我市企业通过并购借壳方式上市的第三方专业机构，市财政给予一次性支持50万元。

（四）支持符合条件的上市公司分拆子公司上市，我市上市公司分拆上市的，在支持新上市公司1000万元基础上，市财政给予母公司150万元的支持，并以此为基准，每成功分拆一家，按照多50万元递增。

（五）企业按照上市、新三板挂牌要求进行财务调整规范、股权架构规范而形成的相关支出，上市挂牌成功后，财政部门对其经济贡献进行测算，对公司按 90% 给予支持，自然人股东按 80% 给予支持。

（六）上市公司、新三板挂牌公司实现再融资且融资额 70% 以上投资于我市的，市财政按其年度实际再融资额的 2‰给予最高不超过 200 万元的支持。

（七）提升上市挂牌政策兑付效率，分阶段上市挂牌政策申报 3 个月内给予兑现，其他资金按年度组织实施。特殊事项按照“一事一议”原则研究确定支持政策。

三、促进地方金融组织集聚发展本文件所称地方金融组织，是指依法设立、取得地方金融监管部门核发的业务许可证的小额贷款公司、融资担保公司、民间融资机构、地方金融资产管理公司、典当行、融资租赁公司、商业保理公司、开展权益类交易和介于现货与期货之间的大宗商品交易的交易场所、参与新型农村合作金融试点的农民专业合作社等机构或组织。

（一）对新设立或新引进的地方金融组织，实缴注册资本 10 亿元（含）以上的，补助 500 万元；5 亿元（含）至 10 亿元的，补助 300 万元；3 亿元（含）至 5 亿元的，补助 150 万元；1 亿元（含）至 3 亿元的，补助 50 万元；5000 万元（含）至 1 亿元的，补助 30 万元。补助资金分两期支付，第一期支付 30%，第二期支付 70%。申请第二期资金补助的地方金融组织，需持续经营满一个会计年度且通过年审。对参与新型农村合作金融试点的农民专业合作社，市财政根据试点开展情况给予一定奖励资金，主要用于开办费和贴息补助，具体奖励金额由市财政局会同市地方金融监管局核算后，下达试点区县统筹使用。

（二）地方金融组织增资，其增资后累计实缴注册资本达到高一级补助标准的，补足补助差额部分。

（三）新设立或新引进的地方金融组织购买办公用房的，按购房合同价款的 2% 给予补助，最高补助 100 万元；租赁办公用房的，3 年内每年按房屋租金的 30% 给予补助，累计补助额最高 50 万元，补贴期间不得转租。

四、促进股权投资（管理）企业集聚发展本文件所称股权投资（管理）企业，是指企业名称、经营范围表述为“股权投资”或“股权投资管理”，或以股权投资（管理）为实际主营业务，且在中国证券投资基金业协会进行登记备案管理的股权投资基金或股权投资基金管理公司。相关补贴政策按照我市推进基金机构集聚发展的相关政策执行。本文件所称金融中介服务机构，是指保险中介机构、从事证券期货相关业务的资产评估机构、在银行间债券市场和交易所债券市场开展债券评级业务的信用评级机构，以及具有一定规模和行业影响的金融法律服务、金融会计服务及金融配套服务机构等。

（一）对新设立或新引进的法人金融中介服务机构，实缴注册资本5000万元（含）以上的，补助60万元；2000万元（含）至5000万元的，补助30万元；1000万元（含）至2000万元的，补助20万元；200万元（含）至1000万元的，补助10万元。

（二）对新设立或新引进的金融中介服务机构购买办公用房的，按购房合同价款的2%给予补助，最高补助100万元；租赁办公用房的，3年内每年按房屋租金的30%给予补助，累计补助额最高50万元，补贴期间不得转租。

（三）积极吸引国际顶尖会计师事务所、律师事务所在我市设立分支机构，按照“一事一议”的原则研究确定扶持政策。

五、其他规定

（一）本文件规定的政策与其他相关政策不重复享受。本文件涉及的股权投资（管理）企业补助资金分担方式按原有文件执行，其他各项补助资金除明确由市财政负担的，由市和所在区县按现行财政体制分级负担。享受本文件财政资金支持企业需符合“绿色门槛”制度要求和其他法律、行政法规及政策规定。

（二）享受本文件规定政策的企业及其分支机构等，应承诺持续在我市经营，确需迁离本市的、实缴注册资本规模减少的，须提前告知并退还享受的补助资金。企业因违规违法造成不良后果的，取消其享受本政策的资格。

（三）本文件自印发之日起施行，有效期至 2024 年 4 月 10 日。之前有关政策与本文件规定不一致的，以本文件规定为准，执行过程中如遇相关政策调整，按调整后的政策执行。《淄博市人民政府办公室关于印发淄博市促进金融业集聚发展若干政策的通知》（淄政办发〔2020〕13 号）同时废止。

（四）本文件由市地方金融监管局、市财政局负责解释。

附录5：工业和信息化部发布《促进中小企业特色产业集群发展暂行办法》

第一章　总　　则

第一条　为促进中小企业高质量发展，提升中小企业产业集群专业化、特色化、集群化发展水平，依据《中华人民共和国国民经济和社会发展第十四个五年规划和2035年远景目标纲要》《关于推进以县城为重要载体的城镇化建设的意见》《“十四五”促进中小企业发展规划》，制定本办法。

第二条　本办法所称中小企业特色产业集群（以下简称集群）是定位在县级区划范围内，以新发展理念为引领，以中小企业为主体，主导产业聚焦、优势特色突出、资源要素汇聚、协作网络高效、治理服务完善，具有较强核心竞争力的中小企业产业集群。

第三条　集群促进工作以增强中小企业核心竞争力、激发县域经济活力、提升产业链供应链韧性和关键环节配套能力为目标，坚持完整、准确、全面贯彻新发展理念，坚持政府引导和市场主导相结合，坚持培优企业与做强产业相结合，坚持动态管理和精准服务相结合。

第四条　工业和信息化部负责集群促进工作的宏观指导和统筹协调，推动出台扶持政策，发布认定标准，开展认定、监督和考核工作。各省、自治区、直辖市及计划单列市、新疆生产建设兵团中小企业主管部门（以下统称省级中小企业主管部门）负责本地区集群培育工作，协助工业和信息化部对本地区集群开展申报受理、初审、推荐、监测和其它日常工作。

第五条　工业和信息化部建立集群动态管理和跟踪监测机制。“十四五”期间，在全国范围内认定200个左右集群，引导和支持地方培育一批省级集群。

第二章 培育要求

第六条 各级中小企业主管部门重点围绕以下方面开展集群培育工作：

（一）提升集群主导产业优势。精准定位集群主导产业，有针对性地固链强链补链延链，畅通集群协作网络，增强专业化配套能力，强化质量品牌建设，发挥龙头企业带头作用，促进大中小企业协同发展，加强优质中小企业梯度培育，支持集群参与先进制造业集群的培育和建设。

（二）激发集群创新活力。构建多层次集群创新平台，集成和开放创新基础设施和服务资源，推动集群与大型企业、高等院校和科研院所建立稳定的创新合作机制，开展主导产业大中小企业融通创新、共性技术产学研协同创新，强化知识产权运用和标准研制。

（三）推进集群数字化升级。加强集群新型信息基础设施建设，建立健全工业互联网安全保障体系，推动先进安全应急装备应用，搭建资源共享和管理平台，提升集群数字化管理水平。引导集群企业运用中小企业数字化转型指南及评测指标，推广智能制造装备、标准和系统解决方案，深化工业互联网、工业软件集成应用，提高数字化转型水平。

（四）加快集群绿色低碳转型。优化集群能源消费结构，推广清洁能源应用，开展节能改造和绿色低碳技术改造，强化资源综合利用与污染防治，完善绿色制造体系。

（五）深化集群开放合作。支持集群积极参与“一带一路”建设，深化人才、技术、资本、资源等合作，以集群为单位参与国际合作机制和交流活动，建立贸易投资合作境外安全风险防控机制。

（六）提升集群治理和服务能力。加强集群公共服务体系建设，丰富服务内容，提升服务质量，强化服务考核，建立“共商、共建、共享、共赢”的集群治理机制，强化安全生产意识和中小企业合法权益保护。统筹规划集群发展，制定集群培育方案，明确发展目标和工作措施。

第七条 省级中小企业主管部门制定和完善本地区集群发展规划和专项扶持政策，建立集群培育库，加大引导，加强服务。

第八条 各级中小企业主管部门加强对集群的财政、金融、产业、创新、土地、人才等政策支持，落实好各类惠企政策，加强对集群参与重大项目的支持力度，推动各类产业投资基金加大对集群的投资力度，营造稳定公平透明可预期的营商环境。

第九条 各级中小企业主管部门充分发挥集群运营管理机构、龙头企业、商协会、专业机构、各级中小企业公共服务示范平台和小型微型企业创业创新示范基地作用，不断完善提升集群服务体系。

第十条 省级中小企业主管部门及时总结集群在提升创新、服务、数字化、绿色化和国际化水平，以及推动产业链供应链协同发展的经验做法，开展集群典型实践案例和优秀集群品牌宣传。

第三章 认定程序

第十一条 中小企业特色产业集群认定坚持申报自愿、公开透明、以评促建、持续提升、跟踪监测、动态调整的原则，工业和信息化部与省级中小企业主管部门分工负责，统筹开展，有序推进。

第十二条 申报认定的集群应在县级区划范围内，并已认定为省级集群（首批申请除外），由所在地县（市、区）中小企业主管部门作为申报主体。

第十三条 省级中小企业主管部门负责对集群申报进行受理、初审和实地抽查，在符合认定标准（见附件）的基础上，择优推荐至工业和信息化部。

第十四条 工业和信息化部组织对省级中小企业主管部门推荐的集群申报材料进行复审（包括实地抽查），择优形成集群名单，经公示无异议的，确定为“中小企业特色产业集群”，并在工业和信息化部门户网站公布。

第四章 动态管理

第十五条 集群有效期为三年。有效期满后，由工业和信息化部组织开展复核工作，并考核集群三年发展规划目标完成情况，复核通过的有效期延长三年。

第十六条 省级中小企业主管部门加强对集群发展规划执行情况、目标进展、工作经验、问题与改进措施等进行持续跟踪，并组织集群于每年4月30日前填报集群上一年度有关工作开展情况，报送至工业和信息化部。工业和信息化部组织开展监督和考核，编制集群发展评估报告。

第十七条 已认定的中小企业特色产业集群如发生以下情形之一的，撤销其认定：

（一）有效期满未申请复核或经复核未通过的；

（二）发现虚假申报或存在违法违规行为的；

（三）未及时报送集群年度培育情况信息表，不接受、不配合监测监督工作的；

（四）集群发生主导产业、空间范围、运营管理机构变更等重大变动未及时更新报备的；

（五）集群企业发生较大及以上安全、质量和环境污染等事故，重大及以上网络安全事件和数据安全事件，以及偷税漏税、违法违规、严重失信和其它重大问题的行为。

第五章 附 则

第十八条 本办法由工业和信息化部负责解释。

第十九条 本办法自2022年9月13日起实施。

附件：中小企业特色产业集群认定标准（2022年版）

中小企业特色产业集群（以下简称集群）认定须满足以下八方面指标。同时，集群企业近三年未发生较大及以上安全、质量和环境污染等事故，重大及以上网络安全事件和数据安全事件，以及偷税漏税、违法违规、严重失信和其他重大问题的行为。

一、具有较强核心竞争力

集群主导产业为所在县域的支柱或特色产业，符合国家产业政策和行业发展规划要求，发展水平位居细分领域全国前列，有较高的集群品牌知名度；占地面积一般不超过100平方公里，近三年产值均在40亿元以上，中小企业产值占集群总产值70%以上，主导产业占集群总产值比例高于70%，产值年均增速高于10%。

二、优质中小企业梯度培育成效显著

集群持续开展优质中小企业梯度培育工作，拥有不少于1家主导产业的制造业单项冠军企业或专精特新“小巨人”企业，或者不少于10家专精特新中小企业、创新型中小企业和国家级高新技术企业。

三、产业链供应链协作高效

集群产业链布局合理，产业链上下游企业产供销一体化协同协作机制较完善，建立了通用生产设备、物流、仓储、人力、设计等共享机制，产业链关键环节配套能力较强。

四、具有较强协同创新能力

集群重视研发持续投入，近三年中小企业研发经费年均增长高于10%；统筹建立了多元创新平台，与大型企业、高校和科研院所创新合作紧密，大中小企业融通创新和产学研协同创新机制完善；积极参加主导产业的标准制修订工作；突破了一批主导产业的关键核心技术，有效发明专利年均增长率不低于15%，每万人有效发明专利拥有量不低于15个。

五、数字化转型效果明显

集群新型信息基础设施建设水平较高，数字化装备和系统应用广泛，引入跨企业数字化解决方案、评估和诊断等服务；“用云上平台”成效显著，工业互联网平台应用普及率不低于15%，工业软件应用率稳步提升，实现集群企业重要生产数据联通；开展主导产业数字化新模式新业态探索，建立健全工业互联网安全保障体系。

六、具有较高绿色化发展水平

集群能源消费结构合理，二氧化碳排放量强度持续下降，资源利用效率较高，污染物排放治理有效，建立了绿色低碳服务机制；属于高耗能行业的集群，能效水平高于行业基准值；属于高用水行业的集群，水效水平高于行业基准值。

七、积极参与产业开放合作

集群参与主导产业国际合作机制或交流活动，开展技术、管理、人才或资本等方面交流合作，通过设置海外分支机构等方式，推动产品和服务对外贸易快速发展。

八、具有较强治理和服务能力

集群设立管委会等运营管理机构，建立了完善的中小企业公共服务体系和专业化的集群发展促进机制；促进中小企业发展政策宣贯实现集群全覆盖，确保惠企政策受益主体不漏户、不漏人地清晰了解和应享尽享；依照本办法第二章第六条，制定未来三年发展规划，发展目标要清晰、可考核，工作措施要完整、针对性强、切实可行。

附录6：河南省住房和城乡建设厅：关于进一步促进房地产市场平稳健康发展的若干措施

为贯彻落实党的二十届三中全会精神和党中央、国务院决策部署，深入落实省委、省政府关于推动经济稳进向好部署要求，统筹征收回迁安置和解决新市民住房问题，加快建立租购并举的住房制度，促进房地产市场止跌回稳，推动构建房地产发展新模式，结合我省实际，制定本措施。

一、大力支持住房消费

1. 取消商品住房限制政策，购买商品住房（含新建商品住房和二手住房），无需审核购房人资格。取消商品住房（含新建商品住房和二手住房）转让限制年限规定（有限制产权转让的除外），自取得不动产权证（房屋所有权证）之日起即可转让。取消普通住宅和非普通住宅标准。

2. 加大购房补贴、契税补贴、人才购房补贴力度。鼓励各地自主制定补贴措施，对个人消费者旧房装修、厨卫等局部改造和适老化改造等所需物品和材料给予补贴，每套最高不超2万元。

3. 支持各地合理提高住房公积金贷款额度上限，对多子女家庭、引进高层次人才等可提高20%的贷款额度，支持缴存人提取公积金支付房租和购买保障性住房，最低首付款比例为15%，提取与贷款金额累计不超过所购住房总价。鼓励各地结合实际开展商转公、组合贷业务，更好支持居民购房需求。

4. 持续开展购房节、家装焕新等住房联动促销活动，引导房地产企业、装修装饰公司等主动让利优惠，降低居民购房成本。结合产业导入，支持科研机构、产业园区等通过团购商品住房方式集中解决职工住房问题，鼓励开发企业给予团购优惠。

5. 积极探索并逐步推广符合条件的国有企业以市场化方式参与“以旧换新”，国有企业收购的二手住房可对外出售或用作租赁住房、人才房、保障性住房等，各地政府要研究出台相关配套政策，提前明确收购和配售、租赁的定价机制和管理办法等。大力推进房地产开发企业、经纪机构、购房者三方联动，促进“旧房优先卖、新房优惠买”，实现交易达成。

二、加大金融支持力度

6. 加快推动降低存量房贷利率、优化房贷最低首付款比例等金融支持政策落地见效，支持居民合理住房需求。居民家庭（包括借款人、配偶及未成年子女）申请贷款购买商品住房时，家庭成员在当地名下无成套住房的，不论是否已利用贷款购买过住房，银行业金融机构均按首套住房执行住房信贷政策。

7. 充分发挥城市房地产融资协调机制作用，完善“一项目一方案一专班一银行一审计”机制，推动更多符合条件的在建已售难交付商品住宅项目进入“白名单”，加大“白名单”项目贷款投放力度，力争“白名单”项目融资满足率不低于70%。

8. 加快“白名单”问题项目整改修复，对已纳入“白名单”的问题项目，压实各地主体责任，加大问题项目整改修复力度，确保在2024年底前全部整改修复合格。

9. 对住房租赁企业收购存量商品住房用于租赁住房的，可享受当地购房补贴等优惠政策，鼓励银行机构按照《关于金融支持住房租赁市场发展的意见》（银发〔2024〕2号）发放住房租赁团体购房贷款。

三、严格控制增量供应

10. 加强商品住宅用地供应管理，对商品住宅去化周期超过18个月的市、县，暂停新增住宅用地审批并严格控制新增住宅用地出让。根据非住宅用地存量以及待售库存，审慎新增商办、公寓等非住宅用地供应。

11. 严格控制新增住房供应节奏，从严商品房预售许可审批，在建项目加强与个人住房按揭贷款、个人住房公积金贷款发放条件衔接，新建项目原则上按照个人住房按揭贷款、个人住房公积金贷款发放条件审批，促进商品住房库存去化周期保持在合理区间。

12. 郑州、开封、济源示范区加快推进现房销售试点工作。鼓励其他地市拿出优质地块，探索现房销售。严格商品房预售资金监管，支持各地创新探索预售资金差异化监管、委托住房公积金中心监管等模式。

四、进一步优化存量

13. 支持省属国有公司作为存量房源收购主体，与市县国有企业加强合作，在满足相关规定和基本条件，且市县已建立完善配套政策的前提下，市场化、法治化收购存量商品房用于保障性住房。积极争取国家保障性住房再贷款支持。支持市县收购存量商品房用作保障性租赁住房，根据《关于河南省财政支持城镇保障性安居工程促进房地产业良性循环和健康发展的意见》（豫财综〔2022〕77 号）相关规定，省财政继续按照不超过2%的贴息率予以支持。

14. 在推动城中村改造、城市更新过程中涉及到对被征迁居民进行安置的，按照先安置、后搬迁的原则，鼓励优先采用房票安置或“以购代建”方式安置。

15. 支持各地按照《自然资源部 国家发展改革委关于妥善处置闲置存量土地的若干政策措施的通知》（自然资发〔2024〕104 号），适当放宽分期开发和价款缴纳时间，根据建筑面积占比对相应的土地办理不动产登记。对已收回收购的存量闲置住宅用地，鼓励各地在符合详细规划的前提下优化规划条件、改善基础配套和公共服务设施，建设高品质“好房子”。对已出让尚未建设的非住宅商品房用地，支持各地综合考虑当地住宅、非住宅去化周期等因素，在依法收回土地后，依规依程序进行调整。

五、提高供应质量

16. 鼓励各地结合当地实际，优化调整房地产项目计容面积、公摊等建筑设计规则，提高商品住宅得房率。在不改变用地性质和容积率的前提下，允许调整住房套型结构，依法办理相关审批手续。

17. 以居民住房需求为导向，加强工程设计方案审查，严格执行建筑节能和绿色建筑标准，严把工程质量，建设绿色、低碳、智能、安全的

“好房子”，提升住房品质。

18. 推动物业服务标准化，健全物业服务成本监测和价格调整机制，推动物业服务质价相符。创新物业服务方式，提高物业服务智慧化水平。

六、推动构建房地产发展新模式

19. 统筹考虑人口、住房、土地、金融等多方面因素，科学谋划编制城市“十五五”住房发展规划，推动“人房地钱”有机联动。鼓励有条件的县级城市编制县域“十五五”住房发展规划。

20. 鼓励各地积极探索建立公共建筑、经营性房屋强制体检与居民自住房自愿体检相结合的住房体检制度，积极发展住房保险产品，拓宽维修资金来源，为房屋提供全生命周期安全保障。

参考文献

[1] 薄文广．外部性与产业增长——来自中国省级面板数据的研究[J]．中国工业经济，2007（01）：37-44.

[2] 蔡真，汪利娜．房价与信贷关系研究——兼论当前房价调控政策的有效性[J]．金融评论，2011，3（01）：75-93+125.

[3] 陈斌开，张川川．人力资本和中国城市住房价格[J]．中国社会科学，2016（5）：43-64+205.

[4] 陈国亮，陈建军．产业关联、空间地理与二三产业共同集聚——来自中国212个城市的经验考察[J]．管理世界，2012（04）：82-100.

[5] 陈继勇，梁柱．货币外部性、技术外部性与FDI区域分布非均衡[J]．国际贸易问题，2011（04）：104-114.

[6] 陈建军，陈国亮，黄洁．新经济地理学视角下的生产性服务业集聚及其影响因素研究——来自中国222个城市的经验证据[J]．管理世界，2009（04）：83-95.

[7] 陈良文，杨开忠，沈体雁，等．经济集聚密度与劳动生产率差异——基于北京市微观数据的实证研究[J]．经济学（季刊），2009，8（01）：99-114.

[8] 程梅青，杨冬梅，李春成．天津市科技服务业的现状及发展对策[J]．中国科技论坛，2003（03）：70-75.

[9] 程名望，刘金典．中国劳动力省际转移特征及其影响因素——基于博弈论视角[J]．人口与经济，2019（02）：28-43.

[10] 邓涛涛，王丹丹，程少勇．高速铁路对城市服务业集聚的影响[J]．财经研究，2017，43（07）：119-132.

[11] 丁军，黄茹，吕拉昌．基于专利授权数的长江经济带创新差异

的多尺度分析［J］. 长江流域资源与环境，2016，25（6）：868－876.

［12］董昕，张翼. 农民工住房消费的影响因素分析［J］. 中国农村经济，2012（10）：37－48.

［13］董昕. 房价压力、房租负担与人口持久性迁移意愿［J］. 财经问题研究，2016（3）：3－10.

［14］杜旻，刘长全. 集聚效应、人口流动与城市增长［J］. 人口与经济，2014（6）：44－56.

［15］范剑勇，冯猛，李方文. 产业集聚与企业全要素生产率［J］. 世界经济，2014，37（5）：51－73.

［16］范剑勇. 产业集聚与地区间劳动生产率差异［J］. 经济研究，2006（11）：72－81.

［17］范新英，张所地. 创新集聚对城市房价影响的实证研究［J］. 经济问题探索，2018（1）：63－69.

［18］高波，王文莉，李祥. 预期、收入差距与中国城市房价租金“剪刀差”之谜［J］. 经济研究，2013，48（06）：100－112＋126.

［19］宫汝凯. 分税制改革与中国城镇房价水平——基于省级面板的经验证据［J］. 金融研究，2012（8）：70－83.

［20］宫汝凯. 分税制改革、土地财政和房价水平［J］. 世界经济文汇，2012（04）：90－104.

［21］关春玉，许启发，蒋翠侠. 新结构经济学视角下 FDI 外溢的“门限特征”分析［J］. 经济评论，2017（03）：148－160.

［22］郭然，原毅军. 生产性服务业集聚、制造业集聚与环境污染——基于省级面板数据的检验［J］. 经济科学，2019（01）：82－94.

［23］韩峰，柯善咨. 空间外部性、比较优势与制造业集聚——基于中国地级市面板数据的实证分析［J］. 数量经济技术经济研究，2013，30（01）：22－38＋116.

［24］何菊莲，李军，赵丹. 高等教育人力资本促进产业结构优化升级的实证研究［J］. 教育与经济，2013（02）：48－55.

［25］贺灿飞，潘峰华. 中国制造业地理集聚的成因与趋势［J］. 南

方经济，2011（6）：38－52.

[26] 贺灿飞，潘峰华．中国城市产业增长研究：基于动态外部性与经济转型视角 [J]．地理研究，2009，28（03）：726－737.

[27] 胡霞．中国城市服务业空间集聚变动趋势研究 [J]．财贸经济，2008（06）：103－107＋129.

[28] 胡颖磊．经济集聚对我国区域间房地产价格差异的影响机制分析 [D]．上海：复旦大学，2011：13－23.

[29] 胡尊国，王耀中，尹国君．落后地区的城镇化与工业化——基于劳动力匹配视角 [J]．经济评论，2016（02）：98－111.

[30] 黄解宇，杨再斌．金融集聚论：金融中心形成的理论与实践解析 [M]．北京：中国社会科学出版社，2006.

[31] 贾洪文，颜咏华，白媛媛．人口迁移、金融业集聚对房地产价格影响的实证研究——基于省级面板数据模型的分析 [J]．东北财经大学学报，2012（5）：78－83.

[32] 江小国，王先柱．我国房地产市场垄断程度的变动趋势分析——来自全国及35个大中城市的经验证据 [J]．云南财经大学学报，2015，31（5）：40－48.

[33] 金春雨，程浩．我国制造业空间集聚与制造业劳动生产率互动关系研究 [J]．经济纵横，2015（03）：83－87.

[34] 鞠方，李文君，李书娴．区域差异化视角下人口老龄化对房价的影响 [J]．区域经济评论，2019（1）：101－110.

[35] 柯善咨，姚德龙．工业集聚与城市劳动生产率的因果关系和决定因素——中国城市的空间计量经济联立方程分析 [J]．数量经济技术经济研究，2008，25（12）：3－14.

[36] 况伟大，李涛．土地出让方式、地价与房价 [J]．金融研究，2012（8）：56－69.

[37] 况伟大，王湘君，葛玉好．老龄化、遗产动机与房价 [J]．中国软科学，2018（12）：44－55.

[38] 况伟大．空间竞争、价格合谋与房价 [J]．世界经济，2006

(1): 61-67.

[39] 况伟大.FDI 与房价 [J]. 经济理论与经济管理, 2013 (02): 51-58.

[40] 况伟大. 预期、投机与中国城市房价波动 [J]. 经济研究, 2010, 45 (09): 67-78.

[41] 雷潇雨, 龚六堂. 基于土地出让的工业化与城镇化 [J]. 管理世界, 2014 (09): 29-41.

[42] 李博, 李启航, 孙威. 地理学视角的京津冀地区工业企业融资成本分析 [J]. 地理学报, 2019, 74 (06): 1149-1162.

[43] 李宏瑾. 我国房地产市场垄断程度研究——勒纳指数的测算 [J]. 财经问题研究, 2005 (3): 3-10.

[44] 李嘉楠, 游伟翔, 孙浦阳. 外来人口是否促进了城市房价上涨? ——基于中国城市数据的实证研究 [J]. 南开经济研究, 2017 (1): 58-76.

[45] 李林, 丁艺, 刘志华. 金融业集聚对区域经济增长溢出作用的空间计量分析 [J]. 金融研究, 2011 (05): 113-123.

[46] 李绍荣, 陈人可, 周建波. 房地产市场的市场特征及货币调控政策的理论分析 [J]. 金融研究, 2011 (6): 33-45.

[47] 李胜会. 经济集聚与区域经济增长: 理论探讨和实证研究 [D]. 广州: 暨南大学, 2008.

[48] 李殊琦, 赵仲匡, 海闻. 贸易企业"用脚投票"? ——基于区域金融发展水平不均衡的视角 [J]. 管理世界, 2014 (07): 32-38+187-188.

[49] 李晓萍, 李平, 吕大国, 等. 经济集聚、选择效应与企业生产率 [J]. 管理世界, 2015 (4): 25-37+51.

[50] 李中, 周勤. 劳动地理集中与地区收入差距——基于自由企业家模型的扩展分析 [J]. 中国经济问题, 2012 (05): 37-44.

[51] 梁琦, 李建成, 陈建隆. 异质性劳动力区位选择研究进展 [J]. 经济学动态, 2018 (04): 122-137.

[52] 梁云芳，高铁梅．我国商品住宅销售价格波动成因的实证分析[J]．管理世界，2006（8）：76－82.

[53] 刘春霞．产业地理集中度测度方法研究［J］．经济地理，2006，26（5）：742－747.

[54] 刘军，黄解宇，曹利军．金融集聚影响实体经济机制研究［J］．管理世界，2007（04）：152－153.

[55] 刘行，建蕾，梁娟．房价波动、抵押资产价值与企业风险承担[J]．金融研究，2016（03）：107－123.

[56] 刘修岩．集聚经济与劳动生产率：基于中国城市面板数据的实证研究［J］．数量经济技术经济研究，2009，26（07）：109－119.

[57] 刘颜，邓若冰．产业集聚对我国房地产价格影响效应的实证检验［J］．云南财经大学学报，2016，32（5）：72－81.

[58] 刘叶，刘伯凡．生产性服务业与制造业协同集聚对制造业效率的影响——基于中国城市群面板数据的实证研究［J］．经济管理，2016，38（06）：16－28.

[59] 陆铭，欧海军，陈斌开．理性还是泡沫：对城市化、移民和房价的经验研究［J］．世界经济，2014，37（1）：30－54.

[60] 陆铭．玻璃幕墙下的劳动力流动——制度约束、社会互动与滞后的城市化［J］．南方经济，2011（06）：23－37.

[61] 骆永民，刘艳华．金融业集聚、人力资本与房价——基于 Panel VAR 模型［J］．财贸研究，2011，22（4）：93－101.

[62] 马小红，段成荣，郭静．四类流动人口的比较研究［J］．中国人口科学，2014（5）：36－46，126－127.

[63] 马歇尔．经济学原理［M］．朱志泰，陈良璧译．北京：商务印书馆，1981.

[64] 毛丰付，裘文龙．纵向分权、横向竞争与土地价格扭曲［J］．经济与管理研究，2013（12）：35－47.

[65] 彭国华．技术能力匹配、劳动力流动与中国地区差距［J］．经济研究，2015，50（01）：99－110.

[66] 平新乔，陈敏彦．融资、地价与楼盘价格趋势 [J]．世界经济，2004 (07)：3－10＋80.

[67] 蒲火元，曹宗平，李超．人口流动对中心城市房价的影响：以广州为例 [J]．南方人口，2018，33 (05)：27－40.

[68] 钱学锋，梁琦．分工与集聚的理论渊源 [J]．江苏社会科学，2007 (02)：70－76.

[69] 邱国栋，李作奎．创新集聚效率实证研究 [J]．财经问题研究，2013 (2)：102－108.

[70] 冉光和等．金融产业资本论 [M]．北京：科学出版社，2007.

[71] 邵宜航，李泽扬．空间集聚、企业动态与经济增长：基于中国制造业的分析 [J]．中国工业经济，2017 (2)：5－23.

[72] 斯丽娟，张利敏．金融业集聚外部性对经济增长的影响——基于省会城市面板数据的实证分析 [J]．经济经纬，2019，36 (3)：150－156.

[73] 盛丹，王永进．产业集聚、信贷资源配置效率与企业的融资成本——来自世界银行调查数据和中国工业企业数据的证据 [J]．管理世界，2013 (06)：85－98.

[74] 苏丹妮，盛斌，邵朝对．产业集聚与企业出口产品质量升级 [J]．中国工业经济，2018 (11)：117－135.

[75] 孙浦阳，韩帅，靳舒晶．产业集聚对外商直接投资的影响分析——基于服务业与制造业的比较研究 [J]．数量经济技术经济研究，2012，29 (09)：40－57.

[76] 孙浦阳，韩帅，张诚．产业集聚结构与城市经济增长的非线性关系 [J]．财经科学，2012 (8)：49－57.

[77] 孙伟增，王定云，郑思齐．地方财政支出、房价与居民住房支付能力 [J]．清华大学学报（哲学社会科学版），2015，30 (06)：165－177＋193.

[78] 孙晓华，郭玉娇．产业集聚提高了城市生产率吗？——城市规模视角下的门限回归分析 [J]．财经研究，2013，39 (2)：103－112.

[79] 谭燕芝，彭千芮．金融业集聚与城镇居民消费：空间溢出与门

槛特征［J］. 上海经济研究，2019（2）：85－98.

［80］陶锋，胡军，李诗田，等. 金融地理结构如何影响企业生产率？——兼论金融供给侧结构性改革［J］. 经济研究，2017，52（09）：55－71.

［81］童馨乐，杨向阳，陈媛. 中国服务业集聚的经济效应分析：基于劳动生产率视角［J］. 产业经济研究，2009（06）：30－37.

［82］万道侠，胡彬. 产业集聚、金融发展与企业的“创新惰性”［J］. 产业经济研究，2018（1）：28－38.

［83］王芳，姚玲珍. 高房价会抑制私营企业的投资规模吗？［J］. 财经研究，2018，44（08）：88－100.

［84］王猛，梁昌一. 中国服务业集聚的形成机制研究——基于经济地理和制度视角［J］. 华中科技大学学报（社会科学版），2019，33（03）：73－80.

［85］王如玉，王志高，梁琦，等. 金融集聚与城市层级［J］. 经济研究，2019，54（11）：165－179.

［86］魏东霞，谌新民. 落户门槛、技能偏向与儿童留守——基于2014年全国流动人口监测数据的实证研究［J］. 经济学（季刊），2018，17（02）：549－578.

［87］魏后凯. 现代区域经济学［M］. 北京：经济管理出版社，2006.

［88］魏巍贤，原鹏飞. 住房价格上涨的金融支持及检验——基于VEC模型的实证分析［J］. 财贸研究，2009，20（02）：83－89.

［89］温斯托·劳拉詹南. 金融地理学［M］. 孟晓晨译. 北京：商务印书馆，2001.

［90］吴学花，杨蕙馨. 中国制造业产业集聚的实证研究［J］. 中国工业经济，2004（10）：36－43.

［91］肖兴志，李沙沙. 产业集聚对制造业资源错配的纠正效应：线性抑或非线性？［J］. 产业经济研究，2018（05）：1－13.

［92］谢静，马爱霞. 创新视角下我国医药制造业集聚水平分析——

基于DO指数的企业精准地理位置测度［J］. 科技管理研究，2017，37(15)：170－178.

［93］谢露露. 产业集聚和创新激励提升了区域创新效率吗——来自长三角城市群的经验研究［J］. 经济学家，2019（08）：102－112.

［94］谢露露. 产业集聚和工资“俱乐部”：来自地级市制造业的经验研究［J］. 世界经济，2015，38（10）：148－168.

［95］徐舒，陈珣. 收入差距会推高住房价格吗？［J］. 经济学（季刊），2016，15（2）：549－570.

［96］徐源浩，杜亚斌，张润驰. 中国财政政策不断发生刺激过度现象的原因、机理及对策［J］. 云南社会科学，2019（2）：55－62＋188.

［97］亚当·斯密. 国民财富的性质和原因的研究［M］. 北京：商务印书馆，1972.

［98］杨本建，黄海珊. 城区人口密度、厚劳动力市场与开发区企业生产率［J］. 中国工业经济，2018（8）：78－96.

［99］杨卡. 大北京人口分布格局与多中心性测度［J］. 中国人口·资源与环境，2015，25（02）：83－89.

［100］杨仁发. 产业集聚与地区工资差距——基于我国269个城市的实证研究［J］. 管理世界，2013（8）：41－52.

［101］于斌斌. 金融集聚促进了产业结构升级吗：空间溢出的视角——基于中国城市动态空间面板模型的分析［J］. 国际金融研究，2017（02）：12－23.

［102］余莎，游宇. 合伙卖地？地方政府合作与土地资源配置［J］. 财经研究，2017，43（12）：58－73.

［103］余泳泽，宣烨，沈扬扬. 金融集聚对工业效率提升的空间外溢效应［J］. 世界经济，2013，36（02）：93－116.

［104］袁冬梅，魏后凯，于斌. 中国地区经济差距与产业布局的空间关联性——基于Moran指数的解释［J］. 中国软科学，2012（12）：90－102.

［105］袁志刚，樊潇彦. 房地产市场理性泡沫分析［J］. 经济研究，

2003 (03): 34 -43 +90.

[106] 张超，兰宗敏，王慧娟，等. 纳入住房消费的新经济地理学研究范式 [J]. 经济问题探索，2018 (04): 182 -190.

[107] 张超，李超，唐鑫. 高校扩招、人口迁移与房价上涨 [J]. 南方经济，2015 (12): 90 -103.

[108] 张会清，翟孝强. 中国参与全球价值链的特征与启示——基于生产分解模型的研究 [J]. 数量经济技术经济研究，2018，35 (01): 3 -22.

[109] 张丽华，林善浪. 创新集聚与产业集聚的相关性研究 [J]. 科学学研究，2010，28 (4): 635 -640.

[110] 张莉，何晶，马润泓. 房价如何影响劳动力流动? [J]. 经济研究，2017，52 (08): 155 -170.

[111] 张琳彦. 产业集聚测度方法研究 [J]. 技术经济与管理研究，2015 (6): 113 -118.

[112] 张苗. 现代服务业产业集聚与区域产业转移的耦合关系研究——以皖江城市带为例 [J]. 中国科技论坛，2014 (03): 111 -117.

[113] 张清正，李国平. 中国科技服务业集聚发展及影响因素研究 [J]. 中国软科学，2015 (7): 75 -93.

[114] 张涛，龚六堂，卜永祥. 资产回报、住房按揭贷款与房地产均衡价格 [J]. 金融研究，2006 (2): 1 -11.

[115] 张文武，梁琦. 劳动地理集中、产业空间与地区收入差距 [J]. 经济学 (季刊)，2011，10 (02): 691 -708.

[116] 张文武. 劳动力流动与产业空间结构 [D]. 南京: 南京大学，2011.

[117] 赵敏，马周剑. 产业集聚与居民住房支付能力——基于省级面板数据的实证研究 [J]. 南京审计大学学报，2018，15 (6): 39 -46.

[118] 赵伟，张萃. FDI 与中国制造业区域集聚: 基于 20 个行业的实证分析 [J]. 经济研究，2007 (11): 82 -90.

[119] 赵西亮，梁文泉，李实. 房价上涨能够解释中国城镇居民高储

蓄率吗？——基于 CHIP 微观数据的实证分析［J］. 经济学（季刊），2014，13（01）：81－102.

［120］周华东，周亚虹. 收入差距推动了我国房价上涨吗？［J］. 产业经济研究，2015（4）：81－90.

［121］周京奎. 房地产泡沫生成与演化——基于金融支持过度假说的一种解释［J］. 财贸经济，2006（05）：3－10＋96.

［122］周京奎. 货币政策、银行贷款与住宅价格——对中国4个直辖市的实证研究［J］. 财贸经济，2005（05）：22－27.

［123］朱英明，杨连盛，吕慧君，等. 资源短缺、环境损害及其产业集聚效果研究——基于21世纪我国省级工业集聚的实证分析［J］. 管理世界，2012（11）：28－44.

［124］邹瑾，娄著盛. 老龄化、人口迁移与地区房价差异——基于不同层级城市面板数据的研究［J］. 经济经纬，2018，35（6）：22－29.

［125］Abdel－Rahman H，Fujita M. Product Variety，Marshallian Externalities，and City Sizes［J］. Journal of Regional Science，1990，30（2）：165－183.

［126］Agarwal S，Hauswald R. Distance and private information in lending［J］. The Review of Financial Studies，2010，23（7）：2757－2788.

［127］Amiti M，Pissarides C A. Trade and industrial location with heterogeneous labor［J］. Journal of International Economics，2005，67（2）：392－412.

［128］Arnott R. Does the Henry George Theorem provide a practical guide to optimal city size？［J］. American Journal of Economics and Sociology，2004，63（5）：1057－1090.

［129］Azman－Saini W N W，Law S H，Ahmad A H. FDI and economic growth：New evidence on the role of financial markets［J］. Economics letters，2010，107（2）：211－213.

［130］Baldwin R E，Martin P，Ottaviano G I P. Global income divergence，trade，and industrialization：The geography of growth take－offs［J］.

Journal of Economic Growth, 2001, 6 (1): 5 -37.

[131] Berger K, Charles P. The Formation of Financial Centers: A Study of Comparative Economic History [J]. Working Papers, 1973, 5 (4): 3395 - 3397.

[132] Billings S B, Johnson E B. Measuring Agglomeration: Which Estimator Should We Use? [J]. University of North Carolina Charlotte Working Paper, 2015, 11 (23) .

[133] Brakman S, Garretsen H, Van Marrewijk C. An introduction to geographical economics: Trade, location and growth [M]. Cambridge university press, 2001.

[134] Brakman S, van Marrewijk C. Reflections on cluster policies [J]. Cambridge Journal of Regions, Economy and Society, 2013, 6 (2): 217 - 231.

[135] Brülhart M, Mathys N A. Sectoral agglomeration economies in a panel of European regions [J]. Regional Science and Urban Economics, 2008, 38 (4): 348 -362.

[136] Brülhart M, Sbergami F. Agglomeration and growth: Cross - country evidence [J]. Journal of Urban Economics, 2009, 65 (1): 48 -63.

[137] Buera F J, Kaboski J P, Shin Y. Finance and development: A tale of two sectors [J]. American economic review, 2011, 101 (5): 1964 - 2002.

[138] Capello R, Camagni R. Beyond optimal city size: An evaluation of alternative urban growth patterns [J]. Urban Studies, 2000, 37 (9): 1479 - 1496.

[139] Chamon M D, Prasad E S. Why are saving rates of urban households in China rising? [J]. American Economic Journal: Macroeconomics, 2010, 2 (1): 93 -130.

[140] Chaney T. The gravity equation in international trade: An explanation [J]. Journal of Political Economy, 2018, 126 (1): 150 -177.

[141] Charlot S, Paty S. Do agglomeration forces strengthen tax interactions? [J]. Urban Studies, 2010, 47 (5): 1099 – 1116.

[142] Choi C, Park K. Financial System and Housing Price [J]. Emerging Markets Finance & Trade, 2018, 54 (2): 328 – 335.

[143] Chung W, Alcácer J. Knowledge seeking and location choice of foreign direct investment in the United States [J]. Management Science, 2002, 48 (12): 1534 – 1554.

[144] Ciccone A, Hall R E. Productivity and the density of economic activity [R]. National Bureau of Economic Research, 1993.

[145] Ciccone A. Agglomeration effects in Europe [J]. European economic review, 2002, 46 (2): 213 – 227.

[146] Clark, C. The Conditions of Economic Progress [M]. Macmillan, 1940.

[147] Clark D E, Hunter W J. The impact of economic opportunity, amenities and fiscal factors on age – specific migration rates [J]. Journal of Regional Science, 1992, 32 (3): 349 – 365.

[148] Clark G L. Money flows like mercury: the geography of global finance [J]. Geografiska Annaler: Series B, Human Geography, 2005, 87 (2): 99 – 112.

[149] Combes P P, Duranton G, Gobillon L. The costs of agglomeration: House and land prices in French cities [J]. The Review of Economic Studies, 2019, 86 (4): 1556 – 1589.

[150] Combes P P, Overman H G. The spatial distribution of economic activities in the European Union [M] //Handbook of regional and urban economics. Elsevier, 2004, 4: 2845 – 2909.

[151] Combes P P. Economic structure and local growth: France, 1984 – 1993 [J]. Journal of urban economics, 2000, 47 (3): 329 – 355.

[152] Crozet M, Koenig P. The Cohesion vs. Growth Tradeoff [J]. Revue économique, 2008, 59 (2): 331 – 340.

[153] Crozet M. Do migrants follow market potentials? An estimation of a new economic geography model [J]. Journal of Economic Geography, 2004, 4 (4): 439 – 458.

[154] Davis E P. International financial centres: An industrial analysis [M]. London: Bank of England, 1990.

[155] Day C. Population and house prices in the United Kingdom [J]. Scottish Journal of Political Economy, 2018, 65 (2): 127 – 141.

[156] De Bruyne K, Van Hove J. Explaining the spatial variation in housing prices: An economic geography approach [J]. Applied Economics, 2013, 45 (13): 1673 – 1689.

[157] Dekle R, Eaton J. Agglomeration and land rents: Evidence from the prefectures [J]. Journal of Urban Economics, 1999, 46 (2): 200 – 214.

[158] Diamond R. The determinants and welfare implications of us workers' diverging location choices by skill: 1980 – 2000 [J]. American Economic Review, 2016, 106 (3): 479 – 524.

[159] Duranton G, Puga D. Micro – foundations of Urban Agglomeration Economies [M]. Handbook of Regional and Urban Economics, 2004, 04: 2063 – 2117.

[160] Duranton G, Puga D. Nursery cities: Urban diversity, process innovation, and the life cycle of products [J]. American Economic Review, 2001, 91 (5): 1454 – 1477.

[161] Duranton G. Agglomeration and jobs [J]. Handbook of Regional Science, 2014: 631 – 648.

[162] Duranton G. Human capital externalities in cities: Identification and policy issues [J]. A Companion to Urban Economics. Oxford: Blackwell Publishing Ltd, 2006.

[163] Dustmann C, Okatenko A. Out – migration, wealth constraints, and the quality of local amenities [J]. Journal of Development Economics, 2014, 110: 52 – 63.

[164] Ellison G, Glaeser E L. Geographic concentration in U. S. manufacturing industries: A Dartboard approach. Journal of Political Economy, 1997, 105 (5): 889 -927.

[165] Favara G, Imbs J. Credit supply and the price of housing [J]. American Economic Review, 2015, 105 (3): 958 -92.

[166] Feldman M P, Audretsch D B. Innovation in cities: Science - based diversity, specialization and localized competition. Eu - ropean Economic Review, 1999, 43 (2): 409 -429.

[167] Fingleton B, Camargo Igliori D, Moore B. Employment growth of small high - technology firms and the role of horizontal clustering: Evidence from computing services and R&D in Great Britain, 1991 - 2000 [J]. Urban Studies, 2004, 41 (4): 773 -799.

[168] Fingleton B. Beyond neoclassical orthodoxy: A view based on the new economic geography and UK regional wage data [J]. Papers in Regional Science, 2005, 84 (3): 351 -375.

[169] Fisch O. Spatial equilibrium with local public goods: Urban land rent, optimal city size and the Tiebout hypothesis [J]. Regional Science and Urban Economics, 1977, 7 (3): 197 -216.

[170] Forslid R, Ottaviano G I P. An analytically solvable core - periphery model [J]. Journal of Economic Geography, 2003, 3 (3): 229 -240.

[171] Fujita M, Krugman P R, Venables A J. The spatial economy: Cities, regions, and international trade [M]. MIT press, 1999.

[172] Galinari R, Crocco M A, Lemos M B, et al. The effects of agglomeration economies on local wage rates: an application to Brazilian manufacturing [J]. Revista de Economia Contemporânea, 2007, 11 (3): 391 -420.

[173] Ganong P, Shoag D. Why has regional income convergence in the US declined? [J]. Journal of Urban Economics, 2017, 102: 76 -90.

[174] Gan Q, Hill R J. Measuring housing affordability: Looking beyond the median [J]. Journal of Housing economics, 2009, 18 (2): 115 -125.

[175] Gehrig T. Cities and the geography of financial centers [J]. Economics of cities: Theoretical perspectives, 2000.

[176] Glaeser E L, Kallal H D, Scheinkman J A, et al. Growth in cities [J]. Journal of political economy, 1992, 100 (6): 1126 - 1152.

[177] Glaeser E L, Mare D C. Cities and skills [J]. Journal of labor economics, 2001, 19 (2): 316 - 342.

[178] Glaeser E L, Resseger M G. The complementarity between cities and skills [J]. Journal of Regional Science, 2010, 50 (1): 221 - 244.

[179] Glaeser E L. Cities, agglomeration, and spatial equilibrium [M]. Oxford University Press, 2008.

[180] Gopinath M, Pick D, Li Y. An empirical analysis of productivity growth and industrial concentration in US manufacturing [J]. Applied Economics, 2004, 36 (1): 1 - 7.

[181] Graham D J. Identifying urbanisation and localisation externalities in manufacturing and service industries [J]. Papers in Regional Science, 2009, 88 (1): 63 - 84.

[182] Greenwood J, Jovanovic B. Financial development, growth, and the distribution of income [J]. Journal of political Economy, 1990, 98 (5, Part 1): 1076 - 1107.

[183] Greunz L. Industrial structure and innovation - evidence from European regions [J]. Journal of evolutionary economics, 2004, 14 (5): 563 - 592.

[184] Grimes A, Aitken A. Housing supply, land costs and price adjustment [J]. Real Estate Economics, 2010, 38 (2): 325 - 353.

[185] Grimes D, Prime P B, Walker M B. Change in the concentration of employment in computer services: Spatial estimation at the US metro county level [J]. Growth and Change, 2007, 38 (1): 39 - 55.

[186] Guimaraes P, Figueiredo O, Woodward D. Agglomeration and the location of foreign direct investment in Portugal [J]. Journal of Urban Econom-

ics, 2000, 47 (1): 115 -135.

[187] Hansen B E. Threshold effects in non - dynamic panels: Estimation, testing, and inference [J]. Journal of Econometrics, 1999 (2).

[188] Helpman E. The size of regions [J]. Topics in public economics: Theoretical and applied analysis, 1998: 33 -54.

[189] Helsley R W, Strange W C. Innovation and input sharing [J]. Journal of Urban Economics, 2002, 51 (1): 25 -45.

[190] Henderson J V. Marshall's scale economies [J]. Journal of urban economics, 2003, 53 (1): 1 -28.

[191] Henderson J V. Optimum city size: The external diseconomy question [J]. Journal of Political Economy, 1974, 82 (2, Part 1): 373 -388.

[192] Henderson V, Kuncoro A, Turner M. Industrial development in cities [J]. Journal of political economy, 1995, 103 (5): 1067 -1090.

[193] Hilber C A L, Voicu I. Agglomeration economies and the location of foreign direct investment: Empirical evidence from Romania [J]. Regional studies, 2010, 44 (3): 355 -371.

[194] Hohenberg P M, Lees L H. The making of urban Europe, 1000 - 1994 [M]. Harvard University Press, 1995.

[195] Holly S, Pesaran M H, Yamagata T. The Spatial and Temporal Diffusion of House Prices in the UK [J]. Journal of Urban Economics, 2011, 69 (1): 2 -23.

[196] Holmes T J, Stevens J J. Spatial distribution of economic activities in North America [M] //Handbook of regional and urban economics. Elsevier, 2004, 4: 2797 -2843.

[197] Hoover E M. The measurement of industrial localization [J]. The Review of Economic Statistics, 1936: 162 -171.

[198] Hu Y, Oxley L. Bubbles in US regional house prices: Evidence from house price - income ratios at the State level [J]. Applied Economics, 2018, 50 (29): 3196 -3229.

[199] Ihlanfeldt K R. The effect of land use regulation on housing and land prices [J]. Journal of Urban Economics, 2007, 61 (3): 420 -435.

[200] Irandoust M. House prices and unemployment: an empirical analysis of causality [J]. International Journal of Housing Markets and Analysis, 2019.

[201] Jacobs J. The economy of cities [M]. Vintage, 1969.

[202] Jang S, Kim J, Von Zedtwitz M. The importance of spatial agglomeration in product innovation: A microgeography perspective [J]. Journal of Business Research, 2017, 78: 143 -154.

[203] Kancs A. The economic geography of labour migration: Competition, competitiveness and development [J]. Applied Geography, 2011, 31 (1): 191 -200.

[204] Kelly R, McCann F, O'Toole C. Credit conditions, macroprudential policy and house prices [J]. Journal of Housing Economics, 2018, 41: 153 -167.

[205] Klagge B, Martin R. Decentralized versus centralized financial systems: Is there a case for local capital markets? [J]. Journal of Economic Geography, 2005, 5 (4): 387 -421.

[206] Kondo K, Okubo T. Structural Estimation and Interregional Labour Migration: Evidence from Japan [R]. Keio/Kyoto Joint Global COE Program, 2012.

[207] Krugman P. Increasing returns and economic geography [J]. Journal of political economy, 1991, 99 (3): 483 -499.

[208] Krugman P. Scale economies, product differentiation, and the pattern of trade [J]. The American Economic Review, 1980, 70 (5): 950 -959.

[209] Kuznets S, Murphy J T. Modern economic growth: Rate, structure, and spread [M]. New Haven: Yale University Press, 1966.

[210] Laulajainen R. Financial geography: A banker's view [M]. Routledge, 2003.

[211] Lee E S. A theory of migration [J]. Demography, 1966, 3 (1): 47 -57.

[212] Lewis W A. Economic development with unlimited supplies of labour [J]. The manchester school, 1954, 22 (2): 139 -191.

[213] Leyshon A. Geographies of money and finance [J]. Progress in Human Geography, 1995, 19 (4): 531 -543.

[214] Lindley J, Machin S. Spatial changes in labour market inequality [J]. Journal of Urban Economics, 2014, 79: 121 -138.

[215] Li Y, Liu L Y. Wealth, labor income and house prices [J]. International Real Estate Review, 2014, 17 (3): 383 -401.

[216] Malpezzi S. Urban Regulation, the "New Economy", and Housing Prices [J]. Housing Policy Debate, 2010, 13 (2): 323 -349.

[217] Marshall A, Marshall M P. The economics of industry [M]. Macmillan and Company, 1920.

[218] Marshall A. Industry and trade: A study of industrial technique and business organization; and of their influences on the conditions of various classes and nations [M]. London: Macmillan, 2010.

[219] Marshall A. Principle of economics [M]. London: Macmillan, 1890.

[220] Martin P, Ottaviano G I P. Growing locations: Industry location in a model of endogenous growth [J]. European Economic Review, 1999, 43 (2): 281 -302.

[221] Mion G, Naticchioni P. Urbanization externalities, market potential and spatial sorting of skills and firms [J]. 2005.

[222] Moretti E. Local multipliers [J]. American Economic Review, 2010, 100 (2): 373 -77. MLA

[223] Mouelhi R B A. Impact of trade liberalization on firm's labour demand by skill: The case of Tunisian manufacturing [J]. Labour economics, 2007, 14 (3): 539 -563.

[224] Murata Y, Nakajima R, Okamoto R, et al. Localized knowledge spillovers and patent citations: A distance – based approach [J]. Review of Economics and Statistics, 2014, 96 (5): 967 – 985.

[225] O'Donoghue D, Gleave B. A note on methods for measuring industrial agglomeration [J]. Regional Studies, 2004, 38 (4): 419 – 427.

[226] O'brien R. Global financial integration: the end of geography [M]. Royal Institute of International Affairs, 1992.

[227] Ohlin B. Interregional and International Trade. Vol. 39 [M]. Harvard University Press. Cambridge, 1952.

[228] Ooi J, Lee S T. Price discovery between residential land & housing markets [J]. Journal of Housing Research, 2004, 15 (2): 95 – 112.

[229] Ottaviano G I P, Pinelli D. Market potential and productivity: Evidence from Finnish regions [J]. Regional Science and Urban Economics, 2006, 36 (5): 636 – 657.

[230] Ottaviano G, Tabuchi T, Thisse J F. Agglomeration and trade revisited [J]. International Economic Review, 2002, 43 (2): 409 – 435.

[231] Packalen M, Bhattacharya J. Cities and ideas. NBER Working Papers, 2007, No. 20921.

[232] Palivos T, Wang P. Spatial agglomeration and endogenous growth [J]. Regional Science and Urban Economics, 1996, 26 (6): 645 – 669.

[233] Peng R, Wheaton W C. Effects of restrictive land supply on housing in Hong Kong: An econometric analysis [J]. Journal of housing research, 1994, 5 (2): 263.

[234] Pines, David, Efraim Sadka, and Itzhak Zilcha, eds. Topics in public economics: Theoretical and applied analysis [M]. Cambridge University Press, 1998.

[235] Porteous D. The development of financial centres: Location, information externalities and path dependence [J]. Money and the space economy, 1999: 95 – 114.

[236] Porter M E. The competitive advantage of nation [M]. New York: Free Press, 1990.

[237] Rabe B, Taylor M P. Differences in opportunities? Wage, employment and house – price effects on migration [J]. Oxford Bulletin of Economics and Statistics, 2012, 74 (6): 831 – 855.

[238] Raiser M. Subsidising inequality: Economic reforms, fiscal transfers and convergence across Chinese provinces [J]. The Journal of Development Studies, 1998, 34 (3): 1 – 26.

[239] Roback J. Wages, rents, and the quality of life [J]. Journal of political Economy, 1982, 90 (6): 1257 – 1278.

[240] Sά F. Immigration and House Prices in the UK [J]. The Economic Journal, 2014, 125 (587): 1393 – 1424.

[241] Saita Y, Shimizu C, Watanabe T. Aging and real estate prices: Evidence from Japanese and US regional data [J]. International Journal of Housing Markets and Analysis, 2016.

[242] Saiz A. Immigration and Housing Rents in American Cities [J]. Journal of Urban Economics, 2007, 61 (2): 345 – 371.

[243] Sala – i – Martin X. Cross – sectional regressions and the empirics of economic growth [J]. European Economic Review, 1994, 38 (3 – 4): 739 – 747.

[244] Shapiro J M. Smart cities: quality of life, productivity, and the growth effects of human capital [J]. The review of economics and statistics, 2006, 88 (2): 324 – 335.

[245] Steegmans J, Hassink W. Financial position and house price determination: An empirical study of income and wealth effects [J]. Journal of Housing Economics, 2017, 36: 8 – 24.

[246] Taylor A J, Beaverstock J V, Cook G, et al. Financial services clustering and its significance for London [J]. 2003.

[247] Tse R Y C. Housing price, land supply and revenue from land sales [J]. Urban Studies, 1998, 35 (8): 1377 – 1392.

[248] Venables A J. Productivity in cities: Self – selection and sorting [J]. Journal of Economic Geography, 2010, 11 (2): 241 –251.

[249] Wang S, Chan S H, Xu B. The estimation and determinants of the price elasticity of housing supply: Evidence from China [J]. Journal of Real Estate Research, 2012, 34 (3): 311 –344.

[250] Wang S, Wang J, Wang Y. Effect of land prices on the spatial differentiation of housing prices: Evidence from cross – county analyses in China [J]. Journal of Geographical Sciences, 2018, 28 (6): 725 –740.

[251] Weber A. Theory of the Location of Industries [M]. University of Chicago Press, 1929.

[252] Weber, A. Theory of the Location of Industries [M]. Chicago: University of Chicago Press, 1909.

[253] Wei W, Zhang W L, Wen J, et al. TFP Growth in Chinese Cities: The Role of Factor – Intensity and Industrial Agglomeration [J]. Economic Modelling, 2019.

[254] Wheeler C H. Cities and the growth of wages among young workers: Evidence from the NLSY [J]. Journal of Urban Economics, 2006, 60 (2): 162 –184.

[255] Wheeler C H. Industry localisation and earnings inequality: Evidence from US manufacturing [J]. Papers in Regional Science, 2007, 86 (1): 77 –100.

[256] Williamson J G. Regional inequality and the process of national development: a description of the patterns [J]. Economic development and cultural change, 1965, 13 (4, Part 2): 1 –84.

[257] Zhao S X B, Zhang L, Wang D T. Determining factors of the development of a national financial center: The case of China [J]. Geoforum, 2004, 35 (5): 577 –592.

致　谢

时无重至，华不再阳。转眼间，我的博士研究生学习生涯即将暂告一段落。三年前离开家人，带着不舍和希望重返晓南湖畔的场景还恍如昨日，如今却要再次与之告别。我在中南财经政法大学先后完成了硕士和博士的深造，作为中南大学子，我深感骄傲和自豪。回首过往的学习生活，除了对母校的无限眷恋外，更多的是深深的感动和感激。

首先，我要衷心地感谢我的导师张东教授。在恩师的教导下，我真正感受到了学术所拥有的强烈气息和巨大感染力。在本书的创作过程中，张老师一路都给予了我精心的指导。在论文的构思阶段，张老师以渊博的知识和丰富的科研经历确定并引出了本书的大致研究基调和方向。而在具体撰写过程中，张老师对该论文又提出了深刻的建议并进行了细致的修改。每一版修改稿中，张老师留下的文字和建议不仅饱含了老师对工作认真负责的态度，更是对学生无尽的关爱。作为张老师的学生，博士期间，我收获的不仅是学术能力的提升，还有乐观积极的生活态度。在每一次遇到科研挫折和困难时，恩师的鼓励和引导都给了我莫大的力量和信心，使在科研道路上跌跌撞撞、踉踉跄跄的我从未想过放弃。张老师的付出，我将感激不尽！

在开题和预答辩过程中，金融学院张中华老师、聂名华老师、龚强老师、顾露露老师以及卢建新老师都给予了本书极其宝贵的意见和建议，在此一并深表感谢。你们对待学术研究精益求精的态度和严谨的治学精神让我受益匪浅并深表钦佩。

相知在急难。感谢在本书撰写过程中，为本书提供过帮助的同窗好友和同门，论文的完成也离不开你们，感谢你们在此期间给予我的帮助和支持。同时，也特别感谢我的室友，感谢你在此期间的陪伴，我相信这段求学经历会给我们留下共同的美好回忆。愿你们都能一切顺利，前程似锦！

感谢我的父母，你们辛苦养育了我，而此阶段我学习任务繁重，儿女尚年幼，而立之年的我不仅未能尽孝二老膝下，还时常需要你们给予生活上的帮助，深感愧疚。同时感谢我的公公婆婆，正是有了你们对我年幼孩子的照料，才为我营造了心无旁骛、专心学习的环境。还要感谢我的丈夫，你的支持和鼓励给予了我遨游于学术海洋的勇气，而我的女儿和儿子则是我前进的动力。